Anleitung zur

ACHTSAMKEIT

DK

Anleitung zur ACHTSAMKEIT

Fachberater: **Dr. Ken A. Verni**

DK | Penguin Random House

DK LONDON
Bildredaktion Christine Keilty, Anne Fisher
Cheflektorat Dawn Henderson
Herstellung Stephanie McConnell, Tony Phipps
Redaktionsleitung Peggy Vance
Art Director Maxine Pedliham
Programmleitung Marie-Clare Jerram

Für DK produziert von

COBALT ID
Bildredaktion Paul Reid, Rebecca Johns
Redaktion Marek Walisiewicz
Illustrationen Trina Dalziel

Autor Mike Annesley
Berater Dr. Ken A. Verni

Für die deutsche Ausgabe:
Programmleitung Monika Schlitzer
Redaktionsleitung Caren Hummel
Projektbetreuung Andrea Göppner
Herstellungsleitung Dorothee Whittaker
Herstellungskoordination Katharina Dürmeier
Herstellung und Covergestaltung Christine Rühmer

Titel der englischen Originalausgabe:
Practical Mindfulness

Übersetzung Christoph Trunk
Lektorat Cornelia Rüping

ISBN 978-3-8310-3008-8

Druck und Bindung Hung Hing Printing Group, China

Besuchen Sie uns im Internet
www.dorlingkindersley.de

INHALT

ACHTSAMKEIT ENTDECKEN

WEGE ZUR ACHTSAMKEIT

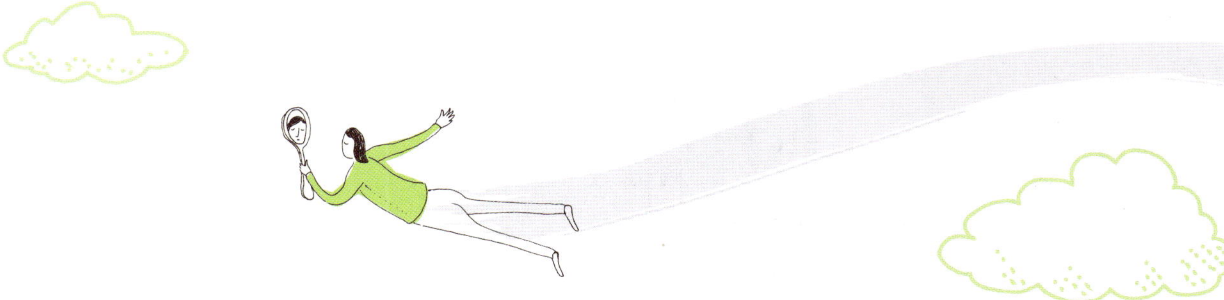

ACHTSAMKEITS-MEDITATION

ACHTSAM IM ALLTAG

ACHTSAMKEIT ALS WERKZEUG

VORWORT

Achtsamkeit hat viele Facetten. Sie lässt sich als das Bemühen beschreiben, die Aufmerksamkeit ganz auf den gegenwärtigen Augenblick auszurichten und das Wesen der Dinge ohne irgendeine Wertung und mitfühlend wahrzunehmen. Wir sind einfach da, im direkten Kontakt mit unserem inneren und äußeren Erleben, und kommen zu Sinnen – im buchstäblichen wie im übertragenen Sinn. Zugleich ist Achtsamkeit nichts weiter als eine Rückbesinnung auf unsere angeborene Fähigkeit, ganz wach und ganz bei uns zu sein, ohne dass sich Vorstellungen, frühere Erfahrungen, Vorlieben oder Abneigungen als Filter dazwischenschieben.

Diese Art der Wahrnehmung steht uns allen jederzeit offen. Wenn Sie möchten, können Sie sie jetzt gleich einmal ausprobieren. Wenden Sie, nachdem Sie diesen Absatz zu Ende gelesen haben, den Blick vom Text ab und lassen Sie ihn auf einem Gegenstand in Ihrer Nähe ruhen. Richten Sie Ihre ganze Aufmerksamkeit auf das Objekt, so als würden Sie es zum ersten Mal sehen, ohne es in begriffliche Schubladen zu stecken. Registrieren Sie sachte Form, Farbe, Beschaffenheit der Oberfläche und den Raum, den das Objekt einnimmt.

Vielleicht merken Sie, wie Ihnen Gedanken in den Sinn kommen, wie Ihre Aufmerksamkeit abschweift oder wie der Sinneskontakt mit dem Objekt Gefühle auslöst. Kehren Sie dann einfach immer wieder zum direkten Erleben des gewählten Gegenstands zurück. Probieren Sie das jetzt aus. Danach lesen Sie diese Anleitung noch einmal durch und wiederholen die Übung.

Sie haben gerade Achtsamkeit praktiziert. Um Ihr Bewusstsein im gegenwärtigen Erleben zu verankern, haben Sie ein »Objekt der Aufmerksamkeit« gewählt und dann Ihre Gedanken, Sinnesempfindungen und Gefühle beobachtet. Wahrscheinlich haben Sie an sich Dinge registriert, die Sie aus Ihrem Alltag kennen, zum Beispiel Zerstreutheit, Interesse, Verlangen nach oder Widerwille gegen etwas, Unruhe, Zweifel oder Langweile. Vielleicht gab es aber auch Momente,

in denen Sie einfach nur hingeschaut haben. Und genau das ist mit »Praxis« der Achtsamkeit gemeint. Wir sprechen von Praxis, denn wenn wir Achtsamkeit regelmäßig üben, setzen wir dabei einen »Rohstoff des Lebens« ein. Im Lauf der Zeit lernen wir, mit diesem »Rohstoff« anders umzugehen und auf die Gewohnheiten und typischen Muster unseres Geistes nicht reflexhaft, sondern bewusst zu reagieren. Wir lernen, unsere Gestaltungsfreiheit zu nutzen, entwickeln mehr Selbstvertrauen und sind alles in allem ausgeglichener.

Auf diese Weise bauen wir eine hilfreiche, unterstützende Beziehung zu uns selbst auf, fühlen uns von uns selbst und anderen weniger abgeschnitten und isoliert und beginnen damit, unsere intuitive Weisheit und Kreativität zu entfalten. Diese innere Reise ist die vielleicht wichtigste unseres Lebens. Der US-amerikanische Mönch und Schriftsteller Thomas Merton hat deren Bedeutung so in Worte gefasst: »Was nützt es uns, dass wir zum Mond reisen können, wenn wir den Abgrund nicht zu überwinden vermögen, der uns von uns selbst trennt?«

Dieses Buch ist ein umsichtiger Begleiter, der mit Ihnen auf die Reise in ein achtsameres Leben geht und Sie unterstützen kann. Er erläutert Wesen und Praxis der Achtsamkeit und zeigt, wie Sie sie nach und nach in Ihr Leben einbauen können. Wie bei jeder Reise ist es wichtig, dass Sie auf Ihre innere Weisheit vertrauen und darauf achten, was Ihnen hilft und was nicht.

Weil unser Geist gern wertet und beurteilt, kann es passieren, dass Achtsamkeitsübungen sich unversehens in ein Projekt der »Selbstoptimierung« verkehren. Achtsamkeit hat aber mehr zu bieten: Wir lernen uns dabei so kennen, wie wir sind, von einem Augenblick zum nächsten. Immer wieder finden wir darüber hinaus zu Einsichten, die sich ganz von allein ergeben, wenn wir die mitfühlende Neugier auf unser eigenes Erleben kultivieren.

Achtsamkeit ist vor allem auch ein Pfad des Herzens: Durch liebevolles Gewahrsein werden wir fähig, jede Form der Erfahrung mitfühlend und mit offenen Armen anzunehmen. Lassen Sie sich also von Ihrem Herzen leiten, wenn Sie die Übungen und Reflexionen durchgehen, die Ihnen dieses Buch anbietet. Beginnen Sie … jetzt.

Ken A. Verni

ACHTSAMKEIT ENTDECKEN

Achtsamkeit ist ein zeitgemäßer Weg zu einem erfüllteren Leben, der uns allen offensteht. Sie fördert Gelassenheit, Ausgeglichenheit und das körperliche Wohlbefinden.

IHR LEITFADEN FÜR DEN EINSTIEG IN DAS HIER UND JETZT

WIE ACHTSAMKEIT IHR LEBEN BEREICHERN KANN

Achtsamkeit kann Ihr Leben verändern. Das lässt sich erreichen, indem Sie regelmäßig kurze Achtsamkeitsmeditationen machen und sich aller tief verwurzelten Denkmuster bewusst werden, die Sie bislang davon abgehalten haben, das Leben in seiner ganzen Fülle zu erfahren.

Achtsam zu sein heißt, dass Sie die ganze Aufmerksamkeit auf eine Erfahrung im gegenwärtigen Moment richten, dabei Ihr Herz öffnen und der Erfahrung Raum geben. Letzteres erfordert eine kurze Erläuterung: Unsere ursprüngliche geistige Haltung ist eine sehr offene, doch im Lauf unseres Lebens bilden sich bestimmte Denkgewohnheiten heraus und verfestigen sich. Indem wir einige Wochen lang Achtsamkeitsmeditationen machen, können wir diese inneren Strukturen aufbrechen und unsere einstige Offenheit wiederfinden. Deshalb hat sich die Praxis der Achtsamkeit als wirksames Mittel gegen unterschiedlichste negative Denkmuster, ein schwaches Selbstwertgefühl, gering ausgeprägte Lebensfreude, starke Anspannung und leichte bis mittelstarke Depressionen erwiesen.

Achtsamkeit verändert Ihre Vorstellung von Ihrem Leben und von Ihren Beziehungen zu anderen. Zudem hilft

Achtsamkeit verändert Ihre Vorstellung von Ihrem Leben und Ihren Beziehungen zu anderen.

FAKTEN UND LEGENDEN ÜBER DIE ACHTSAMKEIT

In der modernen Praxis der Achtsamkeit richten Sie Ihre ungeteilte Aufmerksamkeit auf Ihre momentane Erfahrung, ob diese nun angenehm oder unangenehm ist. Achtsamkeit ist kein spiritueller oder religiöser Zustand der Entrückung.

WAS ACHTSAM SEIN IST

- Die eigenen Gefühle wahrnehmen, ohne sich in ihnen zu verlieren
- Sich so sehen, wie Sie sind, statt Ihr Selbstbild aus Gefühlen oder Fehlern abzuleiten
- Mehr im Jetzt leben
- Ein Weg zur Zufriedenheit, der allen offensteht

WAS ACHTSAM SEIN NICHT IST

- Sich leer machen oder aufhören zu denken
- Eine Entspannungstechnik, auch wenn sie nebenbei ruhiger und gelassener macht
- Eine Flucht vor uns selbst, denn sie zeigt uns, wer wir sind
- Ein Freibrief für Ziellosigkeit; Sie können durchaus auf achtsame Weise planen oder aus der Vergangenheit lernen

IHRE ERSTEN ACHTSAMEN MOMENTE: ÜBUNG ZUM EINSTIEG

Die Begriffe »Übung« und »Praxis« sind für jede Form der Meditation zentral. Nur wenn Sie regelmäßig üben, können Sie Ihre geistigen Muster verändern. Die hier beschriebene Einstiegsübung soll zunächst verdeutlichen, was Achtsamkeit bedeutet.

Wenn während dieser Übung Gedanken oder Emotionen in Ihnen aufsteigen, registrieren Sie diese, ohne bei ihnen zu verweilen. Lassen Sie sie vorüberziehen und richten Sie Ihre Aufmerksamkeit wieder auf das Objekt.

1 **Setzen Sie sich an einen Tisch,** auf dem ein kleiner Gegenstand steht, zum Beispiel eine Tasse, ein Glas oder ein Salzstreuer.

2 **Betrachten Sie das Objekt** und nehmen Sie einige Minuten lang alles auf, was Sie sehen. Erfassen Sie nur, wie der Gegenstand aussieht, ohne ihn nach Schönheit oder Nützlichkeit zu bewerten oder zu berühren.

3 **Konzentrieren Sie sich auf Ihre Sinneswahrnehmungen.** Bleiben Sie still sitzen, schließen Sie die Augen und registrieren Sie bewusst alle Ihre Eindrücke – wo berührt die Haut Ihre Kleidung, wo berührt der Körper den Stuhl oder den Boden?

4 **Konzentrieren Sie sich einige Minuten lang auf das, was Sie hören.** Vielleicht ist das nur Ihr Atem, vielleicht das Radio der Nachbarn oder ein Flugzeug.

5 **Blicken Sie auf Ihre Erfahrung zurück.** Sie haben sich auf ein Objekt, auf Sinneswahrnehmungen und auf Geräusche konzentriert und sich so eine Pause von dem gegönnt, was Sie sonst beschäftigt. Wenn Sie das öfter tun, kann das sehr erholsam sein.

sie Ihnen, Ihre Potenziale besser zu nutzen, vor allem wenn es um Beziehungen und persönliche Ziele geht. Achtsamkeit sorgt für ein erfüllteres Leben, Sie werden gelassener und beweglicher.

Die Basis dafür entsteht, indem Sie sich selbst besser kennenlernen. In schwierigen oder bedrohlichen Situationen fühlen Sie sich nicht so schnell überfordert und wenn sich Chancen auftun, erkennen Sie sie rascher und können sie freudig willkommen heißen. Zwar werden alte Denkmuster weiterbestehen, aber weniger Macht über Sie haben, Sie können Alternativen finden.

Im Augenblick

Hauptzutat des Achtsamkeits-»Rezepts« ist der gegenwärtige Augenblick. Es geht nicht darum, sich auf den Augenblick selbst zu fokussieren, ihn können Sie nicht festhalten. Vielmehr konzentrieren Sie sich auf Ihr Erleben im Moment, schenken Vergangenheit, Zukunft oder dem Verstreichen der Zeit keine Beachtung und lassen sich nicht auf Gedanken oder Gefühle ein, die Ihnen in den Sinn kommen. Sie können den Fokus auf etwas richten, das Sie gerade tun, sehen, hören oder körperlich spüren, zum Beispiel Ihren Atem. Darauf konzentrieren Sie sich entspannt, aber zielgerichtet. Bei den Übungen in diesem Buch liegt der Fokus oft auf körperlichen Abläufen wie Atmen oder Gehen oder auf Gegenständen.

NEUER MOMENT, NEUES ICH

POSITIVE EFFEKTE DER ACHTSAMKEIT

GEISTIGE FUNKTIONEN

Besseres Gedächtnis

Kürzere Reaktionszeit

Höhere geistige Ausdauer

Verbesserte Intuition

Raschere mentale Verarbeitung

Steigerung der Gehirnfunktionen

Konzentrationsfähiger

Entscheidungsfähiger

Die positiven Wirkungen der Achtsamkeit lassen sich ähnlich schwer erfassen und einordnen wie der Wert der Liebe. Man verfehlt ihren Kern, wenn man sie aufzugliedern versucht. Allerdings liegen mittlerweile viele Studien zur Achtsamkeit vor und die Liste der nachgewiesenen Effekte kann durchaus Anreiz zum Üben sein.

Jon Kabat-Zinn, der Pionier der modernen Achtsamkeitspraxis, stellte einmal mit entwaffnender Offenheit fest, dass wir Achtsamkeitsübungen nicht mögen müssen. Es genügt, wenn wir sie machen. Er wusste, dass sie für manche Menschen eine lästige Pflicht darstellen, kannte aber ihre handfesten positiven Effekte sehr gut. Mittlerweile haben viele Studien gezeigt, dass Achtsamkeitsübungen tatsächlich das geistige und körperliche Wohlbefinden steigern. Stress und Anspannung verringern sich, da der Spiegel des »Stresshormons« Cortisol absinkt. Achtsamkeit kann zudem das Immunsystem stärken, wenn es durch Stress geschwächt ist.

Der gesundheitliche Nutzen von Achtsamkeit konnte in unterschiedlichen Bereichen nachgewiesen werden: Sie lindert Stress und Schmerzen, verbessert den Schlaf und hilft bei der Überwindung von Depressionen und Suchterkrankungen. Geht es nicht um gesundheitliche Probleme, sondern einfach nur um eine Verbesserung des Wohlbefindens, sind die positiven Auswirkungen der Achtsamkeit derart vielfältig, dass sie sich kaum überblicken lassen. Sie macht uns aufmerksamer, zentrierter und zuversichtlicher, stärkt die Selbstwahrnehmung und das Entscheidungsvermögen, wirkt der Macht der Gewohnheit entgegen und lässt uns das Leben mit neuen Augen sehen. Wir lernen, mit Schwierigkeiten und Rückschlägen besser umzugehen und das, was das Leben zu bieten hat, mehr zu genießen. Wir sind nicht mehr durch negative Vorstellungen über uns selbst eingeengt, endlich können wir damit beginnen, unser Potenzial voll zu entfalten.

Achtsamkeit lindert Stress und Schmerzen, verbessert den Schlaf und hilft bei der Überwindung von Depressionen und Suchterkrankungen.

KÖRPERLICHES WOHLBEFINDEN

Weniger angespannt
Belastbarer
Weniger gestresst
Besserung von Depressionen
Schmerzlinderung
Mehr Kontrolle über Sucht- oder selbstzerstörerisches Verhalten
Stärkung des Immunsystems
Stärkung von Herz und Kreislauf
Erholsamerer Schlaf

WIE ACHTSAMKEIT SCHMERZEN LINDERT

Die gesundheitlichen Effekte der Achtsamkeit beruhen darauf, dass wir lernen, nicht auf alles sofort zu reagieren – etwa auf unsere Emotionen. In den Schmerz werden wir, ähnlich wie in Emotionen, schnell hineingezogen und kämpfen dann gegen ihn an. Um Schmerzreize zu unterdrücken, spannen wir beispielsweise die betreffende Körperregion an oder stemmen uns wütend gegen sie. Das verbraucht Energie, ohne die Beschwerden zu lindern. Achtsamkeit bedeutet hier, den Schmerz anzunehmen und ihn von der emotionalen Reaktion abzukoppeln, die er auslöst. Wenn der Schmerz nicht mehr durch Gefühle angefeuert wird, schwächt er sich ab.

KREISE DES WOHLBEFINDENS

Achtsamkeit macht uns nicht nur gesünder, gelassener und körperlich fitter – für diejenigen, die den Fokus auf Fitness legen –, sondern fördert auch die Entfaltung äußerst hilfreicher Fertigkeiten, die ein erfüllteres und reicheres Leben ermöglichen.

SELBSTWAHRNEHMUNG UND LEBENSKOMPETENZEN

Sich selbst besser kennen
Sich aus gewohnten Mustern lösen
Emotionen besser steuern können
Kommunikationsfähiger werden
Besser vor Gruppen reden können
Besser zuhören können
Sich besser einfühlen können
Selbstsicherer sein
Gesteigerte emotionale Intelligenz
Mehr Stabilität in schwierigen Situationen

LEBENSZUFRIEDENHEIT

Gestärktes Selbstwertgefühl
Mehr Selbstvertrauen
Mehr Freude an Freizeitaktivitäten
Beziehungsfähiger
Befriedigenderes Berufsleben
Zielgerichteter
Volle Entfaltung von Potenzialen

DEN KOPF VOLLER GEDANKEN

AUFMERKSAMKEIT UND ABLENKUNG

Achtsam zu sein heißt, die Aufmerksamkeit im Hier und Jetzt nach innen zu lenken und zu erkunden, was wir wahrnehmen, denken und fühlen. Ablenkungen, wie Vogelgezwitscher oder aufsteigende Erinnerungen, lassen wir einfach vorüberziehen.

Unser Geist ist ein Werkzeug und gleichzeitig eine Landschaft, in der Gedanken wie Blätter im Wind dahintreiben. Immer wieder schieben sie sich in unser Blickfeld und lenken uns ab, so sehr wir uns auch auf eine Aufgabe zu konzentrieren versuchen. Doch wir haben die Wahl: Wir können auf die Gedanken reagieren oder achtsam vorgehen und sie einfach zur Notiz nehmen, ohne sie zu beurteilen. Bei der zweiten Variante bleiben wir im gegenwärtigen Moment.

Wichtig zu wissen: Unsere Gedanken und unser unmittelbares Erleben geschehen getrennt voneinander, stehen aber in ständiger Wechselwirkung. Und: Der menschliche Geist ist nur scheinbar multitaskingfähig, tatsächlich kann er immer nur einen Gedanken fassen, auch wenn seine unglaublichen Jonglierkünste anderes vermuten lassen. Ständig steigen Gedanken auf, während andere in den Hintergrund treten, um später erneut hervorzukommen. In diesem ganzen Hin und Her laufen bestimmte nachverfolgbare Gedankengänge oder Abfolgen aus Empfindungen und Gedanken ab, die oft an das unmittelbare Erleben anknüpfen. Ein Beispiel soll dies veranschaulichen.

Radio, Kartoffeln, Holz …

Stellen Sie sich vor, Sie sind in der Küche, schälen Kartoffeln und hören Radio. Aus dem Garten kommen Geräusche, die sich über die Stimme des Nachrichtensprechers legen. Ihnen wird klar, dass Ihr Partner draußen Holz hackt. Das lenkt Sie ab, denn Sie fragen sich, ob der Grill schon angefeuert ist. Ein Gedanke führt zum nächsten, und von den aktuellen Meldungen bekommen Sie gar nichts mit. Vielleicht halten Sie beim Kartoffelschälen kurz inne und überlegen, ob es mit dem Abendessen heute nicht ziemlich spät werden könnte. Ihre Aufmerksamkeit ist

Wir können auf Gedanken reagieren oder sie, indem wir Achtsamkeit praktizieren, einfach zur Kenntnis nehmen – ohne jede Wertung.

also nicht auf die Gegenwart, sondern auf die Zukunft gerichtet. Achtsamkeit hilft Ihnen, in solchen Situationen Ihre Aufmerksamkeit zu steuern. Sie können dann wählen: Gehen Sie hinaus, um mit Ihrem Partner zu sprechen, konzentrieren Sie sich auf die Radionachrichten oder widmen Sie sich ganz dem Kartoffelschälen? Sie können sich dafür entscheiden, die Geräusche von draußen auszublenden (nach zwei, drei Minuten hören Sie sie vielleicht gar nicht mehr) und sich mit der Frage, wann es Abendessen gibt, später zu befassen.

Den Fokus wählen

Wer im achtsamen Modus läuft, entscheidet sich ganz bewusst, worauf er seine Aufmerksamkeit richten will. In diesem Fall brauchen Sie sich keine Sorgen zu machen, dass ablenkende Gedanken, Gefühle oder Sinneswahrnehmungen wie das Schlagen einer Uhr oder das Klingeln des Telefons Ihre innere Landschaft zu stark in Bewegung bringen könnten. Von derartigen unaufgefordert auftauchenden Phänomenen nehmen Sie zwar Notiz, wählen dann aber die Option, sich nicht mit ihnen zu befassen. Stattdessen richten Sie Ihre Aufmerksamkeit wieder auf den zuvor gewählten Fokus, unabhängig davon, ob es sich um Ihren Atem, eine Körperempfindung oder etwas anderes handelt.

GEDANKENWELLEN

Wie unser Geist Wahrnehmungen, Gedanken und Emotionen verarbeitet, lässt sich am Bild eines Teichs veranschaulichen, in den ein Regentropfen fällt. Als direkte Erfahrung nehmen wir den Tropfen – unsere Eindrücke und Emotionen – wahr. Der mittlere Wellenkreis umfasst einfache Gedanken, der äußere die an sie anknüpfenden. Sie breiten sich aus, bis wir unsere Aufmerksamkeit neu ausrichten. Durch die Praxis der Achtsamkeit werden wir fähig, dies bewusst im Alltag zu tun.

ANSTOSS ZUR ACHTSAMKEIT
Ein oft verwendetes Symbol für den Prozess der Achtsamkeit ist eine ruhige Wasseroberfläche, die durch einen aufkommenden Tropfen in Bewegung gerät.

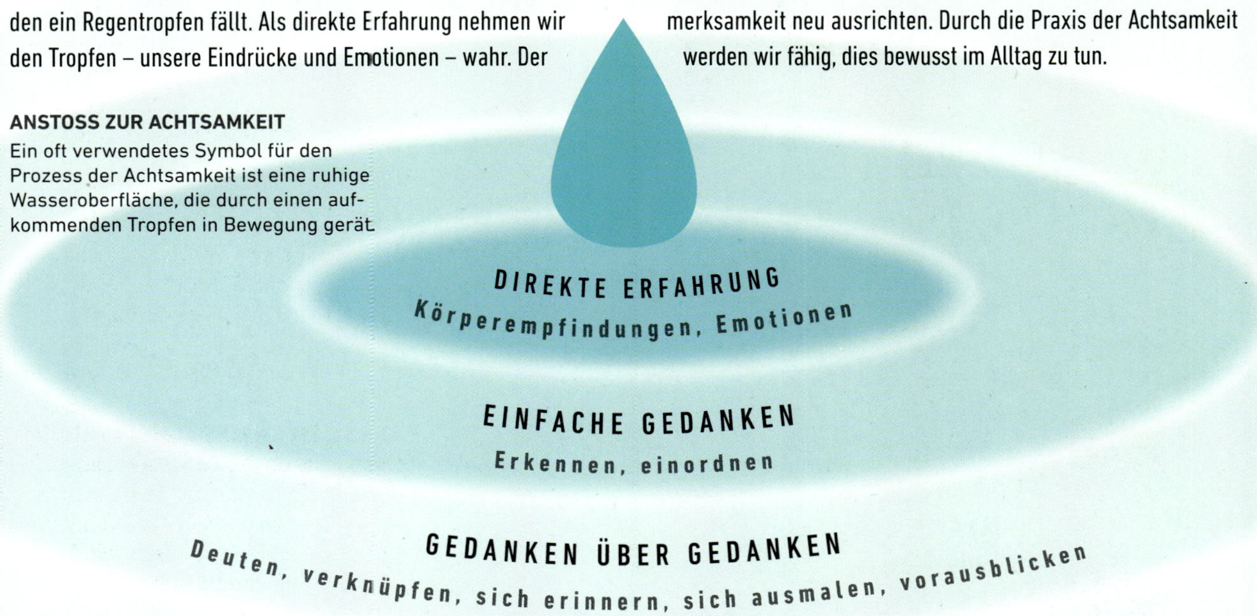

STILL BEOBACHTEN

GENAUES WAHRNEHMEN, OHNE ZU WERTEN

Achtsamkeit bedeutet, wach und konzentriert im Jetzt zu sein, ohne zu urteilen. Doch warum sollten Wertungen überhaupt ins Spiel kommen, wenn wir zum Beispiel unseren Atem oder Körperempfindungen in den Fokus nehmen?

Stellen Sie sich vor, wie Sie bei der Meditation die Aufmerksamkeit auf das Ein- und Ausströmen des Atems richten. Sie sitzen dabei auf einem Stuhl und lenken Ihre Gedanken darauf, wie die Oberschenkel auf der Stuhlkante aufliegen. Dieser Druck, den Sie spüren, ist jedes Mal da, wenn Sie beim Essen oder Schreiben am Tisch sitzen, doch gewöhnlich bemerken Sie Ihn nicht oder achten nicht darauf. Solche Sinnesempfindungen in den Lichtkegel des Bewusstseins zu rücken – und in ihm zu halten – ist ein Beispiel dafür, wie wir die Aufmerksamkeit auf das Jetzt fokussieren können.

Abschweifungen

Nur sehr wenige Menschen sind in der Lage, ihre Gedanken vollständig zu steuern. Einfach gesagt: Gedanken schweifen häufig ab. Das wird wahrscheinlich auch passieren, wenn Sie sich im Sitzen ganz auf die Empfindungen in den Oberschenkeln konzentrieren wollen. Die Auslöser dafür sind manchmal äußere Ereignisse, etwa dass eine Uhr schlägt oder der Postbote etwas in den Briefkasten wirft. Manchmal sind es Dinge, die Sie innerlich beschäftigen.

SICH MIT URTEILEN ZURÜCKHALTEN

Wie sieht eine nicht urteilende Haltung in der Praxis aus? Nehmen wir an, Ihr eigensinniger Bruder kommt am nächsten Wochenende zu Besuch. Sie wollen mit ihm reden, um sein Verhalten in ruhigere Bahnen zu lenken. Bei Ihrer Achtsamkeitsmeditation drängen sich entsprechende Gedanken in den Vordergrund und setzen Emotionen in Gang, die wiederum Wertungen und Urteile nach sich ziehen. Achtsamkeit heißt in einer solchen Situation, dass Sie die Gedanken und Emotionen einfach zur Kenntnis nehmen, ohne Urteile daraus abzuleiten.

GEDANKE	EMOTION	URTEIL
»Wie soll ich das Gespräch beginnen?«	Anspannung angesichts einer schwierigen Aufgabe	Beschließen, das Gespräch kurz zu halten
»Er macht es mir schwer, überhaupt einen Einstieg zu finden.«	Ungeduld	Beschließen, das Gespräch aufzuschieben
»Was wird er wohl sagen?«	Beklemmung	Beschließen, mir die Sache nicht zu Herzen zu nehmen
»Beim letzten Gespräch war ich nicht aufrichtig.«	Ärger, weil ich nicht gesagt habe, was ich denke	Denken, dass ich nicht so streng mit mir sein darf
»Er macht gerade eine schwere Zeit durch.«	Sorge um das Wohlergehen des Bruders	Mich fragen, ob er therapeutische Hilfe braucht

URTEILE AUSFILTERN

Bei einer Achtsamkeitsübung dringen – als Teil des aktuellen Erlebens – unweigerlich Sinneswahrnehmungen in Ihr Bewusstsein. Respektieren Sie diese Besucher (in den Gedankenblasen fett hervorgehoben), doch lassen Sie sich nicht dazu verleiten, Urteile über sie zu fällen (Sätze in Grau). Denn diese stören die Meditation und rufen andere ungebetene Gedanken herbei.

Unaufgefordert treten Gedanken- oder Emotionsfragmente aus dem Unbewussten hervor. Oft drehen sie sich um Banales: Wo haben Sie die Schere hingelegt, wann müssen Sie Ihre Tochter von der Schule abholen? Manchmal handelt es sich um eine diffuse Unruhe, deren Ursache Sie nicht genau ausmachen können, manchmal stecken stärkere Regungen wie Wut oder Angst dahinter. Einige Gedanken kommen allein, viele sind mit Emotionen verknüpft. Wenn Sie sich sagen: »Ich will diesen Gedanken oder diese Emotion jetzt nicht in meinem Kopf haben, denn das stört mich bei der Achtsamkeitsübung«, ist das ein wertender Kommentar. Solche Urteile über auftauchende Gedanken oder Gefühle sollen Sie beim Üben aber nicht fällen. Wie können Sie also damit umgehen? Nehmen Sie die Gedanken oder Gefühle wahr und registrieren Sie genau, wie Sie sie erleben, um dann den Fokus Ihrer Aufmerksamkeit wieder bewusst auf Ihre körperlichen Empfindungen auszurichten – auf den Atem oder die Empfindungen in den Oberschenkeln. Gehen Sie nicht auf die Gedanken oder Gefühle ein und lassen Sie sie verklingen. Das ist Achtsamkeit im Tun.

50 PROZENT DER ZEIT
Studien zufolge ist unser Geist im Wachen etwa die Hälfte der Zeit nicht fokussiert.

DIE MACHT DES AUTOPILOTEN

ALTE DENK-, GEFÜHLS- UND VERHALTENSMUSTER

Auf Autopilot zu schalten bedeutet das Gegenteil von Achtsamkeit: Der Geist ist dann vom Hier und Jetzt abgekoppelt und an alte Gewohnheiten gebunden. Wenn wir uns von dem automatischen Verhalten lösen, entkommen wir dem Sog der Vergangenheit und finden mehr Freude am Leben.

Im Autopilotmodus können wir elementare Dinge tun, ohne uns darauf konzentrieren zu müssen – gehen, uns anziehen, Treppen steigen. Das hilft uns, komplexe Fertigkeiten wie Autofahren oder Tippen zu lernen. Im Lernprozess automatisiert sich der Ablauf, sodass wir uns zum Beispiel am Ziel einer Autofahrt kaum noch erinnern, wie wir den Weg zurückgelegt haben. Diese Automatisierung ist oft wünschenswert, weil wir dadurch den Kopf für andere Dinge, die bewusste Aufmerksamkeit erfordern, freibekommen.

Der Autopilot kann sich aber auch gegen uns wenden, wenn wir zulassen, dass er unser Gefühlsleben steuert. Wir blicken häufig auf schwierige Momente zurück und wollen sie emotional einordnen, damit wir zukünftig besser mit ihnen zurechtkommen. Problematisch wird es, wenn dieser Vorgang automatisch abläuft, denn dann reagieren wir in ähnlichen Situationen immer mit demselben Muster, selbst wenn uns das gar nicht guttut.

Negative Muster auflösen

Wenn der Geist auf Autopilot läuft, kopiert er die Vergangenheit. Wir sind

FÜR FRISCHEN WIND SORGEN

Sich von eingeschliffenen Gefühlsreaktionen zu lösen erfordert viel Übung. Zum Einstieg können Sie fünf Dinge tun, um frischen Wind in gewohnte Abläufe zu bringen.

1

LASSEN SIE DAS HANDY ZU HAUSE

Vielleicht werden Sie anfangs nervös sein, weil Sie daran gewöhnt sind, dass man Sie ständig erreichen kann. Entdecken Sie wieder, wie es ist, ganz für sich zu sein.

2

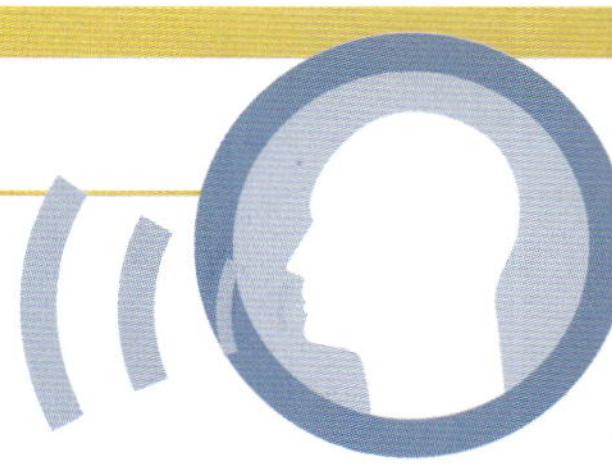

SPRECHEN SIE MIT UNBEKANNTEN

Plaudern Sie mit jemandem, dem Sie beim Einkaufen oder auf dem Weg zu Arbeit begegnen. Wenn wir auf Autopilot sind, haben wir nur Familie, Freunde und Kollegen auf dem Schirm. Doch auch ein Fremder kann uns etwas geben.

dann blind für neue Optionen. Eine Situation muss uns aber nicht immer wieder aufs Neue zusetzen, nur weil sie einmal schwierig für uns war.

Bewusst und mit Entschlossenheit gegen festgefahrene Muster anzugehen ist nicht unbedingt die beste Strategie gegen sie; aktive Gegenwehr kann sie paradoxerweise sogar noch verfestigen. Der Schlüssel liegt vielmehr darin, auf achtsamere Art zu denken. Indem wir uns darin üben, im Augenblick zu leben und unsere Erfahrungen nicht wertend, sondern akzeptierend wahrzunehmen, zentrieren wir uns im Hier und Jetzt und werden geistig beweglicher. Sobald die Achtsamkeit das Steuer übernimmt, schaltet sich der Autopilot ab.

Wenn der Geist auf Autopilot läuft, kopiert er die Vergangenheit. Wir sind dann blind für neue Optionen.

AUTOMATISCH ODER ACHTSAM: GEGENSÄTZLICHE STILE

Wenn unser Innenleben auf Autopilot läuft, treten wir auf der Stelle. Wir durchleben immer wieder dieselben Fehler und Krisen. Achtsamkeit bringt die hemmenden emotionalen Muster ans Licht, sie hilft uns, unser Potenzial zu nutzen.

AUF AUTOPILOT	MIT ACHTSAMKEIT
Wir machen es wie gewohnt.	Wir sind wach und aufmerksam.
Wir drehen uns im Kreis.	Wir sind ganz im Jetzt.
Wir blenden die Realität aus.	Wir akzeptieren, was ist.
Wir sind blind für Details.	Wir nehmen Details wahr.
Wir folgen ausgetretenen Pfaden.	Wir sehen, wie alles zusammenhängt.
Wir sehen nur wenige Optionen.	Wir erkennen viele Optionen.
Emotionen wiederholen sich.	Unsere Emotionen verändern sich.
Wir lassen unser Potenzial brachliegen.	Wir nutzen unser Potenzial.
Wir haben wenig Freude am Leben.	Wir haben mehr Freude am Leben.

3

MACHEN SIE MIT DEM PARTNER ETWAS NEUES

Machen Sie etwas zum ersten Mal zusammen, zum Beispiel wandern oder zu einem Sportereignis gehen. Eine neuartige gemeinsame Erfahrung kann die Beziehung beleben, wenn sie in Routine zu erstarren droht.

4

UNTERBRECHEN SIE EINEN GEWOHNTEN WEG

Gehen Sie etwas früher los, halten Sie unterwegs an einer bestimmten Stelle an und schauen Sie sich aufmerksam um. Finden Sie etwas, das Sie sich einprägen möchten, etwa einen interessanten Laden oder die Farbgestaltung eines Hauses.

5

PACKEN SIE DIE GROSSE AUFGABE AN

Der Autopilot verleitet uns dazu, Unangenehmes möglichst lange aufzuschieben. Legen Sie fest, wann Sie eine Aufgabe angehen werden, die ohnehin ansteht; sie soll bald nicht mehr vor Ihnen liegen. Konzentrieren Sie sich voll darauf.

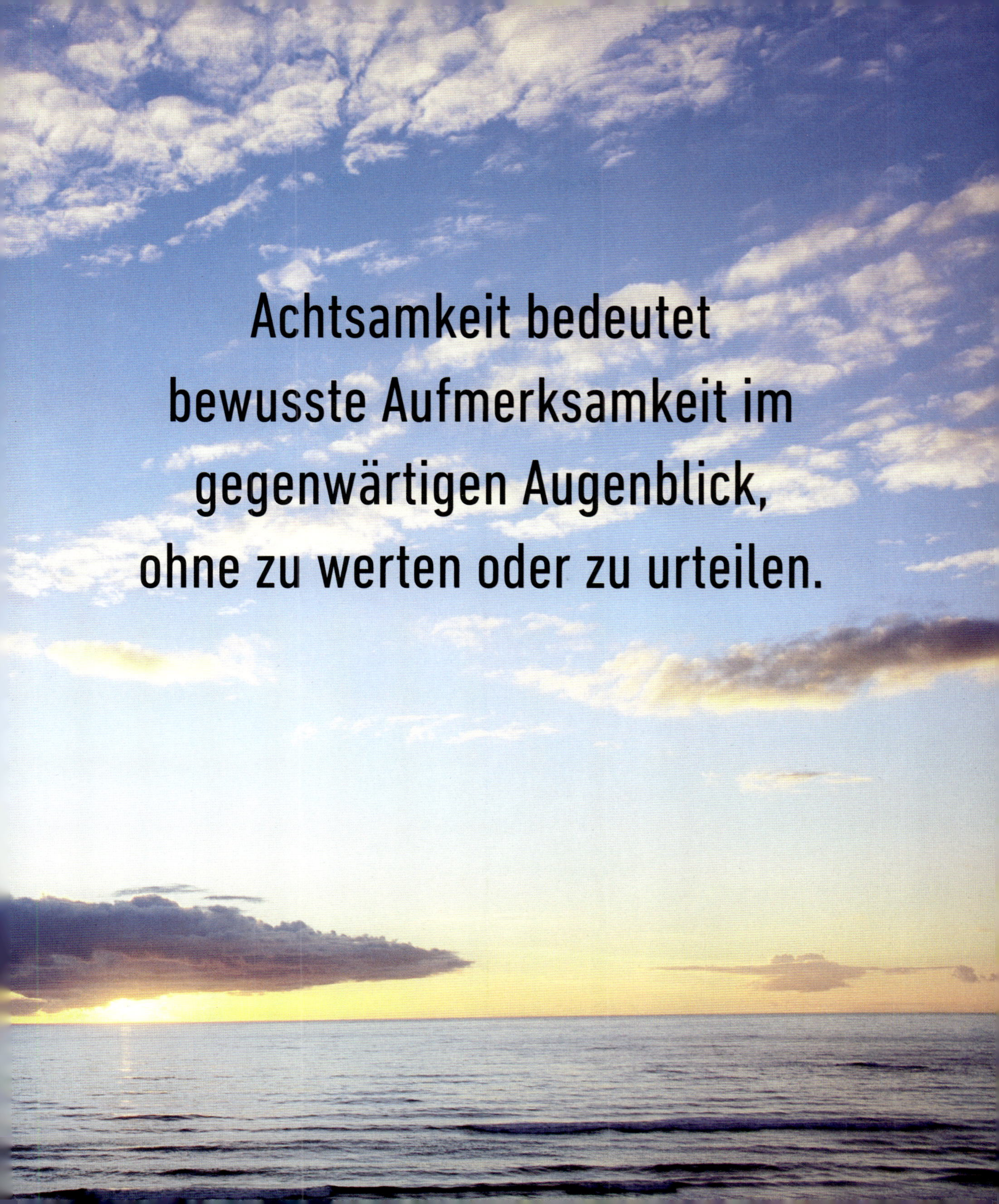

Achtsamkeit bedeutet
bewusste Aufmerksamkeit im
gegenwärtigen Augenblick,
ohne zu werten oder zu urteilen.

TAUSEND BLÄTTER

BEI ROUTINEAUFGABEN GANZ IM JETZT SEIN

Jede eintönige Tätigkeit bietet die Gelegenheit, Achtsamkeit zu üben. In der Praxis des Zen hat zum Beispiel das Laubkehren seinen festen Platz: Eine wesentliche Aufgabe in japanischen Tempelgärten besteht darin, in den Sand gezogene Ornamente von Blättern zu befreien. Kehren Sie also Laub, um einen Einstieg in die Achtsamkeit im Tun zu finden.

Die britische Krimiautorin Agatha Christie sagte einmal, dass sich ein Buch am besten beim Abwasch planen lässt. Was sie damit meinte, ist leicht zu verstehen. Manche Aufgaben des Alltags empfinden wir als stumpfsinnig und sinnlos. Was spricht also dagegen, auf Autopilot zu schalten? Während wir das Geschirr reinigen, können wir uns gleichzeitig mit etwas anderem beschäftigen, das unsere volle Aufmerksamkeit erfordert. Was bringt es schon, eine geistlose Aufgabe ganz bewusst anzugehen? Das Laubkehren ist öde genug, da müssen wir doch nicht jeden Moment auskosten, als sei er besonders wertvoll. Vielmehr denken wir häufig andersherum: Ja, diese Zeit könnte durchaus kostbar sein – wenn wir sie nicht mit Laubkehren verbringen müssten!

Achtsamkeit ist kein Muss

Diese durchaus verbreitete Vorstellung wirft sehr interessante Fragen auf. Würde Ihnen tatsächlich eine wertvolle Erfahrung entgehen, wenn Sie beim Laubkehren Ihren Gedanken nachhängen? Könnten Sie die langweilige Aufgabe nicht vielleicht besser und schneller erledigen, wenn Sie sie einfach ohne jede Achtsamkeit abarbeiten? Und würde, wenn Sie einmal tausend Blätter zusammengefegt haben, durch die nächsten paar Hundert die Erfahrung wirklich noch einmal an Tiefe gewinnen?

Wer den Wert von Achtsamkeit schon erfahren hat, wird intuitiv wissen, wie diese Fragen zu beantworten sind. Doch Achtsamkeit ist kein Muss. Wenn Sie sich Rezeptideen überlegen wollen oder einen Vortrag durchgehen möchten, spricht nichts dagegen, das mit dem Laubfegen zu verbinden – vor allem, wenn Sie wissen, dass Sie dabei

Beim achtsamen Laubfegen geht es nicht nur darum, sich die Blätter ganz genau anzusehen oder sich in strikter Einfachheit zu üben. Unweigerlich werden Gedanken aufkommen und diese Abschweifungen können höchst aufschlussreich sein.

gut nachdenken können. Sie brauchen deswegen kein schlechtes Gewissen zu haben. Ihr logischer Verstand macht Ihnen vielleicht gern einmal Vorschriften – Achtsamkeit aber verpflichtet Sie zu nichts.

Nachdenken oder Abschweifen

Allerdings ist es etwas völlig anderes, Zeit bewusst zum Nachdenken zu nutzen, als wenn Sie eine Tätigkeit einfach nur hinter sich bringen wollen. Während wir Routineaufgaben erledigen, schweifen die Gedanken oft ab und drehen sich im Kreis, ohne dass dies irgendwohin führt, bis das Denken genauso automatisch abläuft wie das Fegen. Zudem verfallen wir dann leicht in unnützes Grübeln. Niemand konzentriert sich zu 100 Prozent auf das Laubkehren, aber Sie können sich dafür entscheiden, dabei im Hier und Jetzt zu sein – mit zielgerichteter Aufmerksamkeit und ohne wertende Gedanken (»Mir ist langweilig!«). So schaffen Sie sich einen Ort, an dem Ihr Inneres zur Ruhe kommen kann. Wenn die Gedanken abschweifen und Sie anfangen, sich über irgendetwas Sorgen zu machen, können Sie Ihre Regungen beobachten, ohne sich in sie hineinziehen zu lassen. Und dann richten Sie den Fokus, wenn Sie möchten, behutsam wieder auf das Fegen.

Am Ende können Sie sich über zwei Dinge freuen: Die Aufgabe ist erledigt und Sie haben sich eine heilsame Zeit im Hier und Jetzt gegönnt (sie hat tatsächlich heilende Wirkung, auch wenn das für Sie noch nicht erkennbar ist). Indem Sie achtsam an Routinetätigkeiten herangehen, werden Sie nach und nach zu einem inneren Gleichgewicht finden, das die auf den Seiten 18 und 19 genannten positiven Effekte mit sich bringt. Ursächlich dafür ist, dass sich durch Achtsamkeit in Ihrem Gehirn nach und nach neue Verbindungen knüpfen werden.

GARTENMEDITATION

Beim Laubfegen kommen Ihnen Gedanken und Gefühle in den Sinn. Beobachten Sie sie, ohne ihnen die Regie zu überlassen, und wenden Sie sich dann wieder ganz Ihrer Tätigkeit zu.

DEN TRAUM VOM GLÜCK LEBEN

ACHTSAMKEIT UND LEBENSFREUDE

Wie glücklich sich ein Mensch in seinem eigenen Leben fühlt, galt lange Zeit als von Veranlagung bestimmt. Neuere verhaltenspsychologische Studien zeigen aber, dass Lebenszufriedenheit keineswegs ein festgelegtes Persönlichkeitsmerkmal ist und sich durch Achtsamkeit beeinflussen lässt.

Wir wissen alle, dass Geld allein nicht glücklich macht. Viele Menschen, die vor allem Wohlstand, Nervenkitzel oder Sinnesfreuden suchen, sind irgendwann übersättigt und lustlos. Sie sitzen in der Hedonismusfalle. Weil sie nie ganz zufrieden sind, jagen sie immer wieder dem nächsten verheißungsvollen Ziel nach, ohne dass sich ihre Sehnsüchte jemals erfüllen.

Auch wenn bei der Achtsamkeit dem gegenwärtigen Augenblick ein hoher Stellenwert zukommt, hat sie nichts mit der Haltung »Lebe jetzt und denk nicht an morgen« zu tun. Sie stellt eine ganz bestimmte Beziehung zum Augenblick her, die beglückend sein kann.

Liebe und Freundschaft

Materialismus und die Fixierung auf Genuss und Vergnügen führen eher weg vom Glück als zu ihm hin. Welchen Weg sollen wir also einschlagen? Viele Menschen sagen, dass die stärkste Quelle der Zufriedenheit für sie die Liebe ist – nicht Verliebtheit, die von Spannung und Leidenschaft bestimmt ist, sondern eher die beständige Art der Liebe, die wir in einer festen Paarbeziehung, in

LINKS LIEGT DAS GLÜCK

Kurz nach der Jahrtausendwende untersuchte Richard Davidson von der University of Wisconsin (USA), wie die elektrische Aktivität in bestimmten Gehirnarealen mit dem subjektiven Glückserleben zusammenhängt. Er stellte fest, dass sich bei positiven Gefühlen im linken und bei negativen Gefühlen im rechten präfrontalen Kortex verstärkt Aktivitäten zeigten. Das Verhältnis zwischen den zwei Werten ergab den »Stimmungsindex«. Mit Jon Kabat-Zinn von der University of Massachusetts (USA) wies Davidson nach, dass sich bei Personen, die Achtsamkeit praktiziert hatten, die Aktivitäten eher zum linken Kortex hin verschoben. Salopp gesagt massiert Achtsamkeit das Gehirn, sodass eine positivere Lebenseinstellung entsteht.

NEUAUSRICHTUNG
Meditation kann uns zufriedener machen, da sie im Gehirn neue Verschaltungen bewirkt.

der Familie und mit Freunden erleben. Achtsamkeit hilft uns, die Menschen, die uns wichtig sind, bewusster wahrzunehmen und unsere Gefühle für sie besser zu verstehen und zum Ausdruck zu bringen. Das lässt die Liebe wachsen. Die als Übung in liebender Güte bezeichnete Achtsamkeitsmeditation auf den Seiten 138 bis 141 weitet unseren engen Kreis aus Familie und Freunden auf alle Menschen aus und stärkt die Vorstellung, dass Geben auch für uns selbst bereichernd ist.

Sinn und Dankbarkeit

Wenn man Menschen fragt, was sie zufrieden macht, sprechen viele von dem Wissen, dass sie etwas tun oder zumindest zu tun versuchen, das sie als wertvoll empfinden. Die Praxis der Achtsamkeit hilft Ihnen, sich selbst besser zu verstehen und sich dadurch über Ihre wahren Ziele klar zu werden. Sie unterstützt Sie auch dabei, diese Ziele zu erreichen, weil sie die Konzentrations- und Entscheidungsfähigkeit fördert und so Ihr Selbstvertrauen stärkt.

Glück speist sich auch aus der Dankbarkeit für das, was wir haben. Achtsamkeit verstärkt dieses Gefühl, weil sie die Fragwürdigkeit von Statussymbolen und anderen falschen Prioritäten aufdeckt. Ihnen wird dadurch umso bewusster, wie Freundschaft, Schönheit und andere Schätze Ihr Leben bereichern. Eine weitere Quelle des Wohlbefindens liegt darin, dass Achtsamkeit uns Dinge hinnehmen lehrt, die nicht zu ändern sind.

Bewährungsproben

Manchmal geraten wir durch Missgeschicke oder durch eigene Fehler in Bedrängnis. Achtsamkeit erhöht unsere Belastbarkeit, denn die Art von Glück, die aus ihr erwächst, ist nicht leicht zu erschüttern. Oft steckt in uns – trotz aller Schwierigkeiten, vor die uns das Leben stellt – ein innerer Kern der Zufriedenheit. Achtsamkeit hilft uns, ihn zu entdecken.

GEBEN MACHT GLÜCKLICH

Die folgende Liste – sie ist nach keinem bestimmten System geordnet – zeigt Möglichkeiten auf, wie Sie sich auf achtsame Weise für andere einsetzen und durch eine gebende Haltung mehr Lebensfreude finden können.

RAUM FÜR WACHSTUM

ACHTSAMKEIT UND IHRE POTENZIALE

Glück stellt sich ein, wenn Sie Ihr Potenzial so weit entfalten, wie es die Umstände zulassen, damit Ihr Leben erfüllter und reicher wird. Wie können Sie Hindernisse ausräumen, die Ihre Entwicklung möglicherweise blockieren und Sie davon abhalten, Ihren eigenen Weg zu finden und zu gehen?

Es gibt eine Vielzahl von Selbsthilfeprogrammen, die Sie einsetzen können, um Ihr Potenzial auszuschöpfen. Sie können zum Beispiel, neue interessante Aktivitäten ausprobieren oder mit selbstbestätigenden Sätzen die eigenen Stärken herausheben. Achtsamkeit schließt derartige Strategien zwar nicht aus, bietet aber einen umfassenderen Ansatz zur Selbstverwirklichung. Achtsamkeitsmeditationen helfen Ihnen, Ihr Selbstbild von negativen Aspekten zu befreien und diese durch Bewusstheit und Mitgefühl für sich selbst zu ersetzen. Dies ermöglicht es Ihnen, sich über Ihre Prioritäten klar zu werden und entsprechende Entscheidungen zu treffen.

Innere Stimmen

Manchmal bleiben wir weit hinter unseren Möglichkeiten zurück – weil wir zu sehr von uns selbst überzeugt sind: Im Wettbewerb mit anderen führt ein Übermaß an Optimismus oft zu einer Enttäuschung. Viel häufiger ist es aber umgekehrt: Wir glauben nicht genug an

DIE SUBJEKTIVE SICHT AUF ERFOLG UND MISSERFOLG

Wir machen unser Selbstbild, unsere Einstellungen und Erwartungen oft an Einschätzungen fest, was wir als gut oder schlecht empfinden. Überlegen Sie, inwiefern sie damit selbst Ihre Stimmung beeinflussen. Achtsamkeit hilft uns, Signale wie die in der Tabelle genannten im größeren Zusammenhang zu sehen.

POSITIV	NEGATIV
Gelobt werden	Kritisiert werden
Gute Resultate	Schlechte Resultate
Der Tag fängt gut an.	Der Tag fängt schlecht an.
Der Tag hört gut auf.	Der Tag hört schlecht auf.
Fortschritte erkennbar	Rückschläge erkennbar
Mehr hinbekommen als erwartet	Weniger hinbekommen als erwartet

uns. Der Pessimist in uns murmelt: »Ich schaffe das nicht.« Durch Achtsamkeit werden uns diese Denkmuster bewusst, sodass wir herausfinden können, was wirklich vor sich geht. Wenn wir zu harter Selbstkritik Gehör schenken, wird sie uns nur behindern. Wir sollten also lernen, die Stimme in unserem Kopf vor allem dann zu beachten, wenn sie bekräftigende Sätze formuliert, die uns unterstützen.

Achtsamkeitsmeditationen helfen Ihnen dabei, Ihr Selbstbild von negativen Aspekten zu befreien.

Verhalten im Alltag

Selbstentfaltung darf nicht damit verwechselt werden, andere beeindrucken zu wollen, um Anerkennung und Respekt zu bekommen. Beispiel: Viele Frauen, die sich Kinder wünschen, müssen überlegen, ob sie dafür ihre Karriere zurückstellen wollen. Dabei spielt ihre Vorstellung eine Rolle, dass zu Hause zu bleiben einen geringeren Wert hat. Letztlich ist die Frage aber, welche persönlichen Prioritäten sie setzen: Wenn sie sich dafür entscheiden, als Hausfrau und Mutter zu Hause zu bleiben, sollten sie erkennen und akzeptieren, dass das für sie einen höheren Wert hat.

Achtsamkeit kann uns helfen, unsere Prioritäten zu klären und kein schlechtes Gewissen zu haben, wenn wir eine Option verwerfen. Sie macht uns auch unabhängiger von den Meinungen anderer, die oft entweder zu negativ oder zu schmeichelhaft sind.

Gegen den Tunnelblick

Worauf sollten wir unser Augenmerk richten, wenn wir unsere Potenziale ausschöpfen wollen? Geht es darum, Stärken auszubauen oder Schwächen auszugleichen? Das hängt davon ab, wie gut wir uns selbst kennen: Stellen wir uns im Gespräch wirklich so unbeholfen an, wie wir denken? Reichen unser Talent und Durchhaltevermögen tatsächlich für eine Umschulung aus? Intuition und Bewusstheit bewahren uns davor zu glauben, dass wir unsere Kräfte nicht einteilen müssten, um Fortschritte in einem bestimmten Bereich zu erzielen. Achtsame Selbstbeobachtung bewahrt uns vor Fehleinschätzungen und hilft uns, das Ganze im Blick zu behalten.

BLICK IN DIE ZUKUNFT

Das beste Mittel, um zu entfalten, was in Ihnen steckt, sind Achtsamkeitsmeditationen. Die folgenden Ich-Aussagen zeigen Ihnen, in welche Richtung sich Ihr Selbstbild im Lauf der Zeit entwickeln wird:

- Ich bin nicht die Summe dessen, was andere über mich denken, sondern ich selbst.
- Um meine Prioritäten zu setzen, schaue ich mir die Situation genau an.
- Ich lege meine Ziele und Erfolgskriterien selbst fest.
- Ich bin vorsichtig mit meinen Erwartungen, weiß aber auch, was ich will.
- Ich bin mir meiner Gefühle bewusst und entscheide, welchen ich folge.
- Wenn die Umstände sich ändern, ändere ich meine Prioritäten und Ziele.
- Ich akzeptiere die Erfahrungen, die ich mache, ohne frustriert zu sein.

KONSTRUKTIVE DIALOGE
Die Art, wie Sie mit sich selbst sprechen, kann Sie bei der Entfaltung Ihres Potenzials behindern.

GESCHICHTE DER ACHTSAMKEIT

BUDDHISTISCHE WURZELN

> Unsere Gedanken machen uns zu dem, was wir sind; wir werden, was wir denken. Wenn der Geist rein ist, folgt die Freude wie ein Schatten, der nie vergeht. **Buddha**

Die Ursprünge der Achtsamkeit liegen im Buddhismus, einer über 2000 Jahre alten Denktradition. Im *Dhammapada*, einer Sammlung von Aussprüchen des Buddha, gilt Achtsamkeit als Weg zur Erleuchtung.

Siddhartha Gautama Buddha lebte und lehrte zwischen dem 6. und 4. Jahrhundert vor Christus in Nordindien. Er erhob nie den Anspruch, ein Prophet oder eine Gottheit zu sein. Durch Meditation fand er zur Erleuchtung (Buddha bedeutet »Erwachter«) und gewann Einblicke in den Sinn des Lebens und die Ursachen des Leids. Unmittelbar vor seinem Tod appellierte er an die Menschen, achtsam zu sein, um – was vielen von uns heute abwegig erscheinen mag – dem endlosen Kreislauf der Wiedergeburt zu entrinnen. Er wusste, dass wir alle durch Kultivierung der Achtsamkeit zur Erleuchtung finden können, also nicht durch Denken, sondern indem wir die Aufmerksamkeit auf die unmittelbare Erfahrung richten.

Befreiung des Herzens

Der Buddha wollte kein Glaubenssystem errichten und auch keine Religion im engeren Sinn begründen. Es ging ihm vielmehr darum, den Menschen einen praktischen Weg aufzuzeigen, mit dem Leid umzugehen. Er leitete sie dazu an, sich von »Bindungen« oder »Anhaftungen« zu lösen, den illusorischen Erscheinungen, an die wir uns alle klammern: Lust, Begehren, Wohlbehagen, die Vergangenheit. »Illusorisch« sind sie, weil sie sich früher oder später in nichts auflösen. Ursache allen Leidens ist, dass wir uns an Dinge binden, die unweigerlich vergehen. Indem wir sie loslassen und »das Herz befreien«, lösen wir uns von Vorstellungen, die uns an das Unglück ketten. Wenn wir lernen, uns selbst und das Leben bewusst und wirklichkeitsgetreu wahrzunehmen, finden wir Frieden.

Um uns, wie der Buddha lehrte, vom Begehren zu befreien und in Frieden zu sein, müssen wir verstehen, was in unserem Geist geschieht. Deshalb ist Meditation im Buddhismus so wichtig.

DIE VIER SÄULEN DER ACHTSAMKEIT

Die vier edlen Wahrheiten sind die prägnanteste Zusammenfassung von Buddhas Lehre:

1 Existieren ist *dukkha* (»Leid«).
2 Ursache von *dukkha* ist das Begehren.
3 *Dhukka endet*, wenn das Begehren erlischt.
4 Der edle achtfache Pfad (siehe oben rechts) führt zum Ende des Leidens.

Wir können diese Wahrheiten auch als die vier Säulen der Achtsamkeit darstellen, die uns aus Irrtum und Unglück zu retten vermögen.

> Regungen wie Eifersucht oder das Streben nach immer mehr können unser Wohlbefinden untergraben.

Wir nehmen dabei Abstand zu den Ansprüchen der materiellen Welt und zum Lärm der Gefühle, finden innere Ruhe und werden achtsam. Der Buddha lehrte mehrere Formen der Meditation, die innere Stille, Einsicht, Mitgefühl, Liebe und Freundschaft fördern sollen. Solche Meditationen stehen im Zentrum der heutigen Achtsamkeitspraxis.

Achtsamkeit im Buddhismus

Der Buddha beschrieb das Leben auf dem edlen achtfachen Pfad (siehe Kasten rechts) als einzigen Weg, zu erwachen und dem Leid zu entrinnen. Der Pfad ist achtfach, weil wir auf ihm acht Qualitäten herausbilden sollen, darunter rechtes Streben und rechte Sammlung (beides bezieht sich auf die Meditation) sowie rechte Achtsamkeit, damit unser Geist sich in einer Weise entwickelt, die zur Befreiung führt. Der Buddha sprach auch von vier Formen der Achtsamkeit: Achtsamkeit auf den Körper, auf die Gefühle oder Empfindungen, auf den Geist und auf die Geistesobjekte. Er stellte die Praxis der Achtsamkeit in den Mittelpunkt seiner Lehre.

DAS RAD DES GESETZES

Der edle achtfache Pfad des Buddhismus wird oft in Form des Dharma-Rads dargestellt. Dessen acht Speichen entsprechen den acht Elementen des Pfads. Mit Dharma werden die im Rad des Gesetzes symbolisierten Lehren des Buddha bezeichnet.

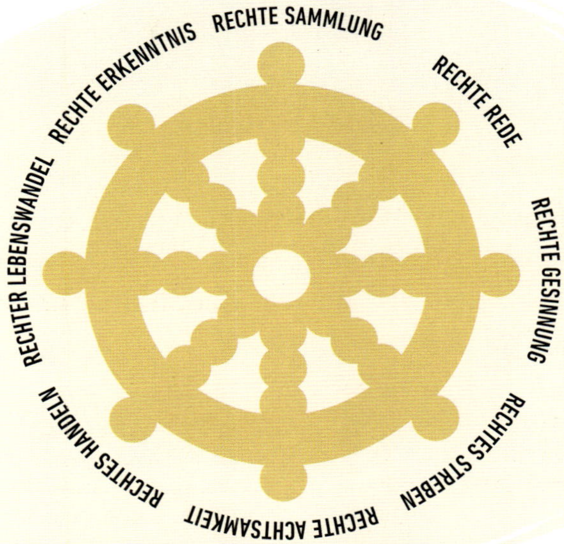

Dieser Verlust an Wohlbefinden gründet im fruchtlosen Wunsch, dass die Dinge anders sein sollen. Wir klammern uns an das Unerreichbare.

Achtsamkeit lehrt uns, unser Wohlbefinden in uns selbst zu verankern, sodass es bei Veränderungen äußerer Umstände weniger anfällig ist.

Wir treffen bewusste Entscheidungen über unseren Lebensweg. Den Schwierigkeiten stellen wir uns mit klarem Bewusstsein.

ACHTSAMKEIT FÜR GESUNDHEIT UND WOHLBEFINDEN

MODERNE THERAPIEN

Am Ende des 20. Jahrhunderts gingen aus dem buddhistischen Konzept der Achtsamkeit mehrere meditationsbasierte therapeutische Ansätze hervor. Sie gründen in der Annahme, dass Achtsamkeitsmeditationen Denkmuster umwandeln und auf diese Weise Schmerzen und innere Nöte lindern können.

Die neuere Geschichte der Achtsamkeit beginnt in den 1970er-Jahren mit Jon Kabat-Zinn, einem Molekularbiologen, der Meditation praktizierte. Er entwickelte ein Stressreduktionsprogramm für Menschen mit verschiedensten chronischen körperlichen und psychischen Leiden: von Herzerkrankungen bis hin zu Panikattacken. Zentrale Elemente seines am Universitätsklinikum der University of Massachusetts (USA) angebotenen achtwöchigen Kurses waren Meditation und Körpergewahrsein, kombiniert mit einfachen Yoga-Haltungen. Als Weiterentwicklung folgte 1990 die Achtsamkeitsbasierte Stressreduktion (Mindfulness-Based Stress Reduction, MBSR), die ungeachtet ihrer buddhistischen Wurzeln nicht spirituell ausgerichtet ist.

Was stimmt mit dir?

Kabat-Zinn betrachtete sowohl die Herausforderungen des modernen Lebens als auch ein schwaches Selbstwertgefühl und andere zeitlose menschliche Probleme. Ebenso wichtig wie die Frage »Was stimmt nicht mit dir?« war für ihn die Frage »Was stimmt mit dir?«. Indem wir den Fokus vom Negativen auf das Positive verlagern, können wir uns von hemmenden krankheitsbezogenen Gedanken und Gefühlen lösen.

Gegen Depression

Bald fingen Therapeuten und Forscher an, die Achtsamkeitsbasierte Stressreduktion mit erprobten psychotherapeutischen Verfahren wie der Kognitiven Verhaltenstherapie zu kombinieren. Diese Therapie war zum Beispiel zur Behandlung akuter Depressionen entwickelt worden. Ihre Grundidee: Gedanken, Gefühle, Sinnesempfindungen und Handlungsweisen sind eng miteinander verflochten, deshalb können sich negative Gedanken und Gefühle zu einem Teufelskreis verfestigen. Der Therapeut hilft dem Klienten, den Teufelskreis zu

»Es ist toll, wenn man mitbekommt, wie ein melancholischer, in sich gekehrter Mensch in acht Wochen zu jemandem wird, der aufgeschlossen und optimistisch ist und den Augenblick genießen kann.«

Ein Therapeut

THERAPIEERFOLG

Laut Studien zur Achtsamkeitsbasierten Kognitiven Therapie halbierte sich bei Patienten, die drei oder mehr depressive Episoden hinter sich hatten, die Häufigkeit neuer Episoden.

DAS KATASTROPHEN-BUCH

Jon Kabat-Zinn hat über sein Verfahren der achtsamkeitsbasierten Stressreduktion und die Erfahrungen, aus denen es hervorging, ein dickes Buch geschrieben: *Gesund durch Meditation – Das große Buch der Selbstheilung mit MBSR.* Der englische Originaltitel lautet *Full Catastrophe Living,* er bezieht sich auf eine Szene in dem Film *Alexis Sorbas.* Sorbas nennt das Familienleben »eine schwere Katastrophe«. Das Vorwort des Buchs stammt von Thich Nhat Hanh, einem zenbuddhistischen Mönch aus Vietnam, bei dem Kabat-Zinn Buddhismus studierte.

»Bist du verheiratet?«

Basil, englischer Schriftsteller, der an einem Buch über Buddha arbeitet

»Bin ich nicht ein Mann? Und ist ein Mann nicht immer ein Dummkopf? Ich bin ein Mann, also bin ich verheiratet. Weib, Kinder, Haus und so weiter. Eine schwere Katastrophe.«

Alexis Sorbas

durchbrechen, indem er große Probleme in kleinere Teile aufspaltet und dem Klienten zeigt, wie er störende Muster verändern kann. Die Verbindung der beiden Verfahren ergibt die Achtsamkeitsbasierte Kognitive Therapie (ABKT, häufiger mit der englischen Abkürzung MBCT bezeichnet). Sie hat sich als höchst wirksam erwiesen, vor allem zur Verhinderung von Rückfällen in eine Depression.

Von Achtsamkeit profitieren kann aber nicht nur, wer an einer Krankheit leidet, sondern jeder, der mit den unerbittlichen Anforderungen des modernen Lebens zurechtkommen muss. Achtsamkeit kann eine große Hilfe sein, um in Schlüsselphasen des Lebens belastbarer zu sein, etwa wenn Sie ein Baby bekommen, Berufs- und Privatleben in Einklang bringen müssen oder mit dem Älterwerden zu kämpfen haben.

Für mehr Flexibilität

Während MBSR sowie MBCT in erster Linie auf das Ausführen von Meditationsübungen setzen, stehen bei der Akzeptanz-und-Commitment-Therapie (ACT), einer neueren Behandlungsform, drei mentale Fertigkeiten im Mittelpunkt: Defusion (sich aus kognitiven Verstrickungen lösen), Akzeptanz und Kontakt mit dem Hier und Jetzt. Das von dem US-amerikanischen Psychologen Steven C. Hayes begründete Verfahren fördert die Entwicklung psychischer Flexibilität, das heißt der Fähigkeit des Klienten, bewusst und offen im gegenwärtigen Moment zu bleiben und das Handeln an den eigenen Wertvorstellungen auszurichten.

Indem wir den Fokus vom Negativen auf das Positive verlagern, können wir uns von hemmenden krankheitsbezogenen Gedanken und Gefühlen lösen.

ACHTSAMKEIT FÜR ALLE

REVOLUTION DURCH MEHR AUFMERKSAMKEIT

Immer mehr Menschen praktizieren Achtsamkeit. Weil dafür keine besonderen Voraussetzungen nötig sind und dennoch Leistungsfähigkeit und Wohlbefinden nachweislich gefördert werden, ist Achtsamkeit seit Beginn des 21. Jahrhunderts immer populärer geworden.

Weckt eine Selbsthilfemethode die Erwartung, dass sie die Lebenszufriedenheit erhöhen kann, stehen die Chancen gut, dass sie Anklang findet. Das gilt vor allem, wenn empirische Studien belegen, dass sie beim Umgang mit Krankheit und Stress hilfreich ist. Achtsamkeit liegt auch deshalb im Trend, weil sie Konzentration, Erinnerungsvermögen, Kommunikationsfähigkeit und emotionale Selbststeuerung fördert und auf diese Weise die Leistungsfähigkeit steigert.

»Stressabbau und Achtsamkeit machen uns nicht nur zufriedener und gesünder, sondern sind für jedes Unternehmen erwiesenermaßen ein Wettbewerbsvorteil.«

Arianna Huffington,
Gründerin der Online-Zeitung
Huffington Post

Laut Jon Kabat-Zinn tut die Praxis der Achtsamkeit uns gerade deshalb gut, weil wir dabei keine bestimmten Ziele anstreben: Wir »freunden uns mit uns selbst an, so wie wir sind«, und verbringen in der Sphäre der Achtsamkeit Zeit mit uns selbst. Die durchaus handfesten Vorteile, die das mit sich bringt, haben sogar das Interesse führender Köpfe in Wirtschaft und Politik geweckt. Google startete 2007 »Search Inside Yourself«, ein Programm für persönliches Wachstum, das mehr als 1000 Mitarbeitern das Konzept der Achtsamkeit nahebrachte. Ähnliche Initiativen haben verschiedene andere Unternehmen im Silicon Valley sowie führende Wirtschaftskonzerne und Pentagon-Chefs ins Leben gerufen.

Achtsamkeit bei der Arbeit

Viele Arbeitgeber stellen fest, dass ihre Angestellten und sie selbst von den Achtsamkeitskursen sehr profitieren. Zum einen fördert Achtsamkeit die Fähigkeiten, fokussiert vorzugehen, Prioritäten abzuwägen, Probleme zu lösen, im Team zu arbeiten, andere zu führen sowie kreativ, innovativ und effizient an Aufgaben heranzugehen. Zum anderen sind Menschen, die sich bei der Arbeit wohlfühlen, produktiver und ihrem Arbeitgeber gegenüber loyaler.

Der britische Führungskräftetrainer James Scouller stellte 2011 in seinem Buch *The Three Levels of Leadership* ein

WEITE KREISE
Heutzutage wird die aus dem Buddhismus stammende Achtsamkeit nicht nur in Therapien, sondern auch in den Bereichen Wirtschaft, Bildung und Sport angewendet. Auch dort hat es nachweisbare positive Effekte.

neues Modell für die berufliche Fortbildung vor, bei dem der Schwerpunkt auf psychischer Selbststeuerung liegt und Achtsamkeitsmeditation als eines der wesentlichen Instrumente zur Selbstentfaltung eingesetzt wird.

Die Achtsamkeitspraxis hält inzwischen auch in öffentlichen und staatlichen Institutionen Einzug. James Scouller machte zum Beispiel Kadetten am College in Sandhurst, wo britische Offiziere ausgebildet werden, mit seinen Methoden vertraut. Die US-Armee bietet ihren Mitarbeitern im Rahmen des Programms »Coping Strategies« (»Bewältigungsstrategien«) Achtsamkeitskurse an.

Bei Strafgefangenen wurden Achtsamkeitstrainings erfolgreich eingesetzt, um Aggressionen abzubauen, affektive Störungen zu lindern und das Selbstwertgefühl zu stärken. In der Schule könnten sowohl Lehrer als auch Schüler von Achtsamkeit profitieren. Manche Schulleiter sind überzeugt, dass durch die Schwächung religiöser Bindungen eine Lücke entstanden ist, weil eine Möglichkeit zur ruhigen Reflexion fehlt. Mit Achtsamkeitssitzungen ließe sie sich schließen.

Sportliche Leistungen

Das Konzept der Achtsamkeit wird auch im Sport eingesetzt. Studien mit Golfspielern, Läufern und Bogenschützen ergaben, dass die Sportler durch die Praxis der Achtsamkeit ihre Leistungen steigern konnten und in den Ranglisten weiter nach oben kletterten. Athleten, die Achtsamkeitsmeditationen durchführten, zum Beispiel den Bodyscan (S. 118–123), berichteten davon, dass sie sich »im Flow fühlten«. Das heißt, sie gingen ganz in dem auf, was sie taten und erlebten. Zu den positiven Effekten zählten verbesserte Konzentration, das Gefühl von Anstrengungslosigkeit, verminderte Unsicherheit und gesteigertes Vertrauen in die eigenen Fähigkeiten.

STEVE JOBS, ZENBUDDHIST

Die Idee, die Praxis der Achtsamkeit in die Unternehmenswelt einzuführen, kam schon früher auf. Für einige Wirtschaftsführer, die eine spirituell inspirierte Unternehmenskultur anstreben, galt östliche Mystik schon längst als Kraftquelle. Steve Jobs, Gründer und zeitweiliger Geschäftsführer von Apple, war ein Zenbuddhist. Seinem Biografen Walter Isaacson berichtete er, wie seine Überzeugungen seine Arbeit beeinflusst haben. Er sprach davon, wie wichtig es ist, einfach nur dazusitzen und zu beobachten, und wie uns das in die Lage versetzt, die Rastlosigkeit unseres Geistes wahrzunehmen. Die Ruhe, die dann einkehrt, verfeinert unsere Intuition. Wenn der Geist sein Tempo drosselt, sehen wir, »wie der Augenblick sich weitet«, so beschrieb es Jobs.

ACHTSAMKEIT UND ZEITGEIST

IMPULSE FÜR EINEN KULTURWANDEL

Die Wirkung von Achtsamkeit auf Einzelpersonen und Organisationen lässt sich bereits deutlich erkennen. Einflussreiche Wirtschaftsexperten glauben, dass Achtsamkeit sogar die gesamte Gesellschaft auf verschiedenen Ebenen nachhaltig verändern kann.

Stellen Sie sich eine Welt vor, in der Achtsamkeit als fester Bestandteil zum Alltag gehört. Welche Auswirkungen hätte das? Sinkende Kosten im Gesundheitswesen? Höheres Niveau bei den Schulleistungen? Eine Steigerung des Bruttosozialprodukts? Einige Entscheidungsträger in der Politik machen sich darüber ernsthaft Gedanken. So wurde in Großbritannien 2014 ein Parlamentsausschuss eingerichtet, der untersuchen soll, wie sich Achtsamkeit in staatliches Handeln integrieren lässt. Im selben Jahr beschrieb J. Walter Thompson (JWT), eine der weltweit größten Werbeagenturen, Achtsamkeit als einen von zehn Trends, die in den kommenden Jahren gesellschaftliche Stimmungen, Haltungen und Verhaltensweisen prägen werden. Der JWT-Studie zufolge könnte Achtsamkeit auf die anderen Trends, die unser Leben bestimmen, einen tiefgehenden Einfluss ausüben (siehe rechts).

»Wir versuchen heute, achtsamer zu sein … und ein Gleichgewicht zu finden.«

Ann Mack, JWT

1

EINTAUCHEN IN ERLEBNISWELTEN

Eindringliches Entertainment boomt, und zwar in Form multimedial dargebotener Erzählungen und Erlebnisse, die auf vielen Ebenen gleichzeitig ansetzen. Ein Beispiel sind Filme, die in aufwendigen Settings unter interaktiver Beteiligung des Publikums präsentiert werden. Ist die damit verbundene Reizüberflutung Anzeichen für eine geistige Verarmung, durch die viele von uns nicht mehr in der Lage sind, sich an weniger üppig ausgestatteten, traditionelleren Formen von Unterhaltung zu erfreuen?

2

UNVOLLKOMMENHEIT

Viele Menschen haben die Hochglanzwelt des Kommerz und Konsum satt und sehnen sich nach Authentizität und Unvollkommenheit. Anzeichen dafür ist die Rückbesinnung auf altes Handwerk und traditionelle Materialien, was natürlich auch eine ökologische Dimension hat. Weil Menschen, die Achtsamkeit praktizieren, sich so wahrzunehmen versuchen, wie sie wirklich sind, wissen viele von ihnen das Unvollkommene auch in ihrer Umgebung zu schätzen. Niemand ist perfekt, das Akzeptieren von Unzulänglichkeiten gilt als Teilstück des achtsamen Pfads.

3

DIE NEUE TECHNIKSKEPSIS

Menschen erkennen immer öfter, dass ihre Kinder nicht mehr ohne digitale Geräte sein können, und leiden selbst unter Informationsüberflutung. Darauf basiert eine Gegenbewegung, die dem unmittelbaren menschlichen Kontakt Vorrang einräumt. In der Geschäftswelt setzt man wieder mehr auf persönliche Gespräche. Wer Achtsamkeit praktiziert, wird den Erfahrungen aus zweiter Hand, wie sie uns die digitale Welt beschert, mit großen Vorbehalten begegnen.

ZEHN TRENDS, DIE LAUT JWT-STUDIE UNSERE WELT PRÄGEN WERDEN

4

SOFORTIGE BEFRIEDIGUNG

Durch Verbreitung der On-Demand-Virtschaftsweise und das Beharren auf kurzen wnload-Zeiten verkürzt sich der zeitliche Abstand chen Anfrage und Lieferung, Wunsch und Erfüllung er mehr. Das Internet führt zur Beschleunigung von ahlprozessen und Lieferzeiten – Warten ist uncool! agegen lehrt uns Achtsamkeit, Geduld zu haben nd uns auch an kleinen Dingen zu erfreuen, die mit der Befriedigung unserer Wünsche gar nichts zu tun haben.

5

ACHTSAM LEBEN

Laut JWT wird Achtsamkeit, die man früher nur mit Spiritualität in Verbindung brachte, fester Teil des Aainstreams. Die Vorstellung, Ablenkung zu unterbinden d sich ganz dem Augenblick zuzuwenden, spricht immer hr Menschen an. Natürlich greifen sie den Trend aus ganz rschiedlichen Motiven heraus auf. Manche finden Achtsam-einfach »cool« und möchten gern zu der Gruppe der Leute hören, die sie praktiziert. Andere sind auf der Suche nach öglichkeiten, ein zufriedeneres und erfüllteres Leben zu führen. Wieder andere suchen ein Gegengewicht zum Stress, zur Anspannung und zu den Zwängen des modernen Lebens.

6

WUNDERBARE SMARTPHONE-WELT

Für Smartphones werden immer neue Anwendungen entwickelt: Finanzdienstleistungen, der unmittelbare Zugriff auf Gesundheitsdaten – oder auch Anleitungen zur Achtsamkeitsmeditation. Diese Entwicklung ist nicht per se schlecht. Wenn wir unser Wohlbefinden und unsere Zufriedenheit aber allzu sehr vom neuesten Stand der Telefontechnik abhängig machen, setzen wir falsche Prioritäten. Aus Sicht des Buddhismus ist das eine »Bindung«, aus der niemals echte Zufriedenheit, sondern nur die Illusion davon entstehen wird.

7

DAS ENDE DER PRIVATSPHÄRE

Angesichts neuer Technologien wird es schwieriger, sich der Überwachung durch staatliche und kommerzielle Organisationen zu entziehen. Niemand wird gern ausspioniert; schon jetzt wollen viele den Verlust der Privatsphäre, der oft mit Sicherheitsinteressen begründet wird, nicht hinnehmen und wehren sich dagegen. Achtsame Menschen bilden sich ihr eigenes Urteil darüber: Manche stören sich mehr daran, andere weniger.

8

GEDANKENLESEN

Die Entwicklung von Gehirn-Computer-Schnittstellen sowie Technologien zur Emotionserkennung versetzen Unternehmen in die Lage, immer besser zu erfassen, wie Konsumenten denken und sich verhalten, um diese immer individueller anzusprechen. Viele Menschen möchten jedoch nicht, dass ihre Bedürfnisse aus früheren Verhaltensweisen abgeleitet werden: Dieses Vorgehen ist ja auch alles andere als achtsam.

9

BILD VERSUS WORT

Bildsprache in Form von Grafiken, Emoticons und Ähnlichem scheint die althergebrachte Macht des Worts immer mehr zu untergraben. Dieser Trend hat zum Teil mit der Globalisierung zu tun, weil sich mit Bildsprache ein weltweiter Markt bedienen lässt, ohne auf Übersetzungen angewiesen zu sein. Doch wo es um Zwischentöne und Nuancen geht, die Achtsamkeit uns zu schätzen lehrt, ist das Bild dem Wort weit unterlegen.

10

KULTURENMIX

Der Kulturenmix in westlichen Gesellschaften animiert Menschen dazu, ihre ganz eigenen Mischungen aus Überzeugungen und Vorgehensweisen zu entwickeln. Sie kombinieren traditionelle Elemente mit neueren oder auch selbst erfundenen Ideen. Auch im modernen Konzept der Achtsamkeit verbindet sich Altes und Neues mit Erkenntnissen aus verschiedenen Wissenschaftszweigen, hinzukommen experimentelle Aspekte. Deshalb werden die Anhänger von Achtsamkeit wohl kaum Einwände gegen dieses freie Kombinieren haben.

WEGE ZUR ACHTSAMKEIT

Wenn wir verstehen, wie Gedanken und Emotionen einander beeinflussen und dass sie oft in der Vergangenheit wurzeln, kann das enorme Potenziale freisetzen.

WIE SEHEN SIE SICH SELBST?

ACHTSAMKEIT UND PERSÖNLICHKEIT

Die Kombination unserer Eigenschaften macht uns einzigartig. Es ist besser, diese Merkmale nicht als festgefügte Muster, sondern als Tendenzen zu sehen – das engt weniger ein. Achtsam sein heißt, uns selbst zu erkunden und aus dem, was wir herausfinden, unsere Entscheidungen abzuleiten.

Früher ging es bei persönlichkeitspsychologischen Studien meistens darum, »Typen« herauszuarbeiten. Zwar ist die Forschung von solchen Einteilungen mittlerweile abgekommen, doch sie begegnen uns auch heute noch, vor allem in der Arbeitswelt. Sie sollen hier dazu dienen, den Beitrag Einzelner zur Teamarbeit zu erfassen.

Zwischenstufen

Psychologen sprechen heute lieber von Merkmalen als von Persönlichkeitstypen. Sie verwenden zur Einschätzung beispielsweise eine Skala, die von Introversion bis Extraversion reicht. Diese Begriffe stammen aus dem 1921 erschienenen Buch *Psychologische Typen* des Schweizer Psychologen Carl Gustav Jung. Der deutschstämmige britische Psychologe Hans Eysenck und andere Forscher haben in Studien zeigen können, dass bei den meisten Menschen eine ausgewogene Mischung zwischen beiden Merkmalen vorliegt, wenn es auch meistens eine Tendenz in eine Richtung gibt.

Selbsterkundung

Achtsamkeit fördert zutage, wo Ihre Potenziale liegen und welche Optionen Ihnen offenstehen. Der wahre Kern der Achtsamkeit ist der Prozess, durch den sich Gedanken, Emotionen und Handlungen entfalten. Deshalb leben Sie nicht in der Gegenwart, sondern in der Vergangenheit, wenn Sie glauben, dass Eigenschaften wie Introversion oder Einfühlsamkeit ein für allemal festgelegt sind. Damit engen Sie nur den Spielraum für positive Veränderungen ein.

Persönlichkeitsmerkmale lassen sich jedoch als Instrument für eine achtsame Selbsterkundung nutzen. Sie können sich dazu Attribute, wie sie auf Seite 39 aufgelistet sind, anschauen. Denken Sie darüber nach, auf welche Art und Weise Sie sich bislang in Ihrem Verhalten gegenüber anderen gezeigt haben. Welche dieser Wörter benutzen Sie manchmal, um sich selbst zu beschreiben? Denken sie mit achtsamer Aufmerksamkeit über die Charakterisierungen nach, um sich klarer darüber zu werden, wo Ihre Stärken und Schwächen liegen. Achtsamkeit hilft Ihnen, eine solche Selbsteinschätzung ehrlich und sorgfältig vorzunehmen. Wenn Sie sich mit Urteilen zurückhalten und ganz im Hier und Jetzt bleiben, können Sie Ihr Handeln besser auf die jeweilige konkrete Situation abstimmen.

Die Großen Fünf

Einen hilfreichen Ansatzpunkt bieten die Persönlichkeitseigenschaften, die als die Großen Fünf bekannt sind (siehe Einteilung rechts). Überlegen Sie, wo Sie sich auf den fünf Skalen in Bezug auf Offenheit für Erfahrung, Gewissenhaftigkeit, Extraversion, soziale Verträglichkeit und Neurotizismus (emotionale Stabilität bzw. Instablität) einordnen würden.

Eine Typenlehre kann helfen, das eigene Verhalten zu verstehen und Nachsicht mit sich selbst zu üben. Hüten Sie sich aber davor, ein stereotypes Bild von sich aufzubauen.

STICHWÖRTER ZU DEN GROSSEN FÜNF

Die sogenannten Großen Fünf stellen einen Versuch dar, einen Überblick über das gesamte Spektrum menschlicher Verhaltensweisen und Einstellungen zu geben. Die Einteilung hat Schwächen, sie kann aber als Ausgangspunkt bei der Selbsterkundung dienen. Befassen Sie sich dazu mit den Wortpaaren in den Kreisen. Falls keines der beiden Wörter Sie richtig beschreibt, suchen Sie nach einem Begriff, der Ihnen passend erscheint. Experimentieren Sie, um eine möglichst zutreffende Lösung zu finden.

BEREIT FÜR DEN AUGENBLICK

VON NATUR AUS ACHTSAM?

Hören Sie anderen Menschen gerne zu? Nehmen Sie sich bewusst Zeit für Ihren Partner bzw. Ihre Partnerin oder Ihre Kinder? Dann besitzen Sie eine gewisse Veranlagung zur Achtsamkeit. Wenn Sie Achtsamkeitsmeditationen durchführen, werden Sie sich wahrscheinlich ganz in Ihrem Element fühlen.

Achtsamkeit ist eine Technik, aber auch ein Persönlichkeitsmerkmal (sie zählt allerdings nicht zu den Großen Fünf, siehe S. 39). Wenn Selbstwahrnehmung für Sie etwas Selbstverständliches ist und Sie von sich aus dazu neigen, Ihren Gedanken, Wahrnehmungen und Gefühlen nachzuspüren, sind Sie für Achtsamkeit geradezu prädestiniert. Wissenschaftliche Studien haben gezeigt, dass Menschen, die von Natur aus achtsam sind, besser mit Stress umgehen können und weniger anfällig für negative Stimmungen sind; sie haben ein gesünderes Herz, und ihre kognitiven Fähigkeiten sind in einigen (wenn auch nicht in allen) Bereichen gut ausgeprägt. Zudem gibt es Hinweise darauf, dass aerobes Training die Veranlagung zur Achtsamkeit unterstützt. Belastbare Studien dazu stehen jedoch noch aus.

ACHTSAM VERANLAGT
Freude an einfachen Dingen weist auf ein achtsames Wesen hin.

Achtsamkeit ist wie ein innerer Scheinwerfer, den Sie bei der Selbsterkundung jederzeit auf sich selbst richten können.

Unabhängig davon, ob bei Ihnen eine entsprechende Veranlagung vorliegt, werden Achtsamkeitsmeditationen Sie weiterbringen. Stellen Sie sich Achtsamkeit wie einen inneren Scheinwerfer vor, den Sie jederzeit auf sich selbst richten können, um sich selbst zu erkunden. Das Meditieren hilft dabei, den Lichtkegel genauer auszurichten und die Leuchtkraft zu steigern.

Wichtig dabei ist, dass Sie zwischen Selbstbewusstheit und Selbstbefangenheit unterscheiden. Viele Menschen beschäftigen sich intensiv mit ihrem Innenleben und ihren Gefühlen und reden viel darüber. Emotionale Intelligenz wird heute ja auch sehr geschätzt. Grundbedingung dafür ist allerdings Empathie: die Fähigkeit, sich in andere Menschen hineinzuversetzen und ihre Emotionen nachzuvollziehen. Das wiederum setzt voraus, dass wir selbst in der Lage sind, die eigenen Gefühle gut einzuschätzen.

Introspektiv veranlagte Menschen, die sich für emotional intelligent halten, liegen bei der Beobachtung ihrer eigenen Gefühle leider manchmal daneben. Sie lenken den Scheinwerfer zwar auf die richtige Stelle, doch ohne sie in geeigneter Weise auszuleuchten.

Körpersprache

Es heißt, dass gerade das, was wir über uns selbst nicht wissen, von anderen nur zu gut gesehen wird. Wir halten uns beispielsweise für sehr selbstbewusst, sind in Gesellschaft tatsächlich aber stark angespannt. Wir merken nicht unbedingt, welche Botschaften unser Körper sendet. So kann es zum Beispiel passieren, dass unsere piepsige Stimme oder die Art, wie wir den Blick senken und an der Tasche herumfingern, die wir bei uns tragen, unserem Umfeld sofort verrät, wie unsicher wir sind. Achtsam veranlagte Menschen werden solche Symptome an sich eher bemerken. Sie sind sich ihrer selbst bewusst und können Situationen, in denen sie sich unwohl fühlen, erkennen. Gelegentlich sind sie sogar in der Lage, sich von ihrem Unbehagen zu lösen.

CHECKLISTE FÜR EIN ACHTSAMES WESEN

Schätzen Sie den Grad Ihrer Veranlagung zur Achtsamkeit anhand der folgenden Aussagen ein. Je mehr Sätze auf Sie zutreffen, desto stärker ist Achtsamkeit bei Ihnen ausgeprägt. Die Liste erhebt keinen Anspruch auf Vollständigkeit. Wenn Sie es genauer wissen möchten, machen Sie auch die anderen Tests in diesem Kapitel.

- ✓ Was Menschen über Ihre Stärken und Schwächen sagen, überrascht Sie selten.
- ✓ Wenn Sie verunsichert sind, treten Sie zuerst einmal einen Schritt von Ihrer Unsicherheit zurück und betrachten sie von außen.
- ✓ Wenn Sie wütend sind, nehmen Sie sich ein paar Sekunden Zeit, um einen klaren Kopf zu bekommen, bevor sie reagieren.
- ✓ Auf Nachfrage könnten Sie eine Reihe wiederkehrender Verhaltensmuster nennen, zu denen Sie in bestimmten Situationen neigen.
- ✓ Wenn Vergangenheit oder Zukunft Sie beschäftigen, halten Sie inne und kehren bewusst ins Jetzt zurück.
- ✓ Auf positive Erlebnisse reagieren Sie oft mit Dankbarkeit, Freude oder Verwunderung.
- ✓ Sie kämpfen nicht dagegen an, wenn Gutes zu Ende geht, weil Sie wissen, dass das nichts ändern würde.

ACHTSAMKEITSMARKER

Hinweise auf eine Veranlagung zur Achtsamkeit ergeben sich aus der Analyse von Verhaltensweisen, Gefühlen und Haltungen gegenüber anderen Menschen.

STEUERRAD UND KOMPASS

AKTIONS- UND SEINSMODUS

Der Geist ist ein wunderbar vielseitiges Instrument. Wir können ihn als Kompass nutzen, um zu sehen, in welche Richtung wir steuern. Oft verlieren wir aber die Orientierung und die Reise verläuft turbulent.

Während Sie beim Frühstück mit der Familie plaudern, denken Sie schon daran, was der Tag wohl bereithält. Sie malen sich aus, was auf Sie zukommt und wie Sie alles bewältigen können. Auf manches freuen Sie sich, manches macht Ihnen Angst. Anderes fühlt sich neutral an: eine Besorgung, für die Sie Zeit einplanen müssen, oder eine Aufgabe, die Sie bei der Arbeit zu erledigen haben. Gleichzeitig unterhalten Sie sich mit Ihrem Kind oder Partner. Im Lauf des Gesprächs fällt Ihnen ein weiterer Punkt für Ihre To-do-Liste ein. Vor allem für viele junge Familien ist diese Situation alltäglich.

Das Frühstück vergrübeln

In der Frühstückssituation handeln und denken Sie gleichzeitig, aber Ihr Denken hat etwas Rastloses. Ihr Geist ist im »Aktionsmodus« und treibt in einem Strom aus Gedanken, Erinnerungen, Wünschen und Problemen dahin.

Stellen wir uns nun ein anderes Szenario vor: Sie sind allein zu Hause und machen eine Art Kurzurlaub. Sie haben Zeit für sich, genießen ein

IM AKTIONSMODUS

Sobald wir nicht wirklich präsent sind, operieren wir im Aktionsmodus. Die Checkliste mit Beispielen hilft, typische Anzeichen dafür zu erkennen.

Habe ich das Richtige gesagt oder getan?

URTEILEN

Etwas, was geschieht oder geschehen ist, an dem messen, was hätte geschehen sollen

Ich hätte toleranter, aktiver oder produktiver sein sollen.

SELBSTKRITIK

Im inneren Dialog eine kritische Haltung zu sich selbst einnehmen und sich für Irrtümer geißeln

Ich muss mich entscheiden: umziehen, einkaufen gehen oder einen Freund aufheitern?

PROBLEME LÖSEN UND ENTSCHEIDEN

Herausfinden, was zu tun ist, und mögliche Konsequenzen bedenken ruhiges Frühstück und lesen die Zeitung. Später werden Sie im Garten arbeiten. Mitten in der Zeitungslektüre wandern Ihre Gedanken plötzlich zur Arbeit. Wie wird man dort ohne Sie klarkommen? War es richtig, Ihrer Kollegin zu sagen, dass Sie sich im Unternehmen gerade etwas unwohl fühlen? Wird Sie es weitererzählen? Im nächsten Moment entscheiden Sie, dass Sie genug an die Arbeit gedacht haben – Sie wollen sich schließlich erholen. Sie beschließen, ins Gartencenter zu fahren und Pflanzen für das eine Beet, das im Schatten liegt, zu kaufen. Was könnte dort gedeihen?

IM RÄDERWERK
Selbstkritik und ständiges Hinterfragen weisen darauf hin, dass wir im Aktionsmodus festhängen.

Entspannt ist nicht achtsam

Trotz der Umstände – Sie stehen am Beginn eines Kurzurlaubs, in dem Sie sich Zeit für sich nehmen wollen – läuft Ihr Geist im Aktionsmodus. Ein Gedanke führt zum nächsten und Sie lassen sich von dem Strom mitreißen. Sie denken nach, treffen Entscheidungen, doch mit Achtsamkeit hat das alles nichts zu tun. Denn der Autopilot bestimmt das Geschehen, auch wenn Sie in gemütlichem Tempo dahintuckern und sich dabei durchaus wohlfühlen mögen.

Vorbehaltloses Wahrnehmen

Die alternative Geisteshaltung zum Aktionsmodus ist der Seinsmodus. Sie merken, dass Sie beim Frühstück über die Arbeit grübeln. Anstatt sich für Ihr Grübeln zu schelten oder über zukünftige Ereignisse nachzudenken (»Wann muss ich wieder zur Arbeit?«), richten Sie Ihre Aufmerksamkeit auf den Augenblick. Beobachten Sie Ihre Gedanken und Sorgen, ohne sich auf deren Inhalt einzulassen. Sie werden sich Ihrer selbst und Ihrer Gefühle gewahr. Auf diese Weise können Sie vom Aktionsmodus in den Seinsmodus umschalten: Sie nutzen den Kompass, um sich darüber klar zu werden, in welche Richtung Sie sich bewegen.

Wut auf den Nachbarn: Wie konnte er sich nur so rücksichtslos verhalten?

IN GEFÜHLE VERSTRICKT
Von Emotionen und den damit zusammenhängenden Ereignissen nicht loskommen

Ich rufe mir vergangene Glücksmomente oder ein romantisches Rendezvous in Erinnerung.

SICH ERINNERN
Sich in die Vergangenheit versetzen, ob angespannt, bedauernd, freudig oder in anderer Gefühlslage

Reichen die Erfrischungen für die Party? Deckt meine Hausratversicherung den Schaden an der Brille ab?

SINNIEREN
Sich in die Zukunft versetzen, ob angespannt, bedauernd, freudig oder in anderer Gefühlslage

Einschreiten, wenn jemand lügt, oder jemanden in den Arm nehmen, der zu weinen beginnt.

REAGIEREN
Auf Begebenheiten unwillkürlich reagieren, statt erst über das eigene Handeln nachzudenken

IN DER GEGENWART ANKOMMEN

UNTERWEGS INS SEIN

Sich aus dem Aktionsmodus zu lösen und in einen Zustand reinen, präsenten Seins überzugehen ist ein Hauptelement der Achtsamkeit. Wenn wir die Aufmerksamkeit auf unsere Wahrnehmungen, Gedanken und Gefühle ausrichten, verlieren negative geistige Energien weitgehend an Einfluss.

Ist der Geist im Aktionsmodus, geht es um Effizienz, also darum, Dinge in der realen Welt zu erledigen. Wir haben gesehen, dass damit negative Dinge verbunden sind – wir laufen auf Autopilot, sorgen uns um Zukünftiges und bereuen Vergangenes. Dennoch hilft uns dies auf vielfältige Weise, unsere Ziele zu erreichen. Der Seinsmodus kann dagegen träge und unattraktiv wirken: Wozu den Geist beruhigen und dasitzen, wenn man nicht gerade Mystiker oder Buddhist im Versenkungszustand absoluter Konzentration ist?

Sich ins Sein fallen lassen

Der Seinsmodus ist aber nicht nur etwas für spirituell Gesinnte: Das nicht urteilende (oder vorbehaltlose) Gewahrsein, das sich einstellt, wenn Sie in ihn eintauchen, ist von Anbeginn unseres bewussten Lebens eine wichtige innere Ressource und jederzeit erreichbar. Es kann uns Kraft und Ruhe im hektischen Treiben unseres scheinbar unablässig tätigen Seins geben. Wir finden dadurch nicht spirituelle Weisheit, sondern einen praktischen Weg zu einem erfüllteren Leben im Alltag.

Die Herausforderung des Seins

Wenn Sie den Seinsmodus mit der Konzentration auf Sinnesempfindungen, Gedanken und Gefühle kombinieren, erleben Sie einen Zustand der Achtsamkeit, der sich positiv auf Körper und Psyche auswirkt. Dorthin zu gelangen erfordert Übung; Sie können nicht einfach mal für ein paar Sekunden »nur da sein«. Ihr Geist will den Gedankenstrom, in dem Sie treiben, nicht ohne Weiteres unterbrechen.

Was heißt es, zu »sein«? Dazu folgendes Gedankenexperiment: Stellen Sie sich vor, Sie sitzen im Park und betrachten konzentriert eine Rose. Lassen Sie alles in Ihrem Geist los, bis auf die Wahrnehmung der Rose. In Ihrem Kopf ist kein Platz für Vergangenheit oder Zukunft, für Angst oder sonst ein Gefühl. Taucht ein Gedanke auf, lassen Sie ihn einfach vorbeiziehen. Kämpfen Sie nicht gegen ihn an, denn das würde Sie in den Aktionsmodus zurückwerfen. Sie haben sich jedoch für die Achtsamkeit entschieden.

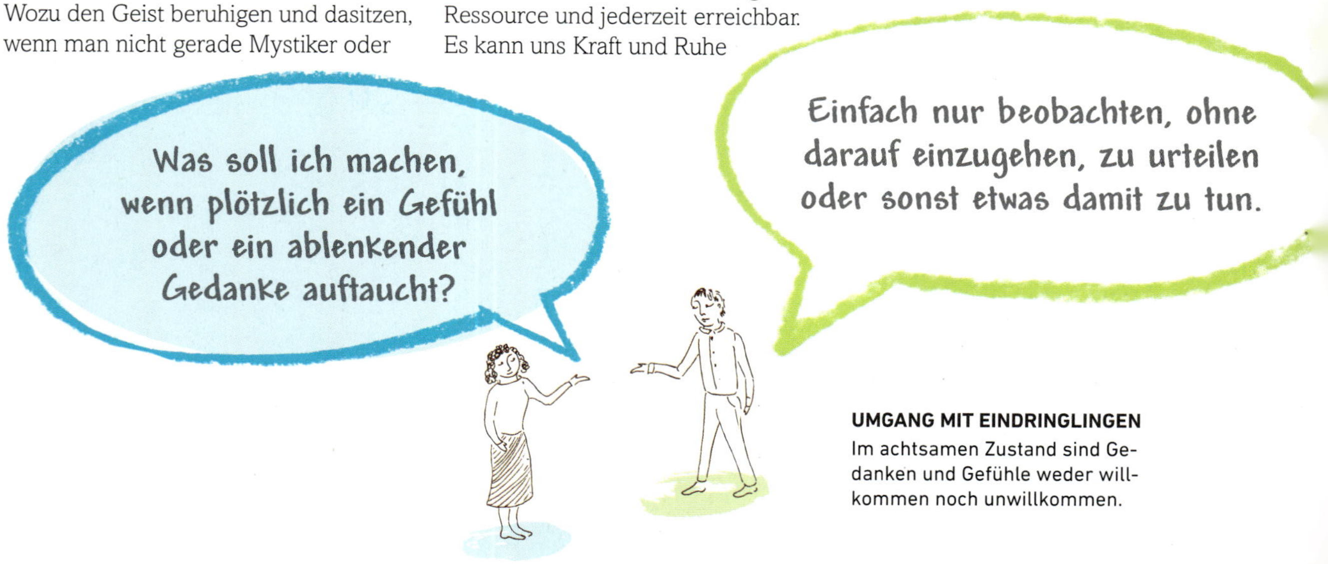

UMGANG MIT EINDRINGLINGEN
Im achtsamen Zustand sind Gedanken und Gefühle weder willkommen noch unwillkommen.

IM SEINSMODUS

Schauen Sie sich die Merkmale des Seinsmodus in der Abbildung an und vergleichen Sie sie mit denen des Aktionsmodus (siehe S. 42–43). Es liegt in der Natur des Seinsmodus, dass viele seiner Eigenschaften durch Verneinungen beschrieben werden. Prüfen Sie, ob Sie bei Ihren ersten Versuchen zu sein, einige dieser Eigenschaften oder Nichteigenschaften an sich wahrgenommen haben.

ZEITSCHLEIFEN

IM GESTERN GEFANGEN UND BESORGT WEGEN MORGEN?

Unser wahres Zuhause ist die Gegenwart; nur hier findet unser Leben tatsächlich statt. Wer achtsam im Hier und Jetzt sein kann, ist besser geerdet, ausgeglichener und glücklicher.

IM JETZT SEIN
Wir verbringen zu viel Zeit im Gestern und Morgen und verpassen so das Heute.

Aus der Vergangenheit – dem Erinnerungsschatz, der uns emotionalen Rückhalt gibt – lernen wir; der Blick in die Zukunft kann mit Optimismus und Zielstrebigkeit verbunden sein. Trotzdem tut es uns nicht gut, in diesen Zeiträumen zu lange zu verweilen. Achtsamkeit führt unsere Aufmerksamkeit wieder in die Gegenwart.

Die Macht der Vergangenheit

Die Vergangenheit ist die Summe unserer Erfahrungen. Manche davon waren schlecht, vielleicht hat uns jemand verletzt, sodass wir misstrauischer wurden. Oder es gibt Taten, die wir zutiefst bereuen. Auch viele akute Ängste wurzeln in der Vergangenheit. Doch wir können das, was war, nicht ändern. Manchmal möchten wir Fehler wiedergutmachen, indem wir auf Schönes verzichten, oder wir wollen Versäumtes nachholen. Unabhängig vom Erfolg fühlen wir uns schuldig und bereuen, unsere Gedanken schweifen in die Vergangenheit. Dies verhindert, dass wir zufrieden in der Gegenwart leben können.

Mit Schuldgefühlen klagen wir uns selbst an. Auch Vorwürfe gegenüber anderen beziehen sich oft auf die Vergangenheit. Wenn wir uns an vergangenes Unrecht erinnern, steigt Groll auf, der sich bis zur Aggression steigern kann. Manchmal bricht sich der Unmut nicht Bahn, sondern köchelt auf kleiner Flamme immer weiter vor sich hin.

Achtsamkeit kann die positive Energie der Gegenwart mobilisieren und Ihr Verhältnis zur Vergangenheit ändern. Sie brauchen nicht gegen Altes anzukämpfen, sondern sich nur dem Jetzt zuzuwenden. Dann wird die Macht früherer Erfahrungen schwinden.

Vergangenes, mit dem wir nicht abschließen können, verursacht Schuldgefühle und Groll. Und der Blick in die Zukunft ist häufig von Unruhe und Anspannung begleitet.

WEG MIT DEN GEFÄNGNISGITTERN!

Wenn Schuld und Scham uns belasten, hilft uns Achtsamkeit zu entkommen. Der Schlüssel liegt darin, dass wir uns nicht mehr selbst verurteilen (siehe S. 16). Eine verzerrte Wahrnehmung und vor allem mangelndes Mitgefühl mit uns selbst macht die Vergangenheit zum Gefängnis, unsere Zelle errichten wir selbst. Doch wer sich dem Augenblick zuwendet, ist nicht länger in der Vergangenheit eingesperrt. Durch Achtsamkeitsmeditationen öffnet sich die Tür zur Freiheit.

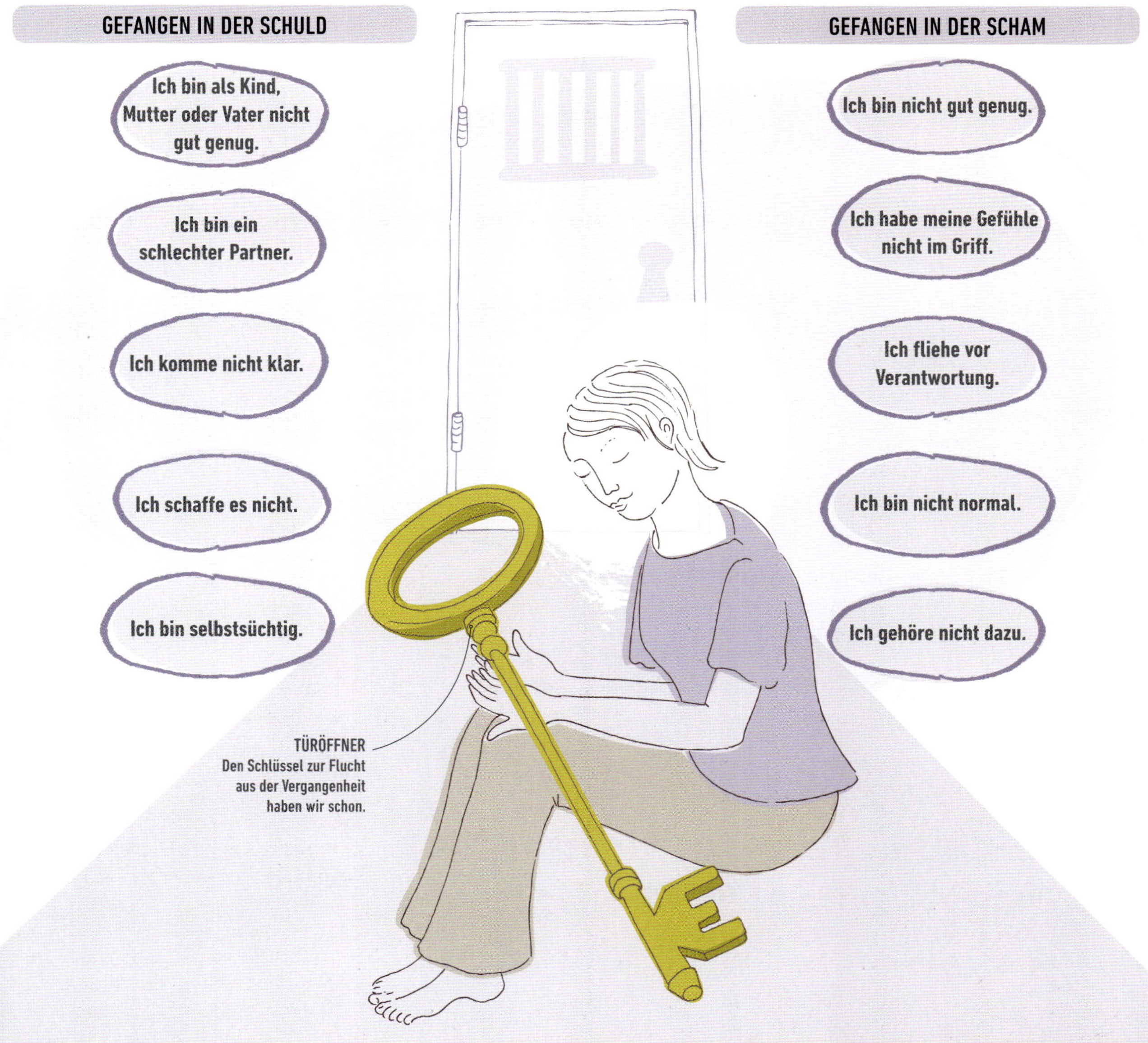

FRAGEBOGEN: ZEITREISEN

WIE GUT KENNEN SIE DAS JETZT?

Die folgenden Fragen liefern Ansätze zur Selbsterkundung. Die Gefahr ist groß, zu lange im Gestern oder im Morgen zu verweilen, obwohl das Jetzt so viel bereithält. Ihre Antworten sollen Sie zum Nachdenken anregen, an welchen Gewohnheiten Sie mithilfe von Achtsamkeitsübungen arbeiten wollen.

F Mit dem Kopf im Gestern?

- Wie oft grübeln Sie über Vergangenes?
- Beschäftigen bestimmte frühere Ereignisse Sie noch heute?
- Wie sehr verunsichert es Sie, wenn Sie an Ihre schlimmsten Fehler zurückdenken?
- Wie wütend werden Sie, wenn Sie an die schlimmsten Dinge denken, die andere Ihnen angetan oder zu Ihnen gesagt haben?

F Mit dem Kopf im Morgen?

- Wie oft freuen Sie sich auf künftige schöne Dinge und malen sie sich aus?
- Wie viele bestimmte Ereignisse in der Zukunft machen Ihnen Angst, wenn Sie daran denken?
- Wie wohl fühlen Sie sich, wenn Sie an höchst erfreuliche Ereignisse denken, die unmittelbar bevorstehen?
- Wie unwohl fühlen Sie sich, wenn Sie an die unerfreulichsten Ereignisse denken, die die nahe Zukunft für Sie bereithält?

F Mit dem Kopf im Heute?

- Mit wie viel Aufmerksamkeit sind Sie in Ihrer gewohnten Umgebung unterwegs?
- Wie hoch ist Ihre Konzentrationsfähigkeit?
- Wie oft schweifen Ihre Gedanken ab, wenn Sie in Ruhe Musik hören wollen?
- Wie oft haben Sie eine Wanderung mehr genossen, weil Sie sich an den Farben und Klängen der Natur erfreut haben, statt daran, mit einem Begleiter zu reden oder über etwas nachdenken zu können?

NEHMEN SIE IHRE UMGEBUNG BEWUSST WAHR?

Oftmals sind wir wie in Trance und vor allem mit unseren Gedanken beschäftigt. Wir schenken den Details der Welt um uns herum wenig Aufmerksamkeit, wenn wir durch die Straßen gehen, uns mit jemandem unterhalten, mit dem Handy telefonieren oder etwas zu erledigen haben. Wie viel in Ihrem Umfeld nehmen Sie wahr? Es lohnt sich, ab und zu genauer hinzuschauen. Vielleicht fällt Ihnen etwas Nützliches oder Interessantes ins Auge.

- Stellen Sie sich einen eher unübersichtlichen Ort vor, den Sie regelmäßig aufsuchen und gut zu kennen glauben: ein Einkaufszentrum, eine Behörde oder ein Stadtviertel. Fertigen Sie auf einem großen Blatt Papier eine Skizze davon an und fügen Sie so viele Details wie möglich ein.
- Tragen Sie sämtliche Namen ein, die Ihnen einfallen, zum Beispiel von Geschäften, Plätzen oder Straßen.
- Listen Sie Abfolgen auf, an die Sie sich erinnern, zum Beispiel Türen in einem Korridor oder Geschäfte in einer Straße.
- Wenn Sie diesen Ort das nächste Mal aufsuchen, nehmen Sie ihn bewusster als sonst wahr, also achtsamer. Skizzieren Sie ihn danach noch einmal, entweder am gleichen Tag oder später. Gelingt es Ihnen diesmal besser?
- Sie können diese Übung auch auf Ihr Zuhause übertragen, beispielsweise auf den Inhalt Ihres Kühl- oder Küchenschranks. Womöglich stellen Sie fest, dass Ihnen selbst Möbel und Schmuck gar nicht so vertraut sind, wie Sie denken. Versuchen Sie, mehr Bewusstheit für Ihre unmittelbare Umgebung zu erreichen, und weiten Sie den Radius nach und nach aus.

F Ganz im Jetzt?

- Wie oft haben Sie eine »Flow«-Erfahrung gemacht, sind also derart in einer Tätigkeit aufgegangen, dass Sie die Zeit vergessen haben?
- Wie oft fallen Ihnen Veränderungen in Ihrem alltäglichen Umfeld auf: ein neues Geschäft, ein frisch gestrichenes Haus?
- Was glauben Sie, wie viel Prozent von einem für Sie interessanten Beitrag oder Gespräch in Radio oder Fernsehen bekommen Sie mit?

WEITERFORSCHEN

Wenn dieser Fragebogen Sie dazu angeregt hat, über Ihr Verhältnis zu gestern, heute und morgen nachzudenken, hat er seinen Zweck erfüllt. Weisen Ihre Antworten auf Neigungen oder Angewohnheiten hin, an denen Sie gern etwas ändern würden? Wirkt sich dies möglicherweise auf Ihre Lebenszufriedenheit aus? Nehmen Sie sich vor, jedes Mal zu registrieren, wenn Sie über die Vergangenheit oder die Zukunft nachgrübeln. In welcher Stimmung sind Sie dann? Erkunden Sie, wie Sie mit den verschiedenen Zeitebenen umgehen.

»In Harmonie mit allen Dingen zu sein heißt, keine Angst vor unseren Unvollkommenheiten zu haben.«

Dogen Zenji (1200–1253)

FORT MIT EUCH

NEGATIVE GEDANKEN UND GEFÜHLE LOSLASSEN

Alte Denk- und Gefühlsmuster, die oft weit in die Vergangenheit zurückreichen, halten uns davon ab, positiver zu denken. Auf unserer Reise der Achtsamkeit wird uns nach und nach klar, was diese schlechten Angewohnheiten stützt und was wir ihnen entgegensetzen können.

Manche Menschen stecken voller Energie und Tatendrang, und ihre Spontaneität wirkt ansteckend auf uns, auch wenn wir uns im Vergleich zu ihnen vielleicht träge und schwerfällig vorkommen.

Sie wirken so dynamisch und tatkräftig, weil sie es geschafft haben, ihren Autopilot abzustellen. Wir haben gesehen, wie uns der Autopilot gegen die unmittelbare Erfahrung abstumpfen lässt und unser Potenzial für inneres Wachstum blockieren kann, sodass sich ein vages Gefühl von Schalheit und Unzufriedenheit breitmacht.

Rückkopplungen

Negative Gedanken wie »Das übersteigt meine Fähigkeiten«, »Warum sollte es diesmal besser klappen?« oder »Das wird mir niemand danken« ziehen fast unweigerlich negative Emotionen nach sich. Solche Gedanken und Emotionen verbinden sich dann im Lauf der Zeit zu einem festen Muster und werden zu einer reflexhaften Reaktion, die in bestimmten Situationen immer wieder dieselbe Stimmung verursacht. Nach und nach entsteht eine Rückkopplungsschleife: Sie glauben der inneren Stimme, die Sie für unfähig erklärt, denn so fühlen Sie sich ja auch; und umgekehrt fühlen Sie sich so, weil die innere Stimme Ihnen das sagt. Solche Muster untergraben im Stillen Ihr Wohlbefinden, bis Sie eines Tages merken, wie bedrückt, reizbar oder erschöpft Sie sind. Weil dieser Prozess automatisch abläuft, bekommen Sie gar nicht mit, dass Sie ihn durchaus beeinflussen könnten.

Wir haben die Wahl, wie wir mit negativen Gedanken umgehen wollen. Wir müssen nicht an sie glauben, selbst wenn wir es zumindest anfangs nicht schaffen, sie samt der mit ihnen verbundenen Emotionen aus unserem Kopf zu verbannen. Mit der Achtsamkeitsmeditation lässt sich der

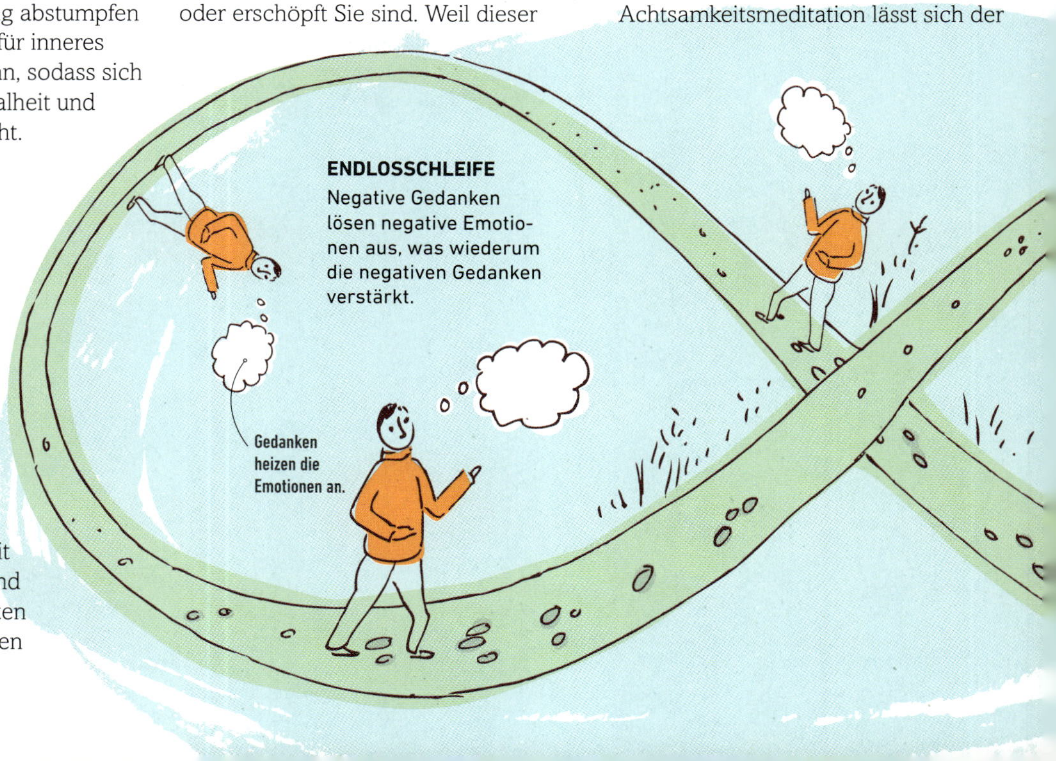

innere Mechanismus der Negativität abstellen. Wir werden die negativen Gedanken über diesen Weg vielleicht nicht los, doch wir geben uns selbst die Gelegenheit zu lernen, sie mit akzeptierender Neugier zu betrachten. Unser Verhältnis zu ihnen verändert sich dadurch, wir nehmen sie weniger ernst.

Abstand finden

Kontrolle per Willenskraft ist kein geeignetes Mittel, um sich von negativen Gedanken und Emotionen zu befreien. Denn wer sich vornimmt, gegen die Gedanken und Gefühle anzugehen, die das komplexe Wechselspiel von schwachem Selbstwertgefühl, Verzagtheit und Enttäuschung am Laufen halten, sorgt für noch mehr innere Anspannung. Sie können Probleme dieser Art nicht überwinden, indem Sie sie unter dem Deckel halten. Indem Sie gegen sie ankämpfen, erhöht sich der Druck nur immer weiter.

Wenn wir etwas nicht eindämmen können, sollten wir besser auf Abstand gehen. Mit der Achtsamkeit tun wir genau das, und zwar ohne vor den Problemen davonzulaufen.

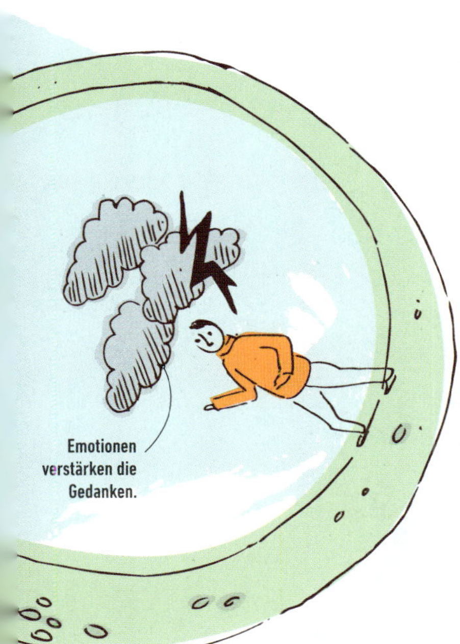

ACHTSAMKEITSTAGEBUCH

Die Praxis der Achtsamkeit führt zu sehr persönlichen Erfahrungen. Was Sie dabei denken, über sich selbst lernen und an unbewussten Mustern bei sich entdecken, ist oft schnell wieder vergessen. Manche Menschen empfinden es als hilfreich, dies alles in einem Tagebuch festzuhalten. Haben Sie Ihre Gedanken, Sinneswahrnehmungen und Emotionen einmal in Worte gefasst, können Sie später darauf zurückgreifen, um Ihre Meditationsweise zu verfeinern. Aufzeichnungen über Übungszeiten, Übungsdauer und Art der Meditation zeigen, welchen Weg Sie bereits zurückgelegt haben.

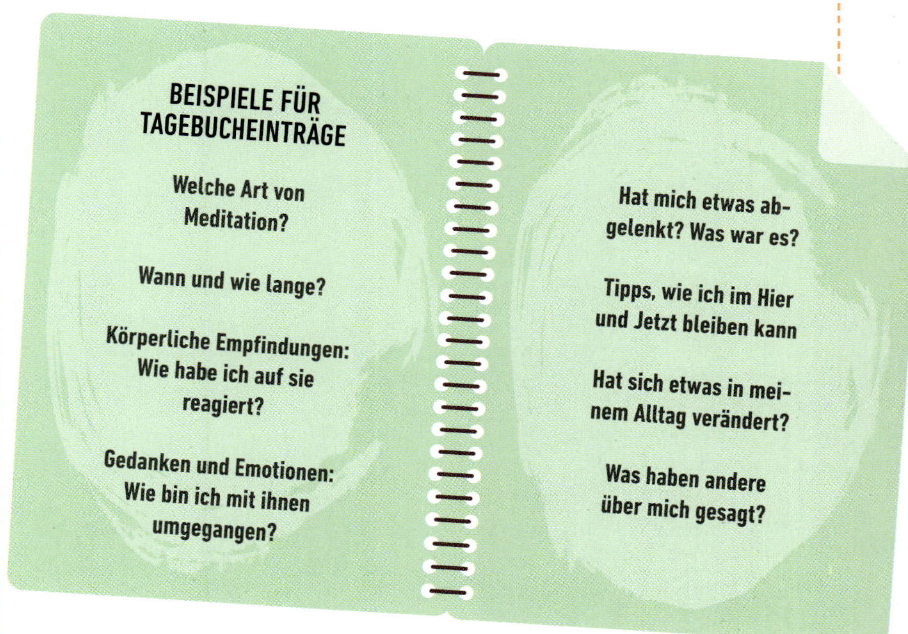

AUFRICHTIGKEIT

Versuchen Sie, jeden Tag etwas in das Tagebuch einzutragen. Halten Sie alle Beobachtungen und Informationen fest, die von Nutzen sein könnten. Es gibt dabei kein Richtig oder Falsch, wesentlich ist, dass Sie vollkommen ehrlich mit sich sind.

Wir können negative Gedanken vielleicht nicht ganz loswerden, aber mit akzeptierender Neugier betrachten.

FESTGEFAHREN!

WARUM GEWOHNHEITEN SO HARTNÄCKIG SIND

Tief verwurzelte Handlungs- und Denkmuster können der Lebenszufriedenheit im Weg stehen. Das wirksamste Mittel gegen ihre Macht ist die Achtsamkeitsmeditation. Ein vorbereitender Schritt besteht darin, uns den eigenen Angewohnheiten mit Verständnis und Mitgefühl zu nähern.

Manchmal kommt es uns so vor, als hätten wir das Steuer in unserem Leben nicht selbst in der Hand. Wie wir gesehen haben, nimmt der Autopilot uns oft Entscheidungen ab, ohne dass wir das erkennen. Schlechte Gewohnheiten sind Reaktionsmuster, die sich in Körper und Geist abgelagert haben wie die Jahresringe in einem Baumstamm. Wenn wir ihnen folgen, dann denken, handeln und fühlen wir, ohne die Situation zunächst einmal auf uns wirken zu lassen. Die Reaktionen laufen reflexhaft ab – es ist, als hätten wir dabei nichts zu melden. Jedes Mal, wenn ein Muster auf diese Weise abgerufen wird, verfestigt es sich weiter.

Achtsamkeit ist ein Instrument, mit dem wir uns unsere Denk- und Reaktionsmuster bewusst machen können, ohne dass sie wirksam werden. Mit der Achtsamkeitsmeditation gewinnen wir also unsere Entscheidungsfreiheit zurück. Allerdings müssen wir dafür regelmäßig üben, denn alte Gewohnheiten sind zäh.

AUF EINGEFAHRENEN GLEISEN

Kommen Ihnen die Beispiele für klassische Reaktionsmuster vertraut vor? Fallen Ihnen noch weitere ein?

- Sie treffen einen ehemaligen Mitschüler, der Sie früher nicht leiden konnte, Ihnen jetzt aber freundlich begegnet. Das bringt Sie aus dem Konzept.
- Sie glauben, dass Sie nicht gut vor einer Gruppe reden können, und werden panisch, als Sie bei der Verabschiedung eines Kollegen etwas sagen sollen.
- Im Gespräch mit dem Lehrer Ihrer Tochter bringen Sie kaum ein Wort heraus, weil Sie sich ihm geistig unterlegen fühlen.

Auch wenn es machmal anders zu sein scheint: Wir sind unseren Gewohnheitsmustern nicht hilflos ausgeliefert – mit Achtsamkeit können wir sie durchbrechen.

PAUSETASTE
Durch Achtsamkeit zögern wir unsere Reaktion ein wenig hinaus und können sie dann besser steuern.

GUTE UND SCHLECHTE GEWOHNHEITEN

Verschaffen Sie sich einen Überblick darüber, welche automatischen Abläufe sich bei Ihnen eingespielt haben. Welche negativen Muster sind am hartnäckigsten? Welche positiven Muster möchten Sie beibehalten? Lassen Sie sich durch die Listen zum Nachdenken anregen und halten Sie Ihre Gedanken und Gefühle in Ihrem Achtsamkeitstagebuch fest (siehe S. 53). Anhand Ihrer Notizen können Sie später nachvollziehen, ob und wo Sie Fortschritte gemacht haben.

SCHLECHTE GEWOHNHEITEN

HANDELN

Häufige Verhaltensweisen, die mir nicht guttun

- **Allein**
- **In der Familie**
- **Gegenüber Freunden**
- **In der Paarbeziehung**
- **Bei der Arbeit**

Gibt es Verhaltensweisen, die in allen fünf Bereichen vorkommen?

DENKEN

Häufige Gedanken, die mir nicht guttun

- **Über mich**
- **Über meine Familie**
- **Über Freunde**
- **Über die Paarbeziehung**
- **Über die Arbeit**

Gibt es Gedanken, die auf alle fünf Bereiche passen?

FÜHLEN

Häufige Emotionen, die mir nicht guttun

- **Bezogen auf mich**
- **Auf meine Familie**
- **Auf meine Freunde**
- **Auf die Paarbeziehung**
- **Auf die Arbeit**

Gibt es Emotionen, die in allen fünf Bereichen vorkommen?

Die folgende Liste kann Ihnen helfen, Ihre Emotionen so präzise wie möglich zu benennen.

- **Verwirrung**
- **Frustration**
- **Gereiztheit**
- **Enttäuschung**
- **Wut**
- **Neid**
- **Eifersucht**
- **Bedrücktheit**
- **Ungeduld**
- **Kummer**
- **Hilflosigkeit**
- **Hoffnungslosigkeit**
- **Ausweglosigkeit**
- **Verblüffung**
- **Langeweile**

GUTE GEWOHNHEITEN

HANDELN

Häufige Verhaltensweisen, die mich zufrieden machen

- **Allein**
- **In der Familie**
- **Gegenüber Freunden**
- **In der Paarbeziehung**
- **Bei der Arbeit**

Gibt es Verhaltensweisen, die in allen fünf Bereichen vorkommen?

DENKEN

Häufige Gedanken, die mich zufrieden machen

- **Über mich**
- **Über meine Familie**
- **Über Freunde**
- **Über die Paarbeziehung**
- **Über die Arbeit**

Gibt es Gedanken, die auf alle fünf Bereiche passen?

FÜHLEN

Häufige Emotionen, die mich zufrieden machen.

- **Bezogen auf mich**
- **Auf meine Familie**
- **Auf meine Freunde**
- **Auf die Paarbeziehung**
- **Auf die Arbeit**

Gibt es Emotionen, die in allen fünf Bereichen vorkommen?

Die folgende Liste kann Ihnen helfen, Ihre Emotionen so präzise wie möglich zu benennen.

- **Zufriedenheit**
- **Dankbarkeit**
- **Zuneigung**
- **Geduld**
- **Bewunderung**
- **Stolz**
- **Begeisterung**
- **Sich inspiriert fühlen**
- **Freude**
- **Seligkeit**
- **Innere Ruhe**

GEWOHNHEITEN ENTMACHTEN

DER WEG ZU MEHR AUTHENTIZITÄT

Um tief verwurzelte Denk- und Gefühlsgewohnheiten abzuschütteln, brauchen Sie viel Geduld. Ehe Sie in das Programm mit Achtsamkeitsmeditationen einsteigen, können Sie zur Vorbereitung zunächst unproduktive Routineabläufe angehen, die sich bei Ihnen eingeschliffen haben.

Tagtäglich strömen unzählige Sinneseindrücke und Informationen auf uns ein. Viele davon könnten uns durchaus nützlich sein und uns neue Möglichkeiten aufzeigen – vorausgesetzt, wir widmen ihnen die entsprechende Aufmerksamkeit. Unsere Wahrnehmung ist jedoch selektiv, das heißt, wir filtern Reize aus, die nicht in unser Raster passen.

Erfahrungsgemäß lohnt es sich, hin und wieder einen Schritt zurückzutreten und sozusagen die Weitwinkelperspektive einzunehmen. Vielleicht rücken dann Optionen ins Blickfeld, die uns in ein erfüllteres Leben führen. Unser Potenzial werden wir nur ausschöpfen können, wenn wir uns von falschen Vorstellungen über uns selbst verabschieden.

Immer auf Trab

Viele Menschen haben es sich angewöhnt, stets beschäftigt zu sein, sodass sie niemals mehr zur Besinnung kommen. Ihre unbewusste Angst ist, dass sie auf unangenehme Wahrheiten stoßen, wenn sie in sich hineinschauen. Mit Arbeit kann man sich besonders gut ablenken. Wenn ein Mensch zum Beispiel immer lange im Büro bleibt, kann das damit zu tun haben, dass er sein Selbstbild ganz von der Arbeit abhängig macht. Dann kommt er sich verloren vor, wenn er untätig ist. Auf der

> **Die Gewohnheit, unangenehme Dinge auszublenden, engt ein. Etwas Widersprüchlichkeit macht uns hingegen aufgeschlossener und das Leben interessanter.**

DIE FESSELN LÖSEN

Die folgenden einfachen Schritte helfen Ihnen dabei, Ihr wahres Selbst zu erkunden. Dabei geht es auch um den Kern Ihrer Beziehungen zu anderen Menschen. Kleine Dinge im Leben zu verändern ist eine gute Vorbereitung auf die Achtsamkeitsmeditation, bei der Sie an Reaktionsmustern Ihres Autopiloten arbeiten.

1

Sprechen Sie es aus, wenn die Freundlichkeit anderer Ihnen guttut.

2

Hören Sie anderen nicht nur aus Höflichkeit zu, sondern schenken Sie ihnen volle Aufmerksamkeit.

unbewussten Ebene kann die ständige Arbeitsüberlastung verlockend sein, denn sie gibt uns einen Vorwand, uns auf bestimmte Dinge nicht einlassen zu müssen. Vielleicht ist uns klar, dass eigentlich ein ernstes, ausführliches Gespräch mit einem Familienmitglied ansteht, doch wir haben Angst vor verschütteten Emotionen, die dabei aufbrechen könnten. Also sagen wir uns, dass wir einfach keine Zeit dafür haben.

Genauer hinschauen

Eine weitere häufige Denkgewohnheit besteht darin, sich über Menschen rasch ein Urteil zu bilden und daran festzuhalten, selbst wenn die Einschätzung nur auf wenigen Anhaltspunkten beruht. Achtsamkeit ist dagegen eine Haltung, in der wir anderen Raum geben, im Hier und Jetzt sie selbst zu sein.

Versuchen Sie, die Menschen um sich herum mit neuen Augen zu sehen. Stellen Sie Fragen, die Sie normalerweise nicht stellen würden, seien Sie neugierig und hören Sie aufmerksam zu. Das wird mit ziemlicher Sicherheit Ihren Horizont erweitern. Eigentlich ist es wenig verwunderlich, dass wir von anderen oft einen positiven Eindruck gewinnen, sobald wir bereit sind, von unserer anfänglichen Einschätzung abzuweichen.

TURBULENZEN

Wenn wir unter Stress stehen und verzweifelt nach einer Lösung suchen, beschleunigt sich der Strom der negativen Gedanken und Gefühle. Diese Erfahrung können Sie zur Selbstreflexion nutzen. Halten Sie die Antworten auf folgende Fragen in Ihrem Achtsamkeitstagebuch fest (siehe S. 53):

- In welchen Situationen spüren Sie innere Turbulenzen?
- Gibt es Gedanken, die sich dabei immer wieder einstellen? Sind einige davon offensichtlich richtig oder falsch?
- Gibt es Erinnerungen, die immer wieder hochkommen? Woran könnte das liegen?
- Treten bestimmte Emotionen immer wieder zusammen mit den Turbulenzen auf? Wie wirken diese sich auf Ihr Denken und Verhalten aus?

3

Fragen Sie einen Kollegen nach seiner Meinung zu etwas, das nichts mit der Arbeit und mit Ihren üblichen Gesprächsthemen zu tun hat.

4

Lassen Sie sich auf ein Gespräch mit einem Fremden ein, der zum Beispiel bettelt, Ihnen etwas verkaufen will oder eine Umfrage macht.

5

Gehen Sie während eines Gesprächs nicht ans Telefon und konzentrieren Sie sich ganz auf Ihr Gegenüber.

FRAGEBOGEN: AUTHENTIZITÄT

WIE TREU SIND SIE SICH SELBST?

Ihr wahres Selbst zeigt sich wahrscheinlich nicht in Ihren alltäglichen Gedanken und Empfindungen. Möglicherweise führen tiefer liegende Probleme dazu, dass es verborgen bleibt – sogar Ihnen selbst. Die folgenden Fragen helfen Ihnen, solchen Verstrickungen und ihren möglichen Auswirkungen auf die Spur zu kommen.

F Gibt es ungelöste Probleme?

- Haben Sie das Gefühl, dass es einen Unterschied gibt zwischen der Person, die Sie jetzt sind, und der Person, die Sie hätten sein können, wenn Sie keine Fehler gemacht hätten?
- Wie oft haben Sie, wenn Sie Leute kennenlernen, später das Gefühl, dass sie nichts mit Ihnen anfangen oder sich nicht für Sie erwärmen konnten?
- Wie oft kommen im Lauf eines Gesprächs Emotionen in Ihnen auf, die mit dem gerade anstehenden Thema nichts zu tun haben?
- Für wie wahrscheinlich halten Sie es, dass andere Menschen Sie anders sehen als Sie sich selbst?

F Wie ernst sind Ihre Probleme?

- Wie stark ist nach Ihrer Einschätzung der Stress, unter dem Sie innerlich stehen?
- Wie oft machen sich Ihre Ängste oder Sorgen in Ihrer Körpersprache oder Ihrer Stimme bemerkbar?
- Wie oft wirken sich Ihre Sorgen oder Probleme auf Ihre zwischenmenschlichen Beziehungen aus?
- Wie oft tobt in Ihnen ein unkontrollierbarer Sturm von Gedanken und Gefühlen, wenn Sie für sich sind?

F Verstellen Sie sich?

- Wie oft sprechen Sie nicht das aus, was Sie eigentlich sagen wollen, sondern was andere von Ihnen zu erwarten scheinen?
- Wie oft versuchen Sie anderen vorzumachen, dass Sie etwas wissen oder können?
- Wie oft tun Sie nur so, als seien Sie interessiert, und stellen Fragen, nur um ein Gespräch in Gang zu halten?
- Wie sehr sind Sie davon überzeugt, dass die Menschen um Sie herum ganz unterschiedliche Vorstellungen davon haben, wie Sie wirklich sind?

F Bearbeiten Sie Ihre Probleme?

- Wie sicher sind Sie, dass die Lösung Ihrer Probleme in Ihnen selbst und nicht bei den anderen liegt?
- Wie oft sprechen Sie mit Freunden, Familienmitgliedern oder Ihrem Partner über Ihre inneren Nöte?
- Wie oft gelingt es Ihnen, die Dinge in angemessener Relation zu sehen, um so den durch Ihre Probleme verursachten Schaden zu verringern?
- Wie oft versuchen Sie, sich ein ruhigeres Umfeld zu schaffen, um Ihre Probleme besser angehen zu können?

WEITERFORSCHEN

Versuchen Sie anhand des Fragebogens einzuschätzen, welche Hindernisse Sie auf dem Weg zu Ihrem wahren Selbst möglicherweise behindern. Machen Sie zuerst die auf Seite 96–99 beschriebene Atemübung, um sich zu zentrieren und den Kopf freizubekommen. Meditieren hilft dabei, sich Problemen zu stellen und sie besser einzuordnen. Allein ein klareres Bild von den eigenen Problemen zu gewinnen ist ein großer Schritt vorwärts.

KÖNNEN SIE IHR WAHRES GESICHT ZEIGEN?

Achtsamkeit hilft Ihnen, Ihr wahres Selbst zu erkennen. Versuchen Sie aber zunächst mit einfachen Mitteln, Ihr Selbstbild in Einklang damit zu bringen, wie Sie sich anderen zeigen.

- Beginnen Sie ein Gespräch über ein Thema, das Ihnen wichtig ist, und sagen Sie, was Sie wirklich darüber denken. Setzen Sie sich das Ziel, dass am Ende alle ein klares Bild von den Meinungen der anderen haben.
- Rücken Sie eine falsche Vorstellung, die jemand von Ihnen hat, zurecht. Konzentrieren Sie sich auf Fakten. Wenn Ihr Gegenüber Sie unterschätzt, stellen Sie das taktvoll klar, sobald sich die Gelegenheit ergibt.
- Geben Sie zu, dass Sie etwas nicht wissen, anstatt andere denken zu lassen, Sie wüssten Bescheid. Fragen Sie nach, wenn Sie etwas nicht verstehen.

ABSCHWEIFUNGEN

DIE KONZENTRATION STEIGERN

Die meisten von uns können sich in der Regel nicht zu 100 Prozent konzentrieren – 70 Prozent ist ein realistischerer Wert. Doch eins ist klar: Würden wir die Kunst der Aufmerksamkeit beherrschen, wäre unser Leben wesentlich produktiver und erfüllter.

Stellen Sie sich vor, Sie schreiben eine E-Mail an einen Freund oder probieren ein neues Kochrezept aus. Widmen Sie dem, was Sie tun, Ihre ungeteilte Aufmerksamkeit, oder driften Ihre Gedanken hin und wieder ab? Letzteres ist sehr wahrscheinlich: Zunächst sind Sie nur mit der Aufgabe beschäftigt, doch nach und nach geraten Ihre Gedanken in andere Bahnen. Vielleicht kommt Ihnen auch unvermittelt etwas in den Sinn, das mit der Aufgabe überhaupt nichts zu tun hat und an etwas anknüpft, das sie einige Zeit zuvor beschäftigt hat.

Auf diese Weise melden sich vor allem Sorgen zu Wort. Im Normalfall schieben wir sie beiseite, wenn wir eine neue Aufgabe angehen. Sie haben aber die Unart, wiederzukommen und sich lautstark bemerkbar zu machen. Ob wir ihnen die Aufmerksamkeit geben, die sie einfordern, hängt davon ab, wie achtsam wir sind.

Kursabweichungen

Unser Geist ist die meiste Zeit »auf Wanderschaft« – in Tagträumen unterwegs oder weit weg vom Hier und Jetzt. Das kann hilfreich sein, wenn wir uns eine Pause vom Nachdenken gönnen, um später wieder zurückzukehren. Das Umherstreifen gehört zum Wesen des Geistes und kann förderlich für das Lernen sein.

Abschweifungen können aber auch von Nachteil sein. Wenn wir uns zum Beispiel durch spontan auftauchende Gedanken vom Lesen ablenken lassen, brauchen wir nicht nur länger, sondern können uns vielleicht auch nicht so viel merken. Wenn in der Interaktion mit anderen, ob bei der Arbeit oder in der

Der Geist ist ein surrealer Ort, an dem fortwährend etwas Seltsames geschieht: Der Hintergrund wird zum Vordergrund.

EINSGERICHTETHEIT

Einsgerichtetheit des Geistes bedeutet, dass wir uns bewusst bemühen, ein gewähltes Objekt im Fokus zu halten. Achtsamkeit hilft uns dabei zu registrieren, wenn der Geist abschweift. Wenn es an Einsgerichtetheit oder an Achtsamkeit mangelt, ist das Zusammenspiel dieser beiden gestört. Unter diesen Umständen fällt das Meditieren schwer.

Unkontrolliertes Denken springt zwischen den Zeitebenen hin und her.

Fokussiertes Denken führt zu Klarheit und Erfolgserlebnissen.

ZERSTREUTHEIT
Wenn der Geist abschweift, wird Energie vom Jetzt abgezogen und auf die Beschäftigung mit unbewussten Sorgen und Problemen umgeleitet.

EINSGERICHTETE AUFMERKSAMKEIT
Wenn der fokussierte Geist mit einer Aufgabe befasst ist, richtet er seine Energien im Hier und Jetzt auf einen einzigen Punkt und erfreut sich am eigenen Tun.

Freizeit, unsere Gedanken abschweifen, sind wir weniger offen und einsatzfähig. Auch das sogenannte Arbeitsgedächtnis funktioniert dann schlechter.

Was bringt den Geist vom Weg ab? Sehr oft sind es sorgenvolle Gedanken, die unter der Oberfläche rumoren. Das Abschweifen kommt also meistens nicht von ungefähr, sondern folgt einem inneren Muster.

Mehr Zufriedenheit

Es ist ein Irrtum, dass Müßiggang dem Gehirn guttut. Eine Auszeit ohne Achtsamkeit bietet nämlich oft negativen Gedanken und Gefühlen eine Gelegenheit, sich in den Vordergrund zu schieben. Das liegt daran, dass das Gehirn darauf programmiert ist, sich mit unangenehmen oder gefährlichen Dingen immer wieder aufs Neue zu beschäftigen, damit wir ihnen künftig aus dem Weg gehen können.

Achtsamkeitsmeditation bewirkt, dass der Geist seltener abschweift. Auf diese Weise unterstützt sie uns dabei, Wissen aufzunehmen, mit anderen zu kommunizieren und Probleme zu lösen. Zugleich steigert sie das allgemeine Wohlbefinden, indem sie den Einfluss von Zerstreutheit und Geistesabwesenheit verringert.

WAS IST FREIHEIT?
Abschweifungen befreien das Denken nicht, sondern nehmen es gefangen. Frei wird Ihr Denken erst, wenn Sie lernen, Ihren inneren Fokus zu steuern.

ACHTSAM LERNEN

WIE SIE IHR WISSEN VERTIEFEN

Wir erinnern uns, dass wir während Kindheit und Schulzeit immer wieder gesagt bekamen, wie die Dinge sind und wie wir uns verhalten sollen. Im Erwachsenenleben ist Lernen meist kein vorgezeichneter, sondern ein offener Prozess, der uns Neugier und Experimentierfreude abverlangt. Achtsamkeit kann uns diese geistige Flexibilität vermitteln.

Als Erwachsene eignen wir uns vieles davon, was wir über das Leben und die Welt lernen, auf indirekte Weise an. Wir sehen beispielsweise eine Fernsehsendung über Fitness und Intervalltraining. Später hören wir in den Nachrichten, dass ein prominenter Anhänger der Methode einen Schlaganfall erlitten hat. In unserem Kopf setzt daraufhin eine Debatte ein, ob die Risiken des Intervalltrainings womöglich größer sind als sein gesundheitlicher Nutzen. Wir können die Frage nicht direkt klären, sondern nur nach Argumenten suchen, um unsere eigenen vorläufigen Schlüsse zu ziehen. In solchen Situationen bevorzugen wir eine der Optionen oft ganz einfach deshalb, weil wir Risiken gern aus dem Weg gehen.

Erfahrung macht klug

In unserem Streben nach einem zufriedenen und erfüllten Leben sind direkte Beobachtungen und eigene Erfahrungen für uns lehrreicher als Empfehlungen und Hinweise anderer. Aber es gehört

TRADITIONELLES VERSUS ACHTSAMES LERNEN

Laut Ellen J. Langer, Psychologieprofessorin an der Harvard University, gründen traditionelle Lernkonzepte auf völlig falschen Vorstellungen, zum Beispiel darauf, dass es bei einer Aufgabe nur ein richtiges Vorgehen gibt. Achtsames Lernen bewahrt uns davor, starren Denkmustern zu folgen und uns nur daran zu orientieren, wie man etwas schon immer gemacht hat. Worin unterschieden sich der traditionelle Lernstil und die achtsame Herangehensweise?

TRADITIONELLES LERNEN		ACHTSAMES LERNEN
Sich jeweils nur auf einen Aspekt beschränken	→	Fortwährend neue Kategorien entwickeln
Auswendig lernen	→	Für neue Ideen und Informationen offen sein
Die eine korrekte Antwort auf eine Frage lernen	→	Mehr als nur eine Perspektive berücksichtigen

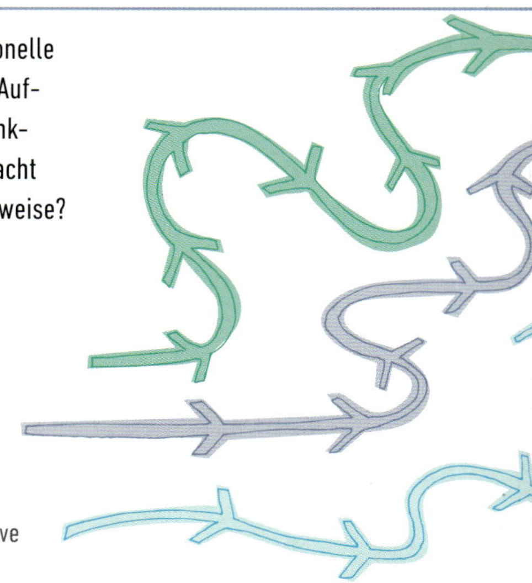

MISSVERSTÄNDNISSE VERMEIDEN
Achtsamkeit schafft einen Raum, in dem wir Urteile aufschieben und in Ruhe reflektieren können.

auch zum Lernen, offen für die Erfahrungen anderer zu sein. Die achtsame Teilhabe daran erweitert unser intuitives Verständnis, was Menschsein bedeutet.

Am aufnahmefähigsten sind wir, wenn wir uns flexibel auf neue Denkweisen einstellen können. Um dies zu erreichen, ist Achtsamkeit ein Instrument von unschätzbarem Wert. Nur wenn wir uns unseren Erfahrungen stellen – so unangenehm sie auch sein mögen –, werden wir fähig sein, etwas zu verändern. Wir lernen am besten, wenn wir frei von fest verwurzelten Denkmustern und von Gruppendruck sind, von der Sorge, was andere denken könnten, von Zweifeln an unseren Fähigkeiten und von der Last der eigenen Erwartungen an uns selbst.

Risiken eingehen

Wenn wir uns gegen Risiken entscheiden – etwa vom Intervalltraining die Finger zu lassen, weil es Hinweise auf negative Folgen gibt –, kann das unseren Spielraum sehr stark einschränken. Ob wir uns auf eine Beziehung einlassen, Kinder bekommen, uns beruflich verändern oder ein Sabbatjahr nehmen, immer stehen Risiken im Raum. Achtsamkeit hilft uns, Entschlüsse nicht an hinderlichen und einengenden Befürchtungen auszurichten, sondern unserem Herzen zu folgen und einen Weg einzuschlagen, der Mut erfordert.

Flexibel bleiben

Angesichts der rasanten Entwicklung der modernen Technik liegt der Wert des lebenslangen Lernens auf der Hand. Auch wenn Sie vielleicht keine Ambitionen haben, zum Spezialisten für neue Medien zu werden, kann eine flexible Haltung von Nutzen für Sie sein. Die Gefahr ist dann geringer, dass sie sich an überholte Technik und Gerätschaften klammern, als seien sie Rettungsringe in der Flut der Neuerungen.

Charles Darwin sagte, dass nicht die stärksten oder intelligentesten Arten überleben, sondern diejenigen, die sich am besten an Veränderungen anpassen können. Letztlich ist also entscheidend, dass wir lernen, wie wir am besten lernen.

»Das Nützlichste, was wir im Leben lernen können, ist zu verlernen, was unwahr ist.«

Antisthenes (um 445–365 v. Chr.)

FRAGEBOGEN: KONZENTRATION

WIE SCHARF FOKUSSIEREN SIE?

Wenn eine Aufgabe ansteht, die Konzentration erfordert, wird uns manchmal bange. Denn vielleicht müssen wir dafür den Gedankenstrom, den wir irrtümlich für den Kern unseres Selbst halten, unterbrechen. Die folgenden Fragen helfen, sich über das eigene Konzentrationsvermögen klar zu werden und die Voraussetzungen dafür zu schaffen, es durch Achtsamkeit zu verbessern.

F Wie umfassend ist Ihre Aufmerksamkeit?

- Wie überzeugt sind Sie, dass Sie mehr vom Leben hätten, wenn Sie sich besser konzentrieren könnten?
- Wie oft merken Sie, dass Sie bei einer Aufgabe wertvolle Zeit verschwendet haben, weil Ihnen andere Dinge durch den Kopf gingen?
- Wie oft unterbrechen Sie das Erledigen einer Aufgabe dadurch, dass Sie telefonieren, sich einen Tee oder Kaffee kochen oder eine andere Art von Pause einlegen?

F Wie gut hören Sie zu?

- Wie oft können Sie, wenn Sie versuchen, einem Gesprächspartner oder einem Radiosprecher mit ganzer Aufmerksamkeit zuhören, mehr als 70 Prozent des Gesagten aufnehmen?
- Wie oft können Sie mehr als 80 Prozent des Gesagten aufnehmen?
- Wie oft können Sie mehr als 90 Prozent des Gesagten aufnehmen?
- Wenn Sie einen halbstündigen Wortbeitrag im Radio hören, an wie viele zentrale Punkte können Sie sich fünf Minuten danach im Normalfall noch erinnern?

F Wie genau lesen Sie?

- Wie gut können Sie sich die Namen der Figuren merken, wenn Sie einen Roman lesen?
- Wie oft lesen Sie Texte, die Sie interessant finden, tatsächlich mit voller Aufmerksamkeit, ohne etwas zu überspringen?
- Wie oft stellen Sie beim Lesen fest, dass der Autor sich in einem Punkt wiederholt oder etwas schreibt, das dem vorher Geschriebenem widerspricht?
- Wie oft lesen Sie einen Absatz noch einmal, weil Sie den Faden verloren haben?

F Gehen Sie konstruktiv an Aufgaben heran?

- Wie oft können Sie sich schlecht auf eine Aufgabe konzentrieren, weil Sie sich langweilen?
- Wie oft tun Sie sich mit einer Aufgabe schwer, weil Sie dabei an etwas anderes denken, das Sie erledigen müssen?
- Inwieweit könnten Sie sich, falls das nötig wäre, in einem belebten Café ebenso gut konzentrieren wie in einer ruhigen Bibliothek?
- Wie sehr schüchtert Sie die Vorstellung ein, still dazusitzen und sich 50 Minuten lang auf etwas zu konzentrieren?

GUTE BEDINGUNGEN FÜR KONZENTRATION

Wer Wert auf Bedingungen legt, unter denen er sich gut konzentrieren und in angemessener Zeit eine Aufgabe erledigen kann, ohne viel Zeit durch Ablenkungen zu verlieren, wird sich gezielt vorbereiten. Setzen Sie die im Folgenden beschriebenen Strategien bereits ein? Falls nicht, können Sie sie ausprobieren, wenn Sie das nächste Mal etwas lesen oder schreiben oder sich einer anderen anspruchsvollen Aufgabe widmen müssen.

- Schützen Sie sich vor Unterbrechungen, indem Sie den anderen zum Beispiel sagen, dass Sie Ihre Ruhe haben möchten, oder ein Bitte-nicht-stören-Schild an die Tür hängen?
- Setzen Sie sich bei der Arbeit Ziele und hören dann auf, wenn Sie sie erreicht haben?
- Teilen Sie sich Ihre Zeit so ein, dass Sie an den Aufgaben, die am meisten Konzentration verlangen, dann arbeiten, wenn es für Sie optimal ist, zum Beispiel frühmorgens und nicht nach einer Mahlzeit, bei der Sie Alkohol trinken?
- Motivieren Sie sich, indem Sie sich beispielsweise belohnen, wenn sie eine Aufgabe abgeschlossen haben, oder indem Sie sich im Voraus vorstellen, wie zufrieden Sie sein werden, wenn Sie fertig sind?

WEITERFORSCHEN

Sie haben darüber nachgedacht, ob Sie sich gut auf eine Aufgabe konzentrieren und gut zuhören können oder ob Sie durch Abschweifungen häufig Energie vergeuden. Falls Letzteres zutrifft, stellt sich die Frage, woran das liegt. Ist Ihre Konzentration möglicherweise durch Ängste oder innere Nöte beeinträchtigt? Nachdem Sie das achtwöchige Programm mit Achtsamkeitsmeditationen absolviert und Achtsamkeit in Ihr Leben integriert haben, können Sie anhand des Fragebogens prüfen, ob sich Ihre Konzentrationsfähigkeit verbessert hat.

REGER AUSTAUSCH

SO GELINGT KOMMUNIKATION

Im Idealfall fließt ein Gespräch im Rhythmus von wechselseitigem Geben und Nehmen dahin. Manchmal entstehen Impulse durch Erinnerungen oder Assoziationen, die unser umherschweifender Geist ins Spiel bringt. Wenn er aber zu weit abdriftet, stört das den Kommunikationsfluss.

Bei einem guten Gespräch zu zweit geht es hin und her wie bei einem Tennismatch. Die Beteiligten wechseln zwischen Zuhörer- und Sprecherrolle hin und her und stimmen sich fortwährend aufeinander ab. Wenn die Aufmerksamkeit auf einer Seite nachlässt und die Verbindung schwächer wird, stockt die Kommunikation. Das kann auch passieren, wenn einer oder beide Gesprächspartner angespannt sind, weil sie die Aufmerksamkeit stärker nach innen als auf das Gegenüber richten.

Geschick und Einfühlung

Gespräche zu führen ist in vielerlei Hinsicht eine Kunst, die wir durch Übung verfeinern können, damit es uns leichter fällt, unsere Gedanken in Worte zu fassen. Wenn ein Politiker im Interview routiniert seine Positionen darlegt, ist das eine Sache des Selbstvertrauens und der geschickten Selbstdarstellung, vor allem aber der Übung.

Wenn wir ein Gespräch jedoch nur unter dem Aspekt der Geschicklichkeit sehen, werden wir einem der wertvollsten Dinge in unserem Leben nicht gerecht – unserer Verbundenheit mit anderen. Ein lebendiges Gespräch ist ein Austauschprozess, in dem wir uns im Hier und Jetzt nahe sind. Wenn wir uns innerlich von diesem Miteinander

GESPRÄCHSKUNST

Im Gespräch achtsam zu sein heißt, sowohl die Beziehung als auch das Gesagte im Blick zu behalten.

Legen Sie sich beim Zuhören nicht zurecht, was Sie sagen wollen. Nehmen Sie auf, was der andere sagt, und Ihre inneren Reaktionen wahr.

Nicht urteilen: Fokussieren Sie sich auf das Gesagte und ignorieren Sie alles, was nicht Teil der Botschaft ist. »Lesen« Sie die Körpersprache Ihres Gegenübers, ohne auf Dinge wie Kleidung oder Frisur zu achten.

Fallen Sie dem anderen nicht ins Wort. Fragen Sie notfalls nach, ob Sie ihn unterbrechen dürfen.

entfernen, indem wir die Gedanken abschweifen lassen, sind wir nicht wirklich präsent – und reden nur, ohne im echten Kontakt zu sein.

Denken und Sprechen

Unser Sprechtempo und unser Sprechstil hängen von der jeweiligen Situation ab. Am Frühstückstisch mag munteres Geplauder dominieren, während ein Gespräch, in dem wir sorgfältig Ideen und Fakten abwägen, ruhiger abläuft. Schwierigkeiten, mit denen wir manchmal zu kämpfen haben, werden eher bei einem bedächtigeren Gespräch hochkommen, während über die wichtigen Dinge geredet wird. Sie können sich beispielsweise gegenüber Fremden, Bekannten oder Autoritätspersonen bemerkbar machen: Wir fühlen uns unterlegen oder im Nachteil, fürchten das Urteil von jemandem, der »sich besser auskennt« als wir, oder wissen in einer unvertrauten Situation nicht, was wir sagen sollen. Ebenso schwierig sind Gespräche mit Freunden, Familienangehörigen oder dem Partner, bei denen alte Muster aus Schuldzuweisungen oder Verbitterung ablaufen und in eine ungute Richtung führen können.

Lassen Sie sich in schwierigen Situationen Zeit, um zu überlegen, was Sie sagen wollen, und dies dann in die passenden Worte zu fassen. Es ist wichtig, dass Sie für sich selbst und Ihr Gegenüber einen Raum schaffen, in dem sich Ihre Wahrnehmungen und Erfahrungen frei bewegen und entfalten können. Falls Sie mehrere Themen zur Sprache bringen wollen, sollten Sie nicht versuchen, alles auf einmal anzubringen, weil sonst ein Durcheinander entsteht.

Wenn Sie sich bewusst bemühen, sich in den anderen einzufühlen, spürt er das und reagiert seinerseits mit Empathie.

Genießen und sich anregen lassen: Sich mit anderen auszutauschen tut gut und ist belebend. Seien Sie offen und neugierig und genießen Sie die Begegnung.

ZWEI GESPRÄCHSSTILE

Während eines Gesprächs ganz im Jetzt zu sein ist eine belebende und bereichernde Erfahrung. Doch auch ein selbstsicherer und kontaktfreudiger Mensch kann nicht immer zugewandt und konzentriert sein, jeder ist manchmal unaufmerksam und innerlich mit anderen Dingen beschäftigt. In der folgenden Tabelle finden Sie Stichwörter zu diesen zwei Zuständen.

ACHTSAM	UNACHTSAM
Ruhig, entspannt	Angespannt
Klar denkend	Durcheinander
Gewisser Abstand zu Emotionen	Verstrickt in Emotionen
Wach	Zerstreut
MÖGLICHE GRÜNDE	
Sympathie für Gegenüber	Gegenüber unbekannt oder unsympathisch
Gesprächspartner, mit dem das Gespräch angenehm ist	Gesprächspartner, mit dem das Gespräch unangenehm ist
Es lief heute gut.	Es lief heute schlecht.
Ausgeruht und wach	Müde und erschöpft
Zufrieden	Unzufrieden
Einfaches, erfreuliches Thema	Heikles, unerfreuliches Thema

FRAGEBOGEN: KOMMUNIKATION

WIE KOMMUNIKATIONSFÄHIG SIND SIE?

Wenn Kommunikation gelingt, erfreuen wir uns gemeinsam an unserem Menschsein und kommen in schwierigen Situationen besser mit unangenehmen Emotionen zurecht. Nutzen Sie die folgenden Fragen, um Ihren Kommunikationsstil zu überprüfen. Durch Achtsamkeit können Sie Ihren Beziehungen neue Energie zuführen.

F Wie gut kommunizieren Sie mit vertrauten Menschen?

- Wie oft haben Sie das Gefühl, dass Sie immer wieder dieselben Gespräche führen, dieselben Argumente vorbringen und keinen Schritt vorankommen?
- Wie oft enden Gespräche, bei denen es für Sie um ernste Dinge geht, mit Uneinigkeit und Unbehagen auf beiden Seiten?
- Wie oft geschieht es, dass in zwanglosen, entspannten Gesprächen Ihr Gegenüber neue, überraschende Seiten von sich zu erkennen gibt?
- Wie weit kommt in solchen Gesprächen Ihr wahres Selbst zum Vorschein, unverdeckt und ohne Vorbehalte?

F Wie gut kommunizieren Sie mit Bekannten?

- Inwieweit trifft es zu, dass Sie Ihre Bekannten bei jeder Begegnung besser kennenlernen?
- Inwieweit lernen umgekehrt Ihre Bekannten Sie bei jeder Begegnung besser kennen?
- Wie gut können Sie sich an das erinnern, was Ihre Bekannten bei den letzten zwei oder drei Begegnungen zu Ihnen gesagt haben?
- Wie stark sind Sie auf das freundliche Plaudern im Hier und Jetzt fokussiert, wenn Sie zufällig jemanden kennenlernen?

F Wie gut kommunizieren Sie mit Fremden?

- Wie oft kommt es vor, dass Sie mit Fremden reden und die Begegnung als bereichernd empfinden?
- Inwieweit kommt in Gesprächen mit Fremden Ihr wahres Selbst zum Vorschein, unverdeckt und ohne Vorbehalte?
- Wie oft denken Sie am Ende eines Gesprächs mit einem Fremden: »Jetzt kann ich endlich da weitermachen, wo ich aufgehört habe«?
- Wie oft reagieren Sie mit Lächeln oder Lachen auf das, was ein Fremder im Lauf einer freundlichen Plauderei sagt?

F Wie gut kommunizieren Sie in Stresssituationen?

- Wie oft schreiben Sie sich einen Teil der Verantwortung zu, wenn es in einer Beziehung Probleme gibt?
- Wie oft sagen Sie lieber nicht, was Sie wirklich denken, weil Sie die Reaktionen der anderen fürchten?
- Wie oft stellen Sie in schwierigen Gesprächen Ihre Emotionen um des Effekts willen übertrieben dar?
- Wenn Sie bei einem Gespräch angespannt oder aufgewühlt sind, inwieweit hindern diese Gefühle Sie dann daran, sich so zu zeigen, wie Sie sind?

HART AUF HART

Gespräche können schwierig sein, wenn unterschiedliche Sichtweisen aufeinanderprallen. Um damit klarzukommen, sind je nach Situation unterschiedliche Elemente wichtig: Entschlossenheit oder ein starkes Selbstwertgefühl, Einfühlungsvermögen oder Taktgefühl. Wie gut haben Sie sich bislang in Situationen wie den folgenden geschlagen?

- Jemandem einen sehnlichen Wunsch abschlagen
- Eine unpopuläre Ansicht äußern
- Jemanden um einen Gefallen bitten, der vielleicht Nein sagt
- Auf eine Bitte um Hilfe nicht eingehen
- Gelassen und ruhig zeigen, wie wütend Sie sind
- Auf Beleidigungen oder Sarkasmus reagieren
- Vor einer großen Gruppe eine Geschichte erzählen
- Einer Autoritätsperson ein Anliegen vortragen
- Jemandem klarmachen, dass sein inakzeptables Verhalten nicht wieder vorkommen darf

WEITERFORSCHEN

Überlegen Sie, ausgehend von Ihren Antworten, in welchen Gesprächssituationen Sie ganz bei der Sache und in welchen Sie eher abgelenkt sind. Das hängt weniger von Ihren kommunikativen Fertigkeiten ab als davon, wie Sie im Hier und Jetzt zu anderen in Beziehung treten. Gehen Sie Teile des Fragebogens, die auf bestimmte Beziehungen in Ihrem Leben abzielen, noch einmal durch. Achtsamkeit hilft Ihnen, in allen Ihren Beziehungen offener und zugewandter zu werden. Fürs Erste ist aber nur von Interesse, welche Arten von Interaktionen Sie gern intensivieren würden.

WER BIN ICH?

FACETTEN DER IDENTITÄT

Über die philosophische Frage, wer wir wirklich sind, zerbrechen wir uns gewöhnlich nicht den Kopf. Es gibt aber Phasen, in denen diese Frage uns beunruhigt und unter Stress setzt. Achtsamkeit hilft uns, richtige und falsche Vorstellungen über uns selbst voneinander zu unterscheiden.

Auf die Frage »Wer bin ich?« gibt es für Sie wahrscheinlich nicht die eine richtige Antwort. Vielmehr werden Sie den Eindruck haben, dass sich in Ihrem Kopf viele konkurrierende Vorstellungen tummeln. Einige davon leiten sich aus Rollen ab, die Sie in Ihrem Leben einnehmen, etwa als Elternteil, Kind, Freund oder Chef, und aus Ihrer Persona, das heißt aus dem Bild, das Sie anderen von sich vermitteln. Manche Vorstellungen haben mit moralischen, politischen oder spirituellen Wertvorstellungen zu tun, mit der Nationalität oder der Zugehörigkeit zu einer Gemeinde. Diese Selbstbeschreibungen ergeben eine »zusammengesetzte« Identität, die nicht vollständig zum Ausdruck bringen kann, wer Sie wirklich sind. Ihre wahre Identität liegt anderswo und lässt sich nicht in Worte fassen – so wie Sie zwar verstehen, was gemeint ist, wenn jemand vom Südpol redet, aber nicht wissen, wie es dort wirklich ist.

Sie sind mehr als Ihre Persona

Eine tiefere Selbstkenntnis setzt voraus, dass wir uns achtsam mit unserer Persona auseinandersetzen, dem Gesicht, das wir nach außen zeigen. Dieses Gebilde leistet uns in der Interaktion mit anderen gute Dienste. Es unterscheidet sich von unserem inneren Selbst, das wir als echter empfinden. Das äußere Selbst zeigt, wie wir gesehen werden möchten, beispielsweise als fürsorglich, effizient oder klug, und ist ein Ideal, dem wir gerecht zu werden versuchen. Doch wir können unsere Persona nicht beliebig ausgestalten: Weil sie sich zum Teil aus früheren Erfahrungen speist, können wir nicht immer bestimmen, wie wir auf andere wirken. Wenn unser wahres Selbst erkennt, dass das von der Persona verkörperte Ideal unerreichbar ist, fragen wir uns, wer und wie wir wirklich sind. Es ist wichtig, zu verstehen, wie die Persona funktioniert. Achtsamkeit lehrt uns, dass sie nur ein Konstrukt und kein essenzieller Bestandteil unseres Wesens ist.

WIE ES NOCH NIE WAR
Hinter dem Idealbild Ihrer Persona (Fettdruck) liegt oft eine andere Wahrheit verborgen (graue Schrift).

IDENTITÄTSKRISEN

Unsere aus vielen Facetten bestehende Identität hilft uns, unsere Stabilität zu bewahren. Es gibt allerdings Umstände, unter denen sich die einzelnen Teilaspekte nicht miteinander vereinbaren lassen. Dies kann uns in eine Krise stürzen. Im Folgenden sind drei derartige Situationen beschrieben. Wenn wir Achtsamkeit praktizieren, verschafft uns das in Krisenzeiten eine Atempause.

Unsere Rollen geraten in Konflikt.

Unsere Rollen konkurrieren um die Zeit, die wir zur Verfügung haben. Dann wissen wir zum Beispiel nicht, ob wir uns mehr um die Kinder oder um den Beruf kümmern sollen. Wenn wir ständig zwischen den Rollen hin- und herwechseln müssen, entsteht leicht das Gefühl, es niemandem recht zu machen.

Unser Selbstbild steht in scharfem Kontrast zu dem Bild, das wir anderen von uns vermitteln wollen.

Wir fühlen uns gedrängt, die Erwartungen anderer zu erfüllen, wissen aber insgeheim, dass wir ihnen nicht genügen werden. Das heißt, wir machen den anderen etwas vor.

Leiden wird Bestandteil unserer Identität.

Schmerz und Leid, zum Beispiel aufgrund eines schwachen Selbstwertgefühls, einer scheiternden Beziehung oder einer Erkrankung, können mit der Zeit Teil unseres Selbstbilds werden und sich verfestigen.

DAS WAHRE SELBST ERKENNEN

ACHTSAMKEIT UND IDENTITÄT

Menschen, die Achtsamkeit praktizieren, berichten oft darüber, dass sie sich selbst nie näher sind, als wenn sie meditieren. Einfach nur im Jetzt zu sein gibt ihnen ein Gefühl von Echtheit, Klarheit und Gelassenheit, durch das sie die Schablonen, die ihr äußeres Selbst ausmachen, hinter sich lassen können.

Durch die Praxis der Achtsamkeit gewinnen Sie nicht notwendigerweise eine klarere Vorstellung davon, wie Ihr wahres Selbst wirklich aussieht und wer Sie sind. Es ist eher so, dass das Thema Identität an Bedeutung verliert und die Verwirrung, die es auslösen kann, sich zu einem guten Teil verflüchtigt. Denn Sie gehen dazu über, Ihre Identität nicht mehr aus bestimmten Wertvorstellungen abzuleiten.

In der Haltung der Achtsamkeit sind Sie einfach ein Mensch, der im Augenblick wach und lebendig ist und die Aufmerksamkeit auf die gegenwärtige Erfahrung richtet. Alle Zwänge, die Sie in Ihrem Alltag unter Druck setzen, verlieren dann ihre Macht über Ihr Selbstbild und werden zu luftigen Wolken, die Sie umgeben, ohne Sie zu behindern oder zu belasten.

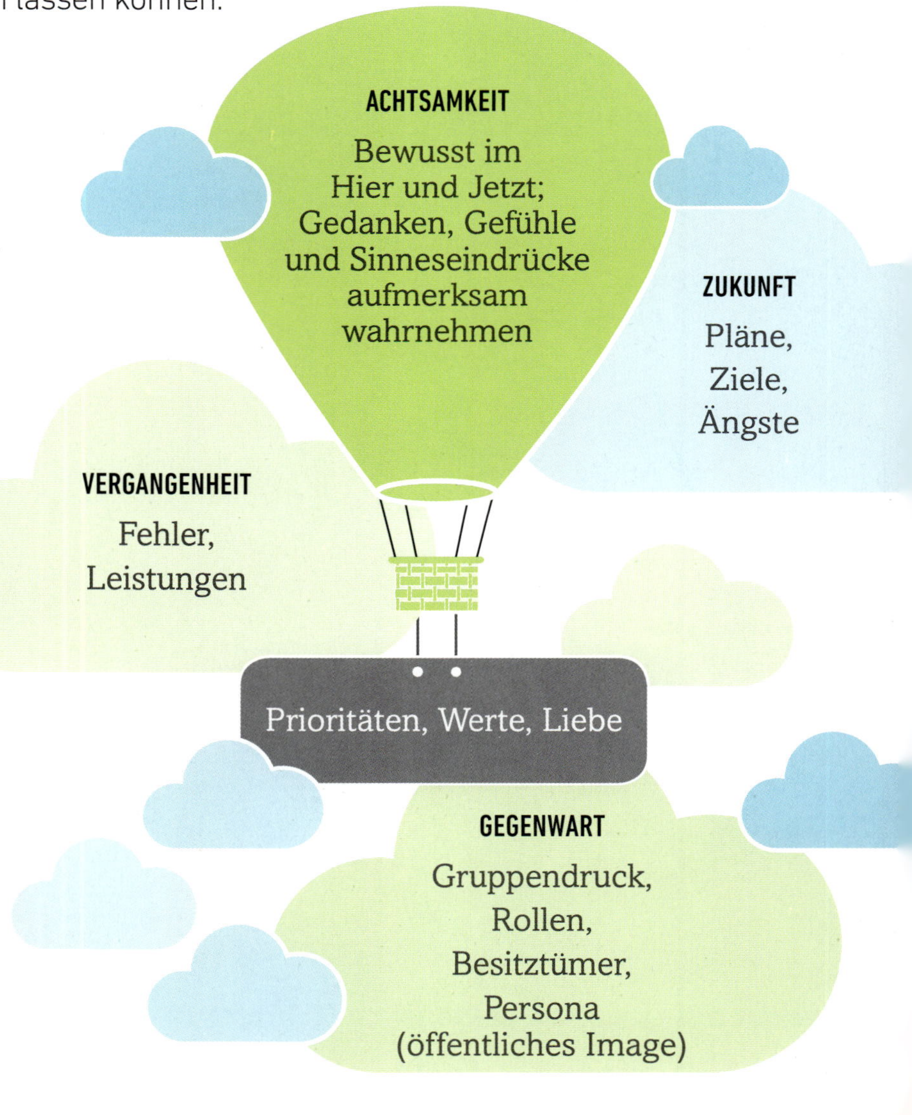

FREIHEIT UND IDENTITÄT

Wenn wir unsere vergangenen, künftigen und gegenwärtigen Sorgen achtsam wahrnehmen, können sie uns nichts anhaben. Sie sind wie Wolken, durch die wir in einem Fesselballon gleiten. Auch unsere Wertvorstellungen und Pflichten begleiten uns durchs Leben, definieren uns aber nicht.

KRITIKER UND BEOBACHTER

Denken läuft bei den meisten Menschen als innerer Monolog ab. Eine Stimme kommentiert tagaus, tagein, wie gut wir unsere Sache machen. Es ist die Stimme des Kritikers, der nie zur Ruhe kommt. Wenn wir auf ihn hören, verlernen wir, mit dem Leben, wie es ist, zufrieden zu sein. Ratsamer, aber oft auch schwieriger ist es, auf seinen Gegenspieler zu hören, auf den Beobachter, der im Moment lebt und beschreibt, was ist. Jon Kabat-Zinn vergleicht den endlosen Strom unserer Gedanken und Gefühle mit einem reißenden Fluss, in dem wir dahintreiben. Das Bild lässt sich weiter ausmalen: Der Kritiker schreit, um das Tosen zu übertönen, während der Beobachter gelassen am Ufer sitzt und den Strom der Erfahrung betrachtet. In der Tabelle sind Merkmale von Kritiker und Beobachter gegenübergestellt. Überlegen Sie, in welchen Situationen die beiden in Ihrem Leben aktiv sind.

KRITIKER	BEOBACHTER
Konzentriert sich auf die angenehmen Seiten des Lebens	Nimmt Schwieriges und Schönes mit Gleichmut an
Zieht gern Vergleiche	Registriert alles, was er sieht
Fällt fortwährend Urteile	Bleibt im Augenblick
Imitiert Ihre Stimme, damit Sie auf ihn hören	Ist immer aufrichtig
Übertreibt und verdreht die Dinge	Geht mit Augenmaß an Dinge heran

Je mehr Sie auf den Kritiker hören, desto weniger innerer Freiraum bleibt Ihnen, um kreative Lösungen zu finden.

FRAGEBOGEN: SELBSTBILD

WIE SEHEN SIE SICH SELBST?

Unsere Mitmenschen sehen uns möglicherweise ganz anders als wir selbst. Das kann daran liegen, dass wir uns auf eine bestimmte Weise zu präsentieren versuchen, die anderen aber hinter die Fassade blicken. Der Fragebogen hilft Ihnen, problematische Aspekte Ihres Selbstbilds aufzuspüren.

F Wie wichtig sind Rollenmuster für Ihre Identität?

- Inwieweit speist sich Ihr Selbstwertgefühl aus den wesentlichen Rollen, die Sie in Ihrem Leben haben (in Abgrenzung dazu, was Sie in diesen Rollen tun)?
- Wie oft kommt es Ihnen so vor, als gebe es in Ihnen zwei oder mehr Personen, die ganz unterschiedliche Prioritäten setzen?
- Wie viele Opfer bringen Sie, um die Erwartungen anderer zu erfüllen?
- Wie wichtig sind Ihre Rollen für das Bild, das Sie anderen von sich vermitteln wollen?

F Wie wichtig sind Leistungen für Ihre Identität?

- Wie oft schöpfen Sie Kraft aus dem, was Sie in Ihrem Leben bisher erreicht haben?
- Inwieweit sind Ihre Wohnung, Ihr Auto oder Ihre Freizeitaktivitäten für Sie Ausdruck Ihres Erfolgs?
- Wie sehr hilft Ihnen die Rückschau auf Geleistetes, anderen gegenüber selbstsicher aufzutreten?
- Wie oft nehmen Sie sich Fehlschläge sehr zu Herzen und haben das Gefühl, sich selbst enttäuscht zu haben?

PRIORITÄTEN GEWICHTEN

Zeichnen Sie ausgehend von der Abbildung rechts Ihr eigenes Tortendiagramm. Die Größe der Kuchenstücke gibt wieder, welche Aspekte Ihres Lebens für Sie am stärksten mit Ihrer Identität verknüpft sind. Präzision ist dabei nicht so wichtig, folgen Sie beim Zeichnen Ihrer Intuition. Nehmen Sie andere Begriffe, falls die hier vorgeschlagenen nicht passen.

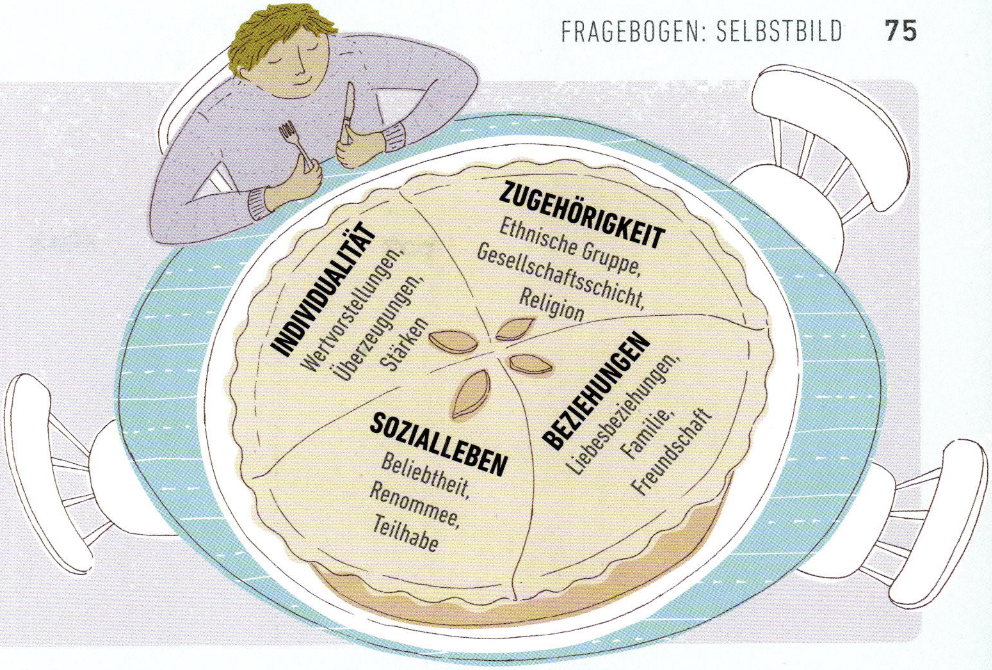

F Wie wichtig sind Probleme für Ihre Identität?

- Wie oft haben Sie das Gefühl, dass Ihre Probleme in Ihrem Kopf keinen Platz für anderes lassen?
- Inwieweit empfinden Sie Ihre Probleme als Elemente, die aus Ihrem Leben nicht wegzudenken sind?
- Wie undenkbar erscheint es Ihnen, dass Sie völlig frei von Problemen, entspannt und glücklich sein könnten?
- Wie sehr haben Sie sich nach Ihrer Einschätzung an Ihre Probleme gewöhnt, sodass eine Leere zurückbleiben würde, wenn sie gelöst wären?

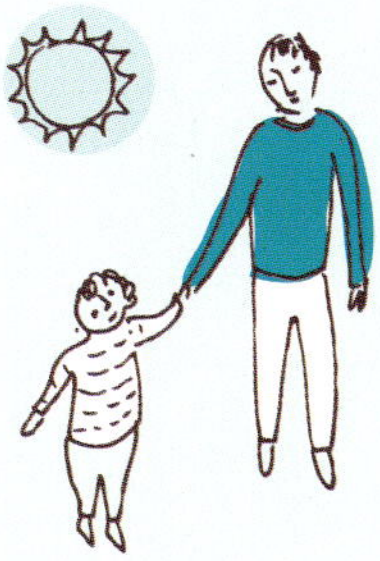

F Wie wichtig für Ihre Identität sind Wertvorstellungen?

- Wie oft haben Sie das Gefühl, persönlich angegriffen zu werden, wenn jemand Ihre Wertvorstellungen infrage stellt?
- Wie viel liegt Ihnen daran, ebenso für Ihre Überzeugungen geschätzt zu werden wie für das, was Sie tun oder sagen?
- Inwieweit gehen Sie davon aus, dass jemand, der Ihre Wertvorstellungen nicht versteht, Sie nicht wirklich kennt?

WEITERFORSCHEN

Reflektieren Sie anhand der Fragen Ihr Selbstbild. Wie viel tragen die Rollen, die Sie einnehmen, Ihre Leistungen, Enttäuschungen und Überzeugungen dazu bei? Können Sie die Komponenten Ihrer Identität klar voneinander unterscheiden? Welche erscheinen Ihnen schwierig? Überlegen Sie, welche Möglichkeiten es gibt, die problematischen Aspekte anzugehen, falls Ihre Identität vor allem in der Vergangenheit gründet. Achtsamkeit kann dabei eine echte Hilfe sein.

IM EIGENEN ZUHAUSE

ACHTSAMES WOHNEN

Wenn Sie Ihre Aufgaben in Wohnung und Haushalt achtsam angehen, können Sie Ihr Leben sehr bereichern. Ein Zuhause besteht vor allem aus den Menschen, die darin leben. Ein achtsamer Umgang miteinander trägt zum Wohlbefinden aller Mitbewohner bei.

Eine Wohnung oder ein Haus gibt mehr als Obdach. Die Räume selbst sind zwar weniger wichtig als die Menschen, die darin leben, doch sie sind das Umfeld, dem wir ganz bewusst unseren persönlichen Stempel aufdrücken können. Dies wiederum bietet sich als Übung im achtsamen, besonnenen Entscheiden an. Achtsamkeit verstärkt auch unsere Sensibilität und damit den Wunsch nach einem angenehmen Lebensumfeld, das uns zufrieden macht. Wenn Sie sich um ein schönes Zuhause bemühen, wird das den anderen, die darin leben, ebenfalls zugutekommen.

Ein Zuhause hat, wie ein Mensch, seine Schwachstellen, seine Gewohnheiten und seine Stimmungen. Wenn Sie sich um Achtsamkeit bemühen, nehmen Sie Problempunkte wahr und reagieren positiv darauf. Ob Sie nun Vorhänge waschen oder sich um eine knarrende Türangel kümmern – alles ist eine Gelegenheit, ganz im Jetzt zu sein, Werkzeuge und Materialien bewusst wahrzunehmen und sich in etwas zu vertiefen, das die Alltagsroutine durchbricht. Ihr Zuhause braucht, wie ein Garten, regelmäßige Pflege, was allerdings auch nicht zu viel Raum in Ihrem Leben einnehmen sollte.

Home, sweet home

Es belebt das Miteinander, wenn alle, die in einem gemeinsamen Zuhause wohnen, das Gefühl haben, zusammen ein Abenteuer der Achtsamkeit zu erleben, das viele Entdeckungen

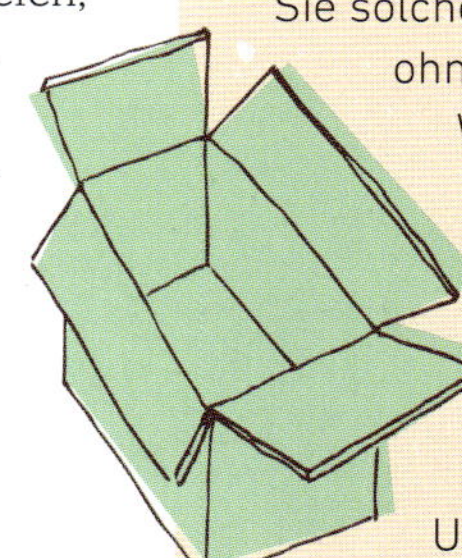

ENTRÜMPELN

Aufräumen eignet sich ideal für eine Achtsamkeitsübung.

- **Ausrangieren:** Nehmen Sie sich einige Gegenstände nacheinander vor und überlegen Sie, wie es für Sie wäre, sie auszumustern. Vielleicht haben Sie das Gefühl, damit eine Verbindung zur Vergangenheit zu kappen. Nehmen Sie solche Gefühle zur Kenntnis, ohne sie zu beurteilen. Wenn Sie der Vergangenheit zu viel Macht geben, kann sie zu einer kräftezehrenden Last werden.
- **Ordnung schaffen:** Unordnung lenkt ab und erinnert ständig daran, dass eine Aufgabe ansteht. Gehen Sie das Aufräumen achtsam und entschlossen an und beobachten Sie, was in Ihnen vor sich geht, während Ordnung einkehrt. Macht es Sie zufrieden, den Wirrwarr der Vergangenheit zu beseitigen?

»Ein Haus ist kein Heim, solange es nur dem Körper, nicht aber dem Geist Nahrung und Wärme bietet.«

Benjamin Franklin

bereithält. Noch bereichernder wird das Zusammenwohnen durch Kinder, weil sie noch nicht so sehr in Gewohnheiten festgefahren sind. Wenn Sie an die selbstverständliche Achtsamkeit anknüpfen, mit der Kinder oft über ihre Erfahrungen sprechen, verstärkt das die Verbundenheit miteinander.

Achtsamkeit lässt sich auf vielerlei Weise in das eigene Leben zu Hause einbinden. Sie kann sich zum Beispiel darin ausdrücken, dass Sie Ihre Besitztümer nicht als selbstverständlich hinnehmen, sondern bewusst wertschätzen. Denken Sie über die Gegenstände nach: Was war zu ihrer Herstellung notwendig? Wie sind sie in ihre Wohnung gekommen? Wie viele Menschen waren daran wohl beteiligt, wer sind sie und wo leben sie? Denken Sie in ähnlicher Weise über Neuanschaffungen nach. Sich achtsam gegen einen Kauf zu entscheiden kann eine sehr befriedigende Alternative zum »Frustshoppen« sein.

DREIMAL ACHTSAM

Nutzen Sie Aufgaben im Haushalt, um einfache Achtsamkeitsübungen durchzuführen. Richten Sie Ihre Aufmerksamkeit sanft auf das jeweilige Objekt, ohne sich selbst oder Ihre Gefühle zu beurteilen. Gehen Sie die Aufgabe mit einer positiven Haltung an. Wenn sich Unmut breitmacht, beobachten Sie ihn neugierig, aber mit Abstand.

LAUB IM GARTEN KEHREN

Eine klassische zenbudddhistische Achtsamkeitsübung: Achten Sie nacheinander auf das Laub, den Rhythmus Ihrer Bewegungen, Ihren Atem und das Rascheln der Blätter. Lassen Sie die anderen Sinneseindrücke und Gedanken vorüberziehen.

BEWUSST BETTEN MACHEN

Richten Sie Ihre Aufmerksamkeit auf Ihre Körperempfindungen. Wenn Sie Gedanken, Gefühle oder Geräusche registrieren, kehren Sie sanft zum Bettenmachen zurück.

ACHTSAM WÄSCHE WASCHEN

Spüren Sie, wie die verschiedenen Gewebe sich ineinanderschieben. Nehmen Sie beim Starten der Waschmaschine wahr, welche Geräusche sie macht und wie sich die Trommel bewegt. Schauen und hören Sie kurz zu und lassen Sie andere Gedanken, Sinnesempfindungen und Gefühle los.

DAS GUTE LIEGT SO NAH

GESCHENKE ERKENNEN UND ANNEHMEN

Wenn unser Ideal vom Glück ein wirklichkeitsferner Traum ist, dem wir verbissen hinterherjagen, wird er wohl unerreichbar bleiben. Stattdessen sollten wir überlegen, was Glück wirklich für uns bedeutet. Vielleicht stellen wir dann fest, dass es längst da ist.

Wenn Sie hin und wieder darüber nachdenken, ob Sie das Glück gefunden haben, nach dem Sie suchen, ist das ein komplexer Prozess. Sie vergleichen dabei die eigenen Erfahrungen mit einem bestimmten Zielkriterium. Was ist, wenn Sie feststellen, dass Sie weit von Ihrem Ideal entfernt sind – und das bislang gar nicht gemerkt haben? In einer solchen Situation könnte es sein, dass es Sie unglücklicher macht, das eigene Glück auf den Prüfstand zu stellen.

Freude bemessen

Zunächst stellt sich die Frage, woran wir unser Glück messen. Die meisten Menschen orientieren sich dabei nicht an einem eigenen Glücksniveau oder am Glücksniveau anderer, sondern an

GLÜCKSVORSTELLUNGEN

Könnte es sein, dass die kostbarste Form des Glücks ganz anders aussieht, als wir es zu erwarten gelernt haben? Hier einige Gedanken, die vielleicht neu für Sie sind.

WAHRES GLÜCK IST ...

- ... die Freude, ganz im Hier und Jetzt zu sein.
- ... eine Gelassenheit, die sich durch alle emotionalen Zustände zieht, auch durch den Kummer.
- ... wenn alles, was wir sagen, tun und denken, im Einklang miteinander ist.
- ... mit ganzem Herzen und ohne Vorbehalt vorwärtszugehen.
- eine Frucht, die aus Herzensgüte erwächst.

> **Unser Idealbild vom Glück entsteht aus Fragmenten einer Geschichte, die wir uns über uns selbst erzählen.**

einer Idealvorstellung. Das Problem besteht allerdings darin, dass das Leben zu kompliziert ist, diese Ideen können uns daher nicht von großem Nutzen sein. Unser Idealbild vom Glück entsteht nämlich aus Fragmenten einer Geschichte, die wir uns über uns selbst erzählen.

An der Sache vorbei

Die Jagd nach dem Glück kann die Wahrnehmung trüben, sodass wir nicht sehen, wie reich unser Leben schon jetzt ist. Wenn wir unseren idealen Glücksmaßstab anlegen, entgehen uns Erfahrungen, die für uns sehr wertvoll sein könnten. Wir sträuben uns gegen sie, weil wir uns andere Erfahrungen wünschen. Das hindert uns daran zu erkennen, dass sie Einsichten bereithalten, die unser Leben verwandeln könnten. Außerdem entgeht uns das Glück, das im Staunen über die Schönheit des Lebens im Hier und Jetzt liegt.

ACHTSAMKEIT MACHT GLÜCKLICH

Achtsamkeit beschert uns einige Geschenke, die uns Glücksmomente erleben lassen und dadurch noch wertvoller für uns werden. Außerdem versperrt sie den Weg ins Unglück, denn sie hält uns davon ab, der Vergangenheit nachzutrauern, zu grübeln und angstvoll in die Zukunft zu blicken.

GLÜCKSREZEPT

Immer auf Geschenke zu warten führt nur zu Enttäuschungen. Ein Weg zum Glück ist, jeden Moment als ein Geschenk zu sehen.

»Der Weise lebt still inmitten der Welt,
sein Herz ist ein offener Raum.«

Lao-Tse (um 694–531 v. Chr.)

DAS GROSSE GANZE

DEM LEBEN SINN GEBEN

Weil Glück und Sinn vielschichtige Begriffe sind, ist es nicht verwunderlich, dass sich viele Menschen nicht sicher sind, wie sie diese beiden Dinge in ihrem Leben finden können. Auch hier kann Achtsamkeit helfen, den Kompass zu nutzen, um die richtige Richtung einzuschlagen.

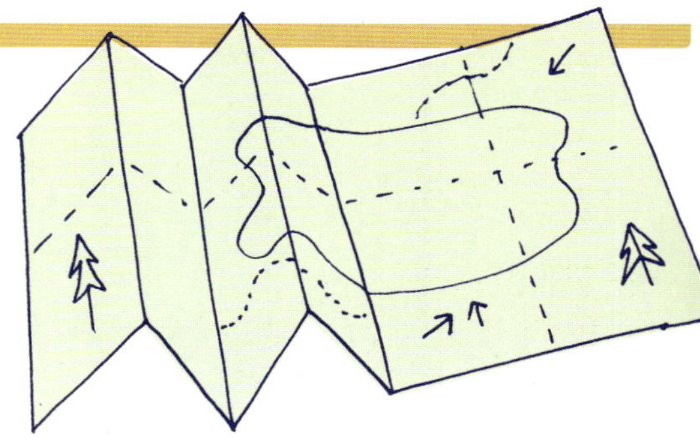

Vielleicht haben Sie sich schon einmal gefragt: »Wozu ein Ziel anstreben, an das ich nie nahe herankommen werde?« Auch Menschen, deren Leben nach außen hin erfüllt wirkt – weil sie ein schönes Zuhause, intakte Beziehungen, wunderbare Kinder und eine gute Arbeitsstelle haben –, spüren manchmal eine innere Leere.

Ist Glücklichsein genug?

Beim Nachdenken über das Glück kann es leicht geschehen, dass wir an Begriffen hängen bleiben. Auch wenn Sie sich für einen glücklichen Menschen halten, spüren Sie vielleicht doch ein gewisses Unbehagen in sich, wenn Sie über dieses Thema nachdenken. Liegt es daran, dass Sie in Ihrem Leben zu wenig Sinn erkennen können? Vielleicht fragen Sie sich, wozu Sie auf der Welt sind, und es bedrückt Sie, dass Sie das, was Sie jetzt haben, eines Tages unweigerlich verlieren werden.

Solche Gedanken markieren oft den Beginn einer spirituellen Suche. Viele suchen ihr Heil dann in einer Religion mit Ritualen und heiligen Texten oder in einer offeneren Art von Spiritualität. Auf diesen Wegen finden sie vielleicht zu tiefen Wahrheiten, die jedoch nicht für alle Menschen das Richtige sind.

Vorstellung und Wirklichkeit

Glück ist eine Vorstellung, die wir aus Indizien ableiten. Wir halten uns zum Beispiel für glücklich, weil wir einen liebevollen Partner haben, gut verdienen und gesund sind. Im Zuge dieser Verallgemeinerung treten wir einen Schritt zurück vom Jetzt und damit von der Realität. Achtsamkeit bedeutet, die Aufmerksamkeit ganz auf die gegenwärtige Erfahrung zu richten, ohne sie zu beurteilen. Daraus folgt, dass wir uns, wenn wir eine achtsame Haltung einnehmen, nicht an die Vorstellung von Glück klammern werden.

Jenseits des Glücks

Wenn Sie tief in sich ein Unbehagen verspüren, stellt die Praxis der Achtsamkeit eine Einladung an Sie dar, dieses Empfinden zu ergründen. Sobald Sie die Aufmerksamkeit darauf fokussieren, tritt die Idealvorstellung vom Glück in den Hintergrund – ebenso die Frage, die Sie beunruhigt hat: Besteht mein

> **Wenn Sie einen Weg gehen, auf dem Sie Ihr Potenzial als Mensch so weit wie möglich entfalten können, ist Ihr Leben so sinnerfüllt, wie Sie sich das nur wünschen können.**

Problem darin, dass ich keinen tieferen Sinn im Leben sehe oder dass ich nicht so glücklich bin, wie ich dachte? Das sind lediglich ausformulierte Gedanken, die für Ihr Leben im Jetzt ohne Bedeutung sind. Manchmal verschlimmern diese Worte die innere Unruhe, da sie intellektuelle Verwirrung auslösen. Achtsamkeit hilft, ganz bei sich zu bleiben und sich nicht von einer Vorstellung einengen zu lassen, die auf äußeren Lebensumständen basiert. Sie eröffnet stattdessen einen Raum, in dem echtes Glück entstehen kann.

Die Frage danach, welchen Sinn Ihr Leben hat, löst sich in Luft auf, wenn Sie bei der Achtsamkeitsmeditation erfahren, wie Sie im Jetzt mit der Welt in Einklang sein können. Wenn Sie sich genug Zeit zum Üben nehmen, entfaltet sich aus dem Ruhepunkt des Selbst heraus eine akzeptierende, empathische und mitfühlende Haltung. Sie beginnen zu verstehen, dass das Leid der Menschen daher rührt, dass sie das Leben aus einer nicht hilfreichen Perspektive betrachten. Denn so finden sie keinen Zugang zu der nährenden Quelle, die in jedem von uns existiert. Aus Sicht der Achtsamkeit liegt der Sinn des Lebens in ihm selbst und schließt all jene Menschen ein, denen wir das Wertvolle schenken, das wir zu geben haben. Wir praktizieren Achtsamkeit nicht, um etwas Besonderes zu werden, sondern weil wir bereits etwas Besonderes sind.

DIE GOLDENE SÄULE

Die Qualitäten und Werte, die unserer Existenz wahren Sinn verleihen, lassen sich mit einer goldenen Säule vergleichen. Viele Menschen gründen ihr Leben auf falsche Werte, die zwar verlockend erscheinen mögen, aber nicht dauerhaft tragen. Andere orientieren sich an Zielen, die durchaus erstrebenswert sind, aber keinen wahren Sinn vermitteln können. Die Achtsamkeitsmeditation hilft uns, unser Leben auf die goldene Säule zu gründen und auf dem Weg hin zum Erwachen des Selbst vorwärtszugehen.

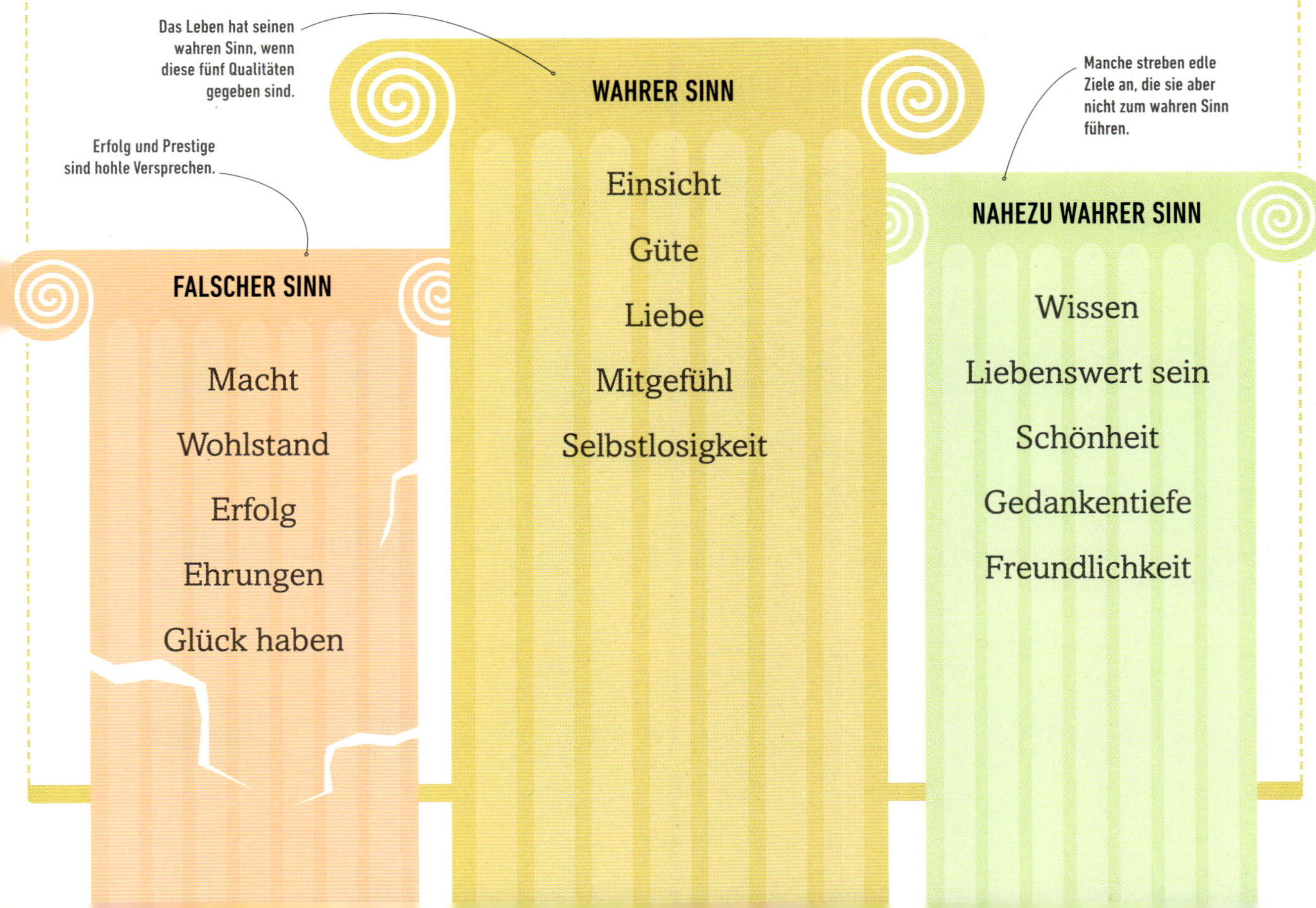

ACHTSAMKEITS-MEDITATION

Die wesentlichen Achtsamkeitsmeditationen – vom Fokussieren auf ein Objekt bis hin zur Arbeit mit Körper und Atem – sind der Schlüssel zu einem zufriedeneren Leben.

ERSTE SCHRITTE

EINFÜHRUNG IN DIE MEDITATIONSPRAXIS

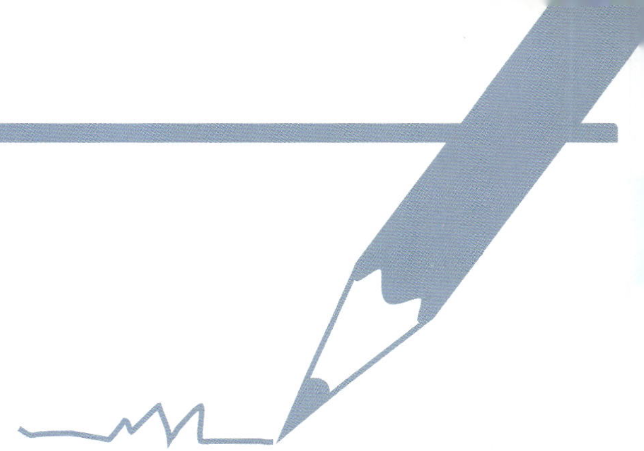

Dieses Kapitel stellt grundlegende Achtsamkeitsübungen vor. Dabei handelt es sich nicht um seltsame, esoterische Rituale, sondern um etwas, das Sie ohne Weiteres in Ihren Alltag integrieren können. Damit beginnt Ihre Reise hin zur Achtsamkeit im Alltag.

Beim Meditieren ist es so, als befänden sich Ihre Sinnesempfindungen, Gedanken und Gefühle hinter Glas, etwa wie in einem Aquarium. Setzen Sie sich bequem hin und beobachten Sie in Ruhe, was geschieht. Um Sie herum ist es friedlich, selbst wenn sich im Aquarium alle möglichen Dramen abspielen und es darin recht chaotisch zugehen kann. Ab diesem Moment werden Sie ganz zum Beobachter (siehe S. 73); Ihr innerer Kritiker ist nicht mit von der Partie. Achtsamkeit bedeutet, bewusst und ohne Wertung im Jetzt zu sein. Sollte der Kritiker sich dennoch hineinstehlen, ignorieren Sie ihn und seine Kommentare: Er verschwindet, wenn Sie ihn nicht beachten.

Die traditionelle Meditationspraxis sieht vor, dass Sie täglich eine bestimmte Zeit für Ihre Meditationsübung reservieren. Wie lange Sie meditieren wollen, bleibt Ihnen überlassen. Für absolute Neulinge sind fünf bis zehn Minuten ein guter Anfang.

Tägliches Üben

Um das Meditieren ranken sich eine Vielzahl von Mythen (siehe Kasten rechts), aber seien Sie ganz beruhigt: Rituale – besondere Kleidung tragen, einen Talisman anlegen, Entspannungsmusik auflegen oder Räucherstäbchen anzünden – oder gar Hokuspokus sind nicht nötig. Wenn Sie meditieren

FÜNF TIPPS FÜR ANFÄNGER

Zu Beginn wird Ihnen das Meditieren fremd vorkommen. Vielleicht fühlen Sie sich etwas verloren. Beherzigen Sie folgende einfache Tipps, die Ihnen eine erste Orientierung geben. Übertragen Sie sie in Ihr Meditationstagebuch, rekapitulieren Sie sie vor jeder Sitzung und notieren Sie sich, welche Tipps geholfen haben – und welche nicht.

1

Gehen Sie liebevoll mit sich um. Meditierende nennen das »Selbstmitgefühl«. Seien Sie großzügig und einfühlsam.

2

Stellen Sie sich auf Lernen und Beobachten ein. Das ist das Einzige, was Sie sich für eine Meditation vornehmen sollten.

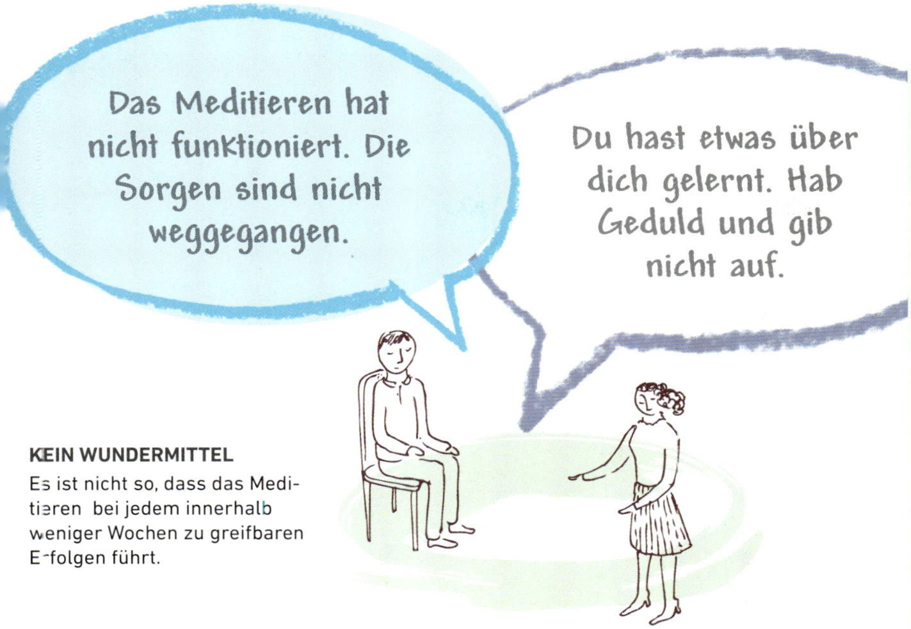

KEIN WUNDERMITTEL
Es ist nicht so, dass das Meditieren bei jedem innerhalb weniger Wochen zu greifbaren Erfolgen führt.

möchten, fangen Sie einfach damit an – und zwar für einen vorher festgelegten Zeitraum.

Idealerweise meditieren Sie täglich, zumindest aber, wenn es Ihnen irgend möglich ist, jeden zweiten Tag. Es gibt eine große Auswahl an Grundübungen, die entweder an Atmung, Körper, Objekten oder Gefühlen ansetzen und auf den folgenden Seiten vorgestellt werden. Probieren Sie eine nach der anderen für jeweils zwei Wochen aus. Finden Sie auf diese Weise heraus, welche sich am besten für Sie eignet. Alternativ können Sie verschiedene Übungen zu einem gemischten Programm kombinieren (siehe S. 88–91). Dabei gilt grundsätzlich: Die Entscheidung, wie Sie vorgehen, liegt bei Ihnen – es gibt kein Richtig oder Falsch.

ZEHN MYTHEN ÜBER MEDITATION

Meditation wird oft missverstanden. Geläufige Legenden sind:

1 Meditation ist eine Entspannungstechnik.
2 Meditieren geht nur an einem ruhigen Ort oder in einem Tempel.
3 Wer meditiert, engt seine Aufmerksamkeit ein.
4 Beim Meditieren machen wir uns leer.
5 Nur sehr spirituelle Menschen meditieren.
6 Man meditiert immer im Schneidersitz.
7 Meditieren setzt innere Ruhe voraus.
8 Meditation ist eine Art Selbsthypnose.
9 Wer meditiert, hat seine Gedanken unter Kontrolle.
10 Eine Meditation gelingt oder scheitert.

3

Seien Sie nachsichtig mit sich. Wenn Sie einmal nicht üben, ärgern Sie sich nicht. Nichts ist verloren – wenden Sie sich einfach wieder dem Jetzt zu.

4

Sprechen Sie über Achtsamkeit. Sich mit anderen über Meditationserfahrungen auszutauschen ist kein Muss, kann aber Motivation und Ausdauer fördern.

5

Danken Sie zum Abschluss sich selbst. Und zwar dafür, dass Sie sich in Ihrem geschäftigen Alltag hinreichend Zeit für Ihre Übungen genommen haben.

DIE RICHTIGE MISCHUNG

EINEN ÜBUNGSPLAN AUFSTELLEN

Anfangs sind Sie vielleicht unsicher, ob Sie es richtig machen, und fragen sich: Führe ich die passenden Meditationen lange genug und in der richtigen Reihenfolge durch? Solche Sorgen sind unbegründet: Achtsamkeit ist ein Prinzip, das sich in unendlich vielen Spielarten anwenden lässt.

Ein Patentrezept für erfolgreiche Achtsamkeitsübungen gibt es nicht. Während sich die einen eher auf die in diesem Kapitel beschriebenen (und im Kasten rechts aufgelisteten) Grundformen der Achtsamkeitsmeditation konzentrieren, passen die anderen ihre Übungen, was Art und Kombination angeht, lieber an ihre Vorlieben an.

Jon Kabat-Zinn, ein Pionier der Achtsamkeit moderner Prägung, entwickelte ein achtwöchiges Programm, das auf seinen Erfahrungen aus der therapeutischen Arbeit mit verschiedensten Klienten beruhte. Die Zeitspanne von acht Wochen hat nichts Magisches an sich – sie ist schlicht lang genug, dass sich die positiven Wirkungen der Achtsammeditation zeigen können. Außerdem haben Anfänger nach dieser Zeit ein gewisses Maß an Übung erreicht.

ZEIT FÜR SICH SELBST

Besser Sie meditieren täglich ein wenig als gar nicht – machen Sie sich nicht runter, wenn Sie wenig Zeit haben.

Aufbauprogramme

Auf den Seiten 90 und 91 finden Sie drei unterschiedlich lange Meditationsprogramme zum Ausprobieren. Sie sollen nicht als feste Vorgaben verstanden werden, sondern sind als Anregungen gedacht. Haben Sie sich für eines der Programme entschieden und es in Ihren Alltag eingebaut, müssen Sie nicht mehr jedes Mal aufs Neue überlegen, wie Sie Achtsamkeit trainieren können: Folgen Sie einfach dem Plan. Sollten Sie einmal keine Zeit finden oder das Gefühl haben, dass Sie auch einmal eine Pause von der Achtsamkeit benötigen, brauchen Sie kein schlechtes Gewissen zu haben. Fühlen Sie sich frei darin, das gewählte Programm, ausgehend von den Erfahrungen, die Sie mit den Übungen machen, an Ihre zeitlichen Möglichkeiten anzupassen.

Meditationszeiten

Wie bei der Form gibt es auch bei Länge und Häufigkeit der Meditation kein Richtig oder Falsch. Eine Studie mit Absolventen eines achtwöchigen Meditationskurses ergab, dass die durchschnittliche Länge einer Meditationssitzung am Ende des Kurses bei den Teilnehmern bei täglich 23 Minuten lag. Bei diesen Personen war die Aktivität in den mit Wohlbefinden assoziierten Gehirnarealen deutlich erhöht und in den mit Stress verknüpften geringer. Dies legt nahe, dass 20 bis 25 Minuten tägliches Meditieren das Wohlbefinden merklich zu steigern vermögen. Einzelne Berichte lassen sogar den Schluss zu, dass bei manchen Menschen das Stressniveau bereits bei zehn Minuten Achtsamkeitsmeditation pro Tag sinkt und das Wohlbefinden zunimmt.

Wenn Sie Ihr erstes Übungsprogramm absolviert haben, wissen Sie genug über die Praxis der Achtsamkeit, um selbst zu entscheiden, wie Sie fortfahren möchten. Sie können zum Beispiel ein Programm wiederholen, wenn Sie das wollen, zwischendurch aber Phasen einlegen, in denen Sie weniger häufig meditieren. Wenn Sie sich nicht in der Lage fühlen, sich eine eigene Struktur zurechtzulegen, vom bisherigen Vorgehen aber profitiert haben, machen Sie einfach so weiter – mit den jeweils für Sie passenden Modifikationen.

TRADITIONELLE ÜBUNGEN

Hier finden Sie Anleitungen zu Achtsamkeitsmeditationen:

ATEMÜBUNG: S. 96–99
KÖRPER-UND-ATEM-ÜBUNGEN: S. 106–109
OBJEKTÜBUNGEN: S. 114–119
BODYSCAN: S. 120–125
GEH-MEDITATION: S. 132–135
MEDITATION ÜBER LIEBENDE GÜTE: S. 139–141
BERG-MEDITATION: S. 144–147

Sie können auch in freierer Form meditieren. Beispiele für solche Möglichkeiten finden Sie auf folgenden Seiten:

LAUB FEGEN: S. 22–23
ARBEITEN IM HAUSHALT: S. 76–77

Die Grundlage bilden die Atem- sowie die Körper-und-Atem-Übungen. Daher ist es ratsam, sich zunächst mit diesen vertraut zu machen. Später werden Sie die einen oder andere Übungen bevorzugt durchführen: Sind Sie von Ihrem Wesen her mitfühlend, wird Sie die Meditation über liebende Güte ansprechen. Wenn Sie die Natur lieben und gern draußen sind, ist die Berg-Meditation das Richtige für Sie.

Bei Fortgeschrittenen-Übungen wie dem Bodyscan können unangenehme Emotionen aufkommen. Zwingen Sie sich zu nichts und gehen Sie auf Distanz, wenn Sie zu aufgewühlt sind. Beschränken Sie sich eine Weile auf einfachere Atem- sowie Körper-und-Atem-Übungen. Tasten Sie sich an tiefere Meditationen langsam heran, sobald Sie bereit dafür sind.

MEDITATIONS-ÜBUNGEN

DREI PROGRAMME FÜR MEHRERE WOCHEN

Ein vorgegebenes Meditationsprogramm sorgt für Struktur, wenn Sie sich mit Achtsamkeit beschäftigen. Es soll Sie aber nicht einengen, sondern Ihnen helfen. Hier sind drei Programme für diejenigen, die sich gern an Empfehlungen orientieren möchten.

Wer das Meditieren mit einer festen Struktur ausprobieren möchte, findet auf diesen Seiten ein eigens konzipiertes Acht-Wochen-Programm, zudem zwei kürzere Programme. Jedes davon können Sie nach Belieben erweitern oder verkürzen. Ziel ist, dass Sie sich, nachdem Sie eines der Programme durchlaufen haben, zutrauen, Elemente daraus dauerhaft in Ihren Alltag zu integrieren.

ANFÄNGER: ATEM UND KÖRPER

VIER WOCHEN MIT EINER STEIGERUNG VON 10 AUF 30 MINUTEN TÄGLICH

Woche 1 **Atemübung:** 10 Minuten täglich. Üben Sie Achtsamkeit bei mindestens zwei Mahlzeiten, zwei Tätigkeiten im Haushalt und zwei halbstündigen Spaziergängen.

Woche 2 **Atemübung:** 20 Minuten täglich. Nehmen Sie **Geh-Meditationen** hinzu und üben Sie Achtsamkeit wie in Woche 1.

Woche 3 **Körper-und-Atem-Übung:** 20 Minuten jeden zweiten Tag im Wechsel mit **Geh-Meditation** oder **Atemübung.** Nehmen Sie **Objektübungen** hinzu, behalten Sie achtsame Mahlzeiten, Haushaltstätigkeiten und Spaziergänge nach eigenem Ermessen bei und üben Sie Achtsamkeit in Gesprächen.

Woche 4 **Körper-und-Atem-Übung:** 30 Minuten täglich; stattdessen oder zusätzlich **Atem-** oder **Objektübung, Geh-** oder **Berg-Meditation,** wann immer Sie möchten. Setzen Sie Achtsamkeit weiterhin bei Alltagsabläufen und in Gesprächen ein.

ANFÄNGER: ATEM, KÖRPER, EINSICHT

SECHS WOCHEN MIT EINER STEIGERUNG VON 10 AUF 30 MINUTEN TÄGLICH

Woche 1 **Atemübung:** 10 Minuten täglich. Setzen Sie Achtsamkeit bei mindestens zwei Mahlzeiten, zwei Haushaltstätigkeiten und zwei halbstündigen Spaziergängen ein.

Woche 2 **Atemübung:** 20 Minuten täglich. Nehmen Sie **Geh-Meditationen** hinzu und üben Sie Achtsamkeit wie in Woche 1.

Woche 3 **Körper-und-Atem-Übung:** 20 Minuten jeden zweiten Tag im Wechsel mit **Geh-Meditation** oder **Atem-Übung.** Nehmen Sie **Objektübungen** hinzu, behalten Sie achtsame Mahlzeiten, Haushaltstätigkeiten und Spaziergänge nach eigenem Ermessen bei, probieren Sie Achtsamkeit in Gesprächen aus.

Woche 4 **Bodyscan:** 30 Minuten täglich; stattdessen oder zusätzlich **Atem-** oder **Objektübung, Geh-** oder **Berg-Meditation,** wann immer Sie möchten. Setzen Sie Achtsamkeit weiterhin bei Alltagsabläufen und in Gesprächen ein.

Woche 5 Ablauf wie in Woche 4.

Woche 6 **Bodyscan:** 30 Minuten täglich; stattdessen oder zusätzlich **Atem-** oder **Objektübung, Geh-** oder **Berg-Meditation,** wann immer Sie möchten. Ersetzen Sie einen der Bodyscans durch eine **Meditation über liebende Güte.** Bringen Sie Achtsamkeit weiterhin in Alltagsabläufe und Gespräche ein.

FORTGESCHRITTENE: ATEM, KÖRPER, EINSICHT

ACHT WOCHEN MIT EINER STEIGERUNG VON 10 AUF 30 UND JE NACH WUNSCH AUF 40 MINUTEN TÄGLICH

Woche 1 **Atemübung:** 10 Minuten täglich. Seien Sie achtsam bei mindestens zwei Mahlzeiten, zwei Haushaltstätigkeiten und zwei halbstündigen Spaziergängen.

Woche 2 **Körper-und-Atem-Übung:** 20 Minuten jeden zweiten Tag im Wechsel mit **Geh-Meditation** oder **Atemübung.** Üben Sie Achtsamkeit wie in Woche 1.

Woche 3 **Körper-und-Atem-Übung:** 20 Minuten jeden zweiten Tag im Wechsel mit **Geh-Meditation** oder **Atemübung.** Nehmen Sie **Objektübungen** hinzu, behalten Sie achtsame Mahlzeiten, Haushaltstätigkeiten und Spaziergänge bei, probieren Sie Achtsamkeit in Gesprächen aus.

Woche 4 **Körper-und-Atem-Übung:** 20 Minuten jeden zweiten Tag, im Wechsel mit **Geh-Meditation** oder **Atemübung.** Nehmen Sie Objektübungen hinzu, behalten Sie Achtsamkeit bei Mahlzeiten, Haushaltstätigkeiten, Spaziergängen und Gesprächen bei.

Woche 5 **Bodyscan:** 30 Minuten täglich; stattdessen oder zusätzlich **Atem-** oder **Objektübung, Geh-** oder **Berg-Meditation,** wann immer Sie möchten. Beziehen Sie Achtsamkeit weiterhin in Alltagsaktivitäten ein.

Woche 6 **Bodyscan:** 30 bis 40 Minuten täglich; stattdessen auch **Atem-** oder **Objektübung, Geh-** oder **Berg-Meditation.** Beziehen Sie Achtsamkeit weiterhin in den Alltag ein.

Woche 7 **Bodyscan:** 30 bis 40 Minuten täglich; stattdessen auch **Atem-** oder **Objektübung, Geh-** oder **Berg-Meditation;** mindestens vier Bodyscans, außerdem mindestens zwei **Meditationen über liebende Güte.** Beziehen Sie Achtsamkeit weiterhin in den Alltag ein.

Woche 8 **Bodyscan:** 30 bis 40 Minuten jeden zweiten Tag im Wechsel mit **Meditationen über liebende Güte;** stattdessen auch an einem Tag oder zwei Tagen **Atem-** oder **Objektübung, Geh-** oder **Berg-Meditation;** mindestens drei Bodyscans und zwei **Meditationen über liebende Güte.**

IMMER SACHTE
GRUNDLAGEN DER MEDITATION

Achtsamkeitsmeditation ist einfach – lassen Sie sich nicht einschüchtern. Sie sitzen in einem ruhigen Raum und befolgen ein paar simple Anweisungen. Jede Erfahrung, die Sie dabei machen, werden Sie rückblickend als Bereicherung empfinden.

AUFMERKSAMKEIT UND ERFAHRUNG

Der Zustand der Achtsamkeit ist für die meisten Menschen eine neue und befreiende Erfahrung. Achtsamkeitsmeditation bedeutet:

- Aufmerksamkeit ausrichten
- Aufmerksam bleiben
- Erfahrungen zulassen
- Erfahrungen akzeptieren
- Erfahrungen loslassen

Mit Entschlossenheit und einem bestimmten Ziel im Blick ans Meditieren heranzugehen ist ein typischer Anfängerfehler. Auch wenn Zielgerichtetheit und das Überprüfen der eigenen Fortschritte in vielen Lebensbereichen wünschenswert ist, etwa im Beruf – Meditation funktioniert anders. Ein Ziel vor Augen zu haben, eine feste Vorstellung davon, wohin die Meditation führen soll, stört die unmittelbare Erfahrung. Achtsamkeit ist nicht zielgerichtet. Bewusstes Gewahrsein erfordert keine klar umrissenen Absichten, sondern völlige Offenheit. Achtsamkeitsmeditation bedeutet, sich in diesem Gewahrsein zu üben, ganz im Jetzt, fokussiert und ohne zu urteilen.

DEN GEDANKEN RAUM LASSEN

Fokussieren Sie bei Ihrer ersten Achtsamkeitsmeditation ganz auf die Atmung. Das gelingt Ihnen am besten, wenn Sie jedem Atemzug auf dem Weg durch den Körper genau nachspüren. Sollten störende Gedanken auftauchen, können Sie sie ganz leicht loswerden, indem Sie die Aufmerksamkeit sachte auf die Atmung zurücklenken. Vielleicht kommen Sie auf die Idee, zusätzlich zum bewussten Atmen Ihre Atemzüge zu zählen, um weniger Platz für störende Gedanken zu lassen. Das passt jedoch nicht zur Achtsamkeitsmeditation, da es gut ist, Raum für herumstreunende Gedanken zu lassen – schauen Sie ihnen zu und lassen Sie sie ziehen.

Eine feste Vorstellung davon, wohin die Meditation letztendlich führen soll, stört die unmittelbare Erfahrung.

Die Einstiegsübungen sind so leicht, dass »Übung« nicht ganz das richtige Wort ist, da man dabei unwillkürlich an Mühsal und methodisches Vorgehen denkt. Doch das Einzige, das Mühe macht, ist tatsächlich anzufangen und bis zum Ende dabeizubleiben. Sie richten Ihren Geist sachte und beharrlich auf den gewählten Fokus aus, dafür ist keine spezielle Technik nötig. Wenn Ihnen der Gedanke kommt, Sie würden etwas falsch machen, haben Sie ein Urteil gefällt. Doch Achtsamkeit besteht gerade darin, auf Urteile zu verzichten. Wenn Sie sich Sorgen machen, weil Ihre Gedanken beim Meditieren abschweifen, ist auch das ein Urteil. Es wird immer wieder passieren, dass alle möglichen Dinge – Erinnerungen, Sinneseindrücke, Gefühle, Grübeleien – den Geist vom gewählten Fokus abbringen. Das gehört zum Meditieren dazu und lehrt Sie etwas Wesentliches: Die Praxis der Achtsamkeit besteht genau darin, Ablenkungen wahrzunehmen und zum Fokus zurückzukehren.

Mit ablenkenden Gedanken, Gefühlen und Sinneseindrücken achtsam umzugehen heißt, sich ihrer bewusst zu werden und sie loszulassen. Bei der Meditation geht es allein um Achtsamkeit. Durch sie lernen wir uns selbst besser zu verstehen. Loslassen bedeutet, sich nicht in die Dinge hineinziehen zu lassen, die ungebeten in den Kopf kommen, und nicht in einen Dialog mit ihnen zu treten. Sie sind der Beobachter, nicht der Kritiker; deshalb schauen Sie nur.

Fokussieren Sie auf den Atem. Schauen Sie vagabundierenden Gedanken zu. Lassen Sie sie ziehen.

GEDANKEN BEISEITE FEGEN

Wie Sie Gedanken loslassen, veranschaulicht das folgende Bild: Sie sind im Garten und es schneit. Mit einem Besen fegen Sie die Flocken sachte fort. Um den Garten freizuhalten, müssen Sie weiterfegen, solange es schneit. Das Fegen ist kein Kampf mit dem Schnee, sondern ein Akt der Reinigung. Sie haben keine Kontrolle über das Herabrieseln der Flocken, ignorieren es aber auch nicht, sondern nehmen es zur Kenntnis. Sie gehen unaufgeregt und entspannt damit um, sorgen aber dafür, dass sich die Flocken nicht festsetzen.

KÖRPERHALTUNG

BEWUSST SITZEN

Im Sitzen zu meditieren heißt, aufrecht, wach und gleichzeitig entspannt zu sein. Dabei sitzen Anfänger oft lieber auf einem Stuhl als auf dem Boden. Machen Sie sich in jedem Fall klar: Meditieren ist kein Sport, entscheidend ist nicht, was Sie mit Ihren Beinen, sondern was Sie mit Ihrem Geist tun.

Während der Geist immer wieder zwischen Vergangenheit und Zukunft wechselt, bleibt der eigene Körper zuverlässig im Jetzt. Folglich ist der beste Einstieg in die Praxis der Achtsamkeit dessen Wahrnehmung. Der Körper hält immer eine Einladung ins Hier und Jetzt bereit. Diese anzunehmen ist die Grundlage für Ihre erste Achtsamkeitsmeditation – und wird bald zum vertrauten Ausgangspunkt für alle künftigen Übungen. Die meisten entscheiden sich dafür, anfangs im Sitzen zu meditieren, weil die Position gewohnt, bequem und fast überall machbar ist. Aufrechtes Sitzen hilft, gleichzeitig wach und entspannt zu sein.

Vorbereitung

Tragen Sie bequeme Kleidung und lockern Sie einengende Gürtel oder Bündchen. Wählen Sie einen ruhigen Ort, an dem Sie ungestört sind. Dann setzen Sie sich aufrecht auf einen Stuhl (siehe S. 98) oder in den Schneidersitz auf ein Kissen am Boden. Folgen Sie den Anweisungen, um eine bequeme Position zu finden, die Sie unangestrengt halten können. Seien Sie wie ein Berg: fest, ausgewogen, geerdet, würdevoll.

Machen Sie vor der Meditationsübung folgendes Experiment, um sich auf die bevorstehenden Sinneseindrücke vorzubereiten. Lassen Sie den Aufmerksamkeitsfokus durch den Körper wandern. Was spüren Sie?

- Sitzen: Druck von Boden oder Stuhl auf Füße oder Beine
- Muskelspannung: Veränderung der Spannung mit dem Atem
- Bewegung in Brust, Brustkorb, Bauchraum: spür- und hörbare Luftbewegungen
- Einfluss von Emotionen und Stimmung: Empfindung von Stirnrunzeln oder Gähnen
- Körperliche Bedürfnisse: Müdigkeit, Hunger, Durst

AUF EINEM STUHL SITZEN

Setzen Sie sich so hin, dass der Rücken hinreichend gestützt und die Muskeln entspannt sind. Ein Kissen hilft, Kontakt zwischen dem oberen Teil des Rückens und der Rückenlehne zu vermeiden.

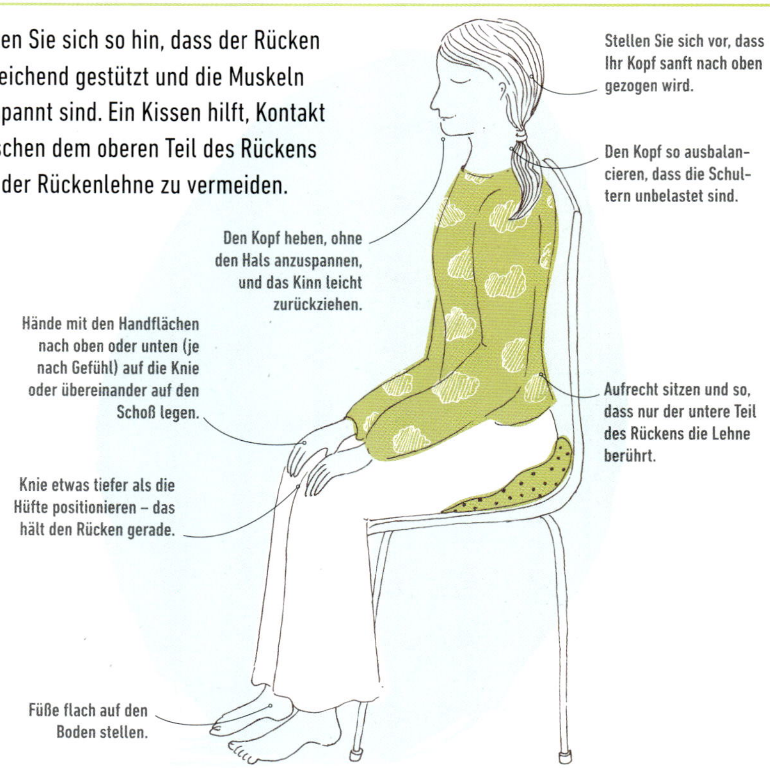

AUF DEM BODEN SITZEN

Wenn Sie gelenkig sind und möglicherweise Yoga-Erfahrung haben, sitzen Sie vielleicht lieber auf dem Boden, das Gesäß leicht erhöht auf einem Kissen. Hier sehen Sie drei übliche Meditationshaltungen.

HALBER LOTUSSITZ

Beim vereinfachten Lotussitz liegt nur ein Fuß auf dem gegenüberliegenden Oberschenkel.

Diese Haltung öffnet wie der Lotussitz das Becken. Sie eignet sich auch für weniger Gelenkige, ist für Anfänger aber dennoch schwierig.

DAS BECKEN ANHEBEN

Wenn Sie sich auf ein Kissen setzen, ist das Becken erhöht und die Knie sind näher am oder stärker in Kontakt mit dem Boden. Sie fühlen sich dadurch stabil und »geerdet«.

Der Körper hält immer eine Einladung ins Hier und Jetzt bereit – nehmen Sie sie an.

LOTUSSITZ

Sie sitzen mit überkreuzten Beinen, die Füße liegen auf den Oberschenkeln gegenüber; das erfordert Gelenkigkeit. Nie die Beine in diese Position zwingen; stellen sich unangenehme Empfindungen in Knien oder Knöcheln ein, abbrechen.

Die Fußsohlen zeigen in dieser symmetrischen, ausgewogenen Haltung nach oben.

BURMESISCHER SITZ

Die Beine sind gekreuzt, die Füße ruhen auf dem Boden; die Knie sollten möglichst ebenfalls auf dem Boden aufliegen.

Die Hände sollten aufliegen. Andernfalls tragen die Schultern das ganze Gewicht der Arme und neigen dazu, sich zu verspannen.

Die linke Ferse lehnt sanft am rechten Bein.

Wechseln Sie bei jeder Meditation die Beinposition.

FREI ATMEN

SCHRITT FÜR SCHRITT ZUM ACHTSAMEN ATMEN

Wir atmen die ganze Zeit über, gewöhnlich achten wir aber nicht darauf. Diese Meditation lenkt die Aufmerksamkeit aufs Atmen. Wir registrieren Ablenkungen und lassen sie ziehen. Der Geist will wandern. Wir müssen ihm dafür Raum lassen und den Ablenkungen mit Respekt begegnen.

Wenn Sie anders atmen, als Sie es gewohnt sind, zum Beispiel weil Sie steil bergauf gehen oder aufgewühlt sind, nehmen Sie das möglicherweise bewusst wahr. Ansonsten ist Ihr Geist meist mit anderen Dingen beschäftigt. Die Kontinuität der Atmung macht sie zum idealen Objekt einer Achtsamkeitsmeditation. Sie bietet jederzeit die Möglichkeit, dass wir uns im Augenblick verankern können.

Einfach lockerlassen

Zerbrechen Sie sich nicht den Kopf darüber, wie lange Ihre Meditation dauert. Beim ersten Mal werden Ihnen wahrscheinlich schon fünf Minuten im »Seinsmodus« ewig vorkommen, weil er sich generell vom normalen »Aktionsmodus« unterscheidet. Sie werden eine geistige Unruhe spüren, sich fragen, ob das Meditieren funktioniert, ob Sie es durchhalten werden oder ob Sie überhaupt fähig dazu sind. Dass Ihr Geist so umherirrt, ist nicht erstaunlich. Es wäre eher ungewöhnlich, wenn Sie in einem derart frühen Stadium den Fokus auf der Atmung halten könnten.

Lassen Sie sich davon nicht entmutigen und bleiben Sie weiter am Ball. Denken Sie an Jon Kabat-Zinns Rat für Anfänger: Meditation muss keinen Spaß machen. Lassen Sie sich einfach darauf ein, dann entfaltet sie mit der Zeit ihre Wirkung.

Meditieren muss keinen Spaß machen. Einfach darauf einlassen – die Wirkung stellt sich mit der Zeit schon ein.

WAS SIE BEIM ATMEN WAHRNEHMEN

Wir atmen den ganzen Tag, auch im Schlaf, ohne uns dessen bewusst zu sein. Atmung ins Zentrum einer Achtsamkeitsmeditation zu rücken heißt nicht, bewusst und aktiv ein- und auszuatmen, sondern dem Atem auf seinem Weg hinein und hinaus »zuzuschauen«. Das ist keine Wortklauberei: Bei der Achtsamkeitsmeditation identifizieren wir uns nicht mit Dingen, die in unser Bewusstseinsfeld treten, sondern lassen die Erfahrung einfach zu. Das Atmen ist mit verschiedenen Sinnesempfindungen verbunden, die Sie beobachten können – das Strömen von Luft, Muskelbewegungen, Druckempfindungen oder ein Kitzeln in der Nase. Wählen Sie eine dieser Wahrnehmungen aus und richten Sie während der Meditation Ihre Aufmerksamkeit darauf.

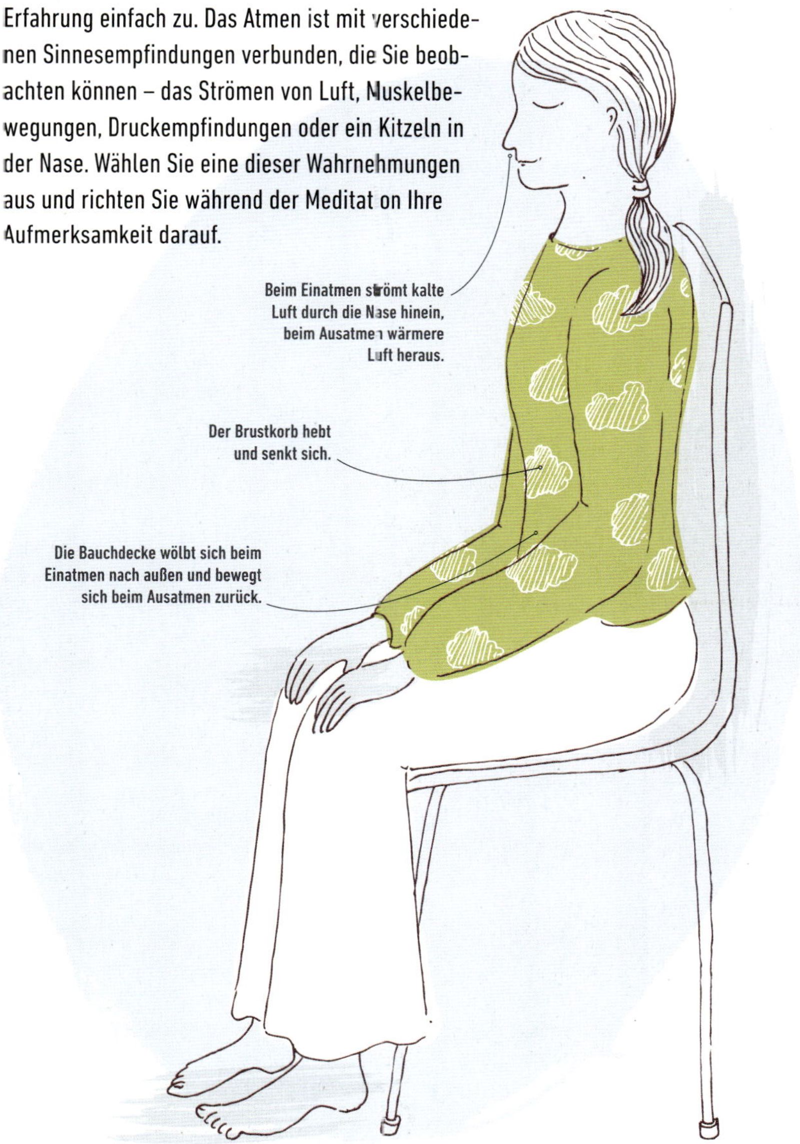

UMGANG MIT UNBEHAGEN UND ABLENKUNGEN

Machen Sie sich keine Vorwürfe, wenn Ihre Gedanken abschweifen: Lenken Sie die Aufmerksamkeit einfach sachte auf den Atem zurück. Achtsam sein heißt, das Abschweifen zu registrieren und dann etwas dagegen zu tun. Es kann Ihnen ein kleines Erfolgserlebnis bescheren, wenn Sie den Geist wieder aufs Atmen lenken.

Nicht nur Gedanken und Gefühle können Sie bei der Achtsamkeitsmeditation ablenken, auch die Körperhaltung kann Unbehagen bereiten, etwa wenn die Knie schmerzen oder der Rücken verspannt ist. In diesem Fall haben Sie zwei Optionen.

BEI LEICHTEM UNBEHAGEN

Behalten Sie Ihre Position bei, aber achten Sie auf die Signale Ihres Körpers: auf den Ort und die Intensität. Seien Sie sich auch der gewohnheitsmäßigen Tendenz bewusst, Dinge schnell als angenehm, unangenehm oder neutral zu etikettieren. Experimentieren Sie damit, diese »mit neuen Augen« zu sehen. Begegnen Sie ihnen mit Neugier. Dadurch könnten sich Ihre Empfindungen verändern.

BEI GRÖSSEREM UNBEHAGEN

Ändern Sie Ihre Position auf achtsame Weise. Reagieren Sie nicht mit ruckartigen Bewegungen, sondern ändern Sie Ihre Haltung langsam. Integrieren Sie dies mit nicht urteilender Aufmerksamkeit in Ihre Achtsamkeitsmeditation.

weiter

FÜNF-MINUTEN-ATEMMEDITATION

Diese Übung ist ein Grundpfeiler der Achtsamkeitspraxis, ein guter Einstieg für Anfänger und die ideale Basis für die erste Woche eines Programms zum Üben von Achtsamkeitsmeditation.

1 Wählen Sie einen geraden Stuhl ohne Armlehnen, keinen Sessel. Verstellbare Stühle sind ideal: Justieren Sie die Höhe so, dass die Füße flach auf dem Boden stehen. Kippen Sie den Sitz leicht nach vorn, bis der untere Rücken gerade noch den Stuhlrücken berührt.

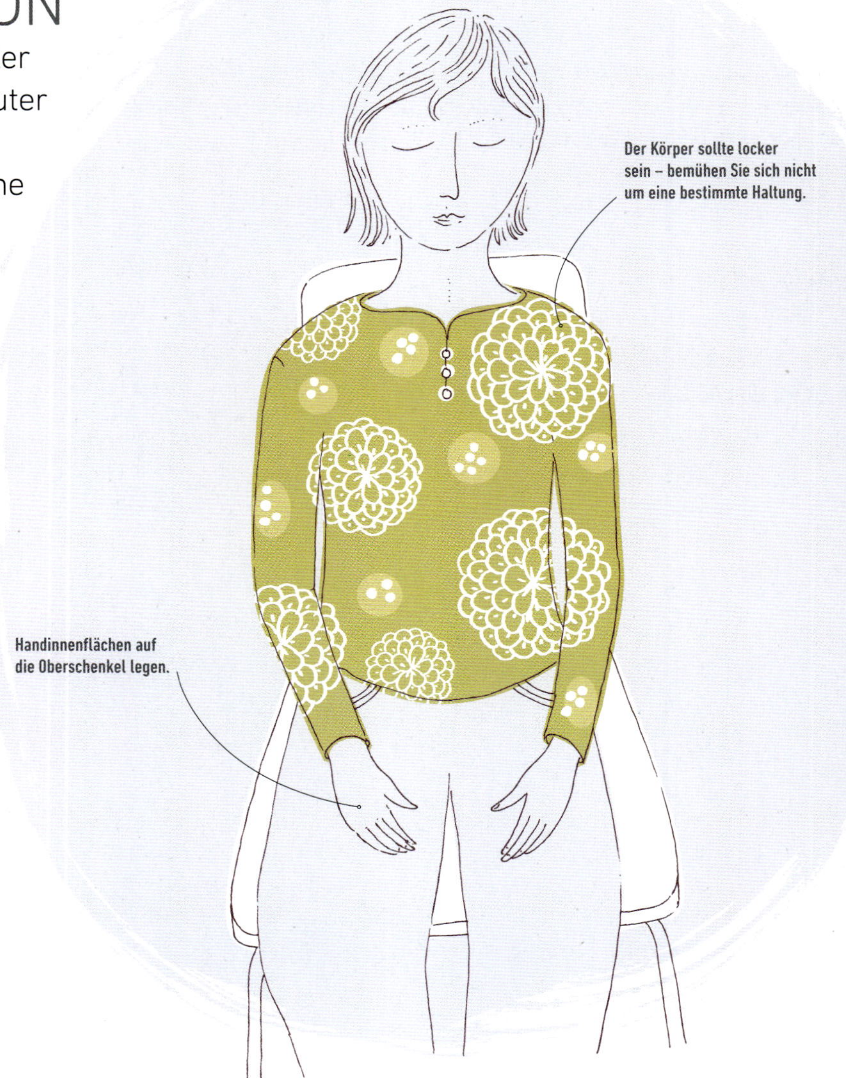

2 Schließen Sie die Augen oder richten Sie den Blick auf den Boden auf einen Punkt etwa einen Meter vor Ihnen, ohne ihn zu fixieren. Legen Sie die Hände auf die Oberschenkel – ob sie sich berühren, ist egal.

3 Lassen Sie Körper und Geist zur Ruhe kommen. Bleiben Sie dabei wach und aufnahmebereit. Wenn Sie sich anfangs nicht entspannen können und diese Anweisung das noch verschlimmert, springen Sie zu Schritt 4.

4 Achten Sie nun auf den Atem. Fokussieren Sie bei jedem Ein- und jedem Ausatmen die Stelle, an der er sich am deutlichsten bemerkbar macht. Manche achten auf das Heben und Senken der Bauchdecke, andere fokussieren lieber darauf, wie die Luft die Nasenlöcher passiert.

Sie können die Hände auf den Bauch legen. Das fördert die Aufmerksamkeit auf dessen Bewegungen beim Ein- und Ausatmen.

> »Wenn Sie atmen und wissen, dass Sie atmen, ist das Achtsamkeit beim Atmen.«
> Soren Gordhamer

ÜBER DIESE ÜBUNG

Positive Wirkungen: grundlegende Achtsamkeitsübung. Sie ist jederzeit praktizierbar, um sich mit dem Jetzt zu verbinden, und ein guter Einstieg in die Achtsamkeitsmeditation.

Häufigkeit: in der ersten Übungswoche täglich ausführen. Anschließend gehen Sie zur erweiterten Form über, zur Körper-und-Atem-Meditation (siehe S. 106–109).

Dauer: anfangs fünf Minuten, dann auf zehn Minuten ausdehnen, sobald Sie dazu bereit sind.

Wenn der Geist abschweift, lenken Sie ihn sachte zurück auf Ihren Atem.

Sie können versuchen, nur auf den Punkt zu fokussieren, an dem die Luft ein- und austritt.

5 Lassen Sie den Atem natürlich fließen, ganz wie sonst. Versuchen Sie nicht, besonders tief zu atmen. Sie konzentrieren sich jetzt auf das, was Sie normalerweise einfach als gegeben hinnehmen – auf einen natürlichen Ablauf, der von Anbeginn Ihres Lebens Teil Ihrer Erfahrungswelt ist.

6 Nach etwa fünf Minuten achtsamen Atmens öffnen Sie die Augen und nehmen die Umgebung wieder in sich auf. Manche stellen sich einen Wecker, andere empfinden das als störend, weil Sie dann nur auf das Klingeln warten. Machen Sie es so, wie es Ihnen behagt.

INNERE WOLKEN

GEDANKEN ZIEHEN LASSEN

Gedanken, die uns durch den Kopf gehen, sind wie Wolken, die am Himmel ziehen. Bei der Achtsamkeitsmeditation registrieren Sie diese Gedanken, nehmen sie als Erfahrung wahr, aber machen sie nicht größer, indem Sie geistige Energie auf sie verwenden.

Achtsamkeitsmeditation heißt, die Aufmerksamkeit bewusst zu lenken. Dazu gehört es auch, die Gedanken zu beobachten, die Ihnen durch den Kopf gehen. Oft erzeugen sie einen starken Sog, der Sie in die mit ihnen verknüpfte Geschichte hineinzuziehen versucht.

Während der Meditation werden Sie ab und an plötzlich merken, dass Sie vom gewählten Fokus abgekommen sind und stattdessen einem Gedanken nachhängen. Sobald Ihnen das auffällt, ist bereits eine Distanz zu ihm entstanden: Es kann nicht anders sein, denn sonst hätten Sie ihn nicht registriert. Aus der Gedankenverlorenheit aufzuwachen ist etwas, zu dem Sie sich gratulieren können. Solche »Aufwach«-Momente erlauben Ihnen, Gedanken als das zu sehen, was sie sind – Besucher, die an die Tür klopfen, während Sie mit Meditieren beschäftigt sind. Die Gedanken verdienen Beachtung, auch wenn Sie der Einladung, ihnen nachzugehen, nicht folgen möchten.

Helle und dunkle Wolken

Manche Gedanken durchqueren Ihren Geist wie zarte Wölkchen. Beispielsweise könnte Ihnen als leises Echo eine Bemerkung in den Sinn kommen, die jemand vor zehn Minuten fallen gelassen hat. Bei anderen Gedanken schwingen starke Emotionen mit, weil sie mit schwierigen Lebensthemen und

WIR SIND NICHT UNSERE GEDANKEN

Unsere Gedanken, besonders die kummervollen, haben oft eine persönliche Qualität: Sie fühlen sich nach dem eigenen Ich an. Unser Selbstwertgefühl leidet stark darunter, wenn wir uns mit negativen Gedanken wie den unten genannten identifizieren.

Wenn Sie sich von solchen Ich-Aussagen distanzieren, sobald sie Ihnen durch den Kopf gehen, und sie urteilslos betrachten, sehen Sie sie als das, was sie sind: Gedanken, keine Tatsachen. Deren Würgegriff lockert sich, wenn sie diesen Prozess bei Ihren Achtsamkeitsmeditationen immer wieder durchlaufen. Wir sind nicht das, was wir über uns denken.

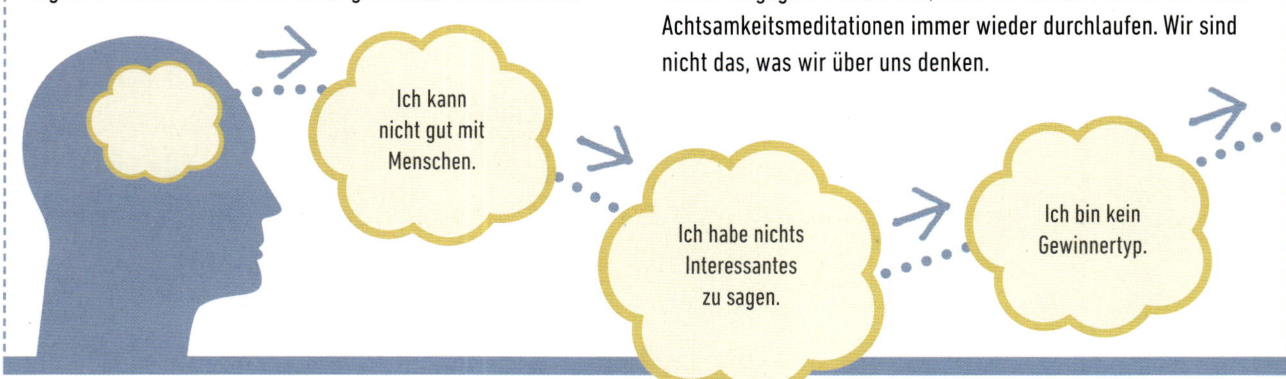

AUS GEDANKENKETTEN AUSSTEIGEN

Wenn sich Ihnen beim Meditieren ein Gedanke aufdrängt und Sie sich hineinziehen lassen, ergibt sich ein Gedanke aus dem anderen wie in einer endlosen Ursache-Wirkungs-Kette. Doch aus einem solchen Prozess können Sie aussteigen, indem Sie die Aufmerksamkeit auf den Atem richten und die Gedanken von außen als das betrachten, was sie sind – nur Gedanken.

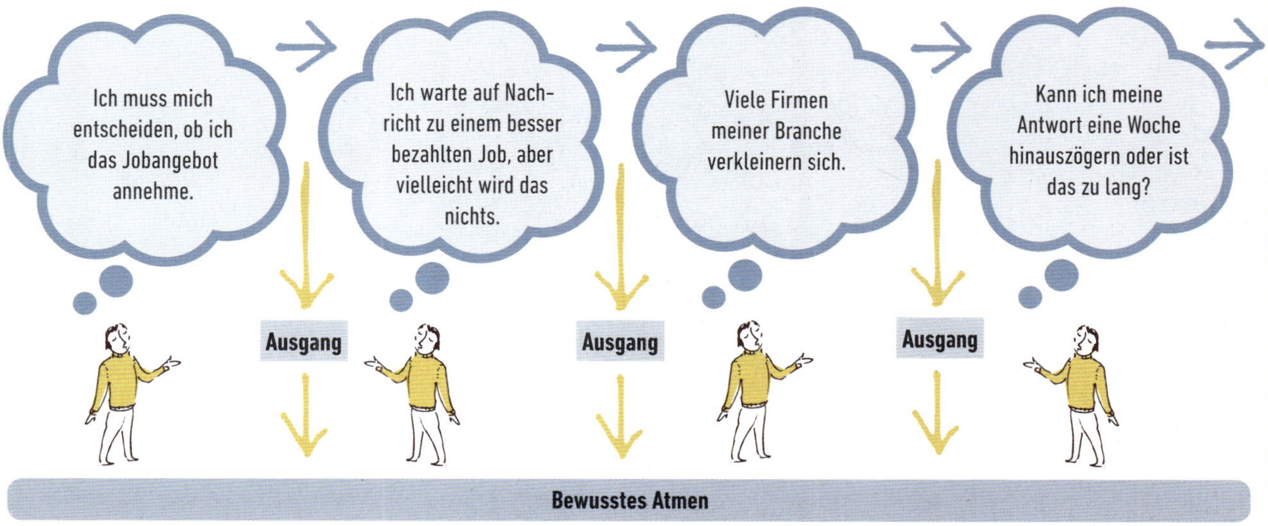

verschiedensten Ängsten und Befürchtungen verknüpft sind. Solche Gedanken sind wie schwere Wolkenmassen, die nicht weiterziehen wollen.

Der Umgang mit Gedanken aller Art in der Meditation gestaltet sich immer gleich: einfach beobachten, ohne sich in ihre Geschichte verwickeln zu lassen, und dann die Aufmerksamkeit behutsam auf den gewählten Fokus zurückführen.

»Aufwachen«, um einen Gedanken zu bemerken, ist ein Moment der Achtsamkeit.

EINEN ELEFANTEN WEGZAUBERN

- Denken Sie an einen Elefanten.
- Jetzt versuchen Sie bewusst, ihn »wegzudenken«.
- Das geht natürlich nicht.
- Man kann Gedanken nicht zum Verschwinden bringen, indem man sich mit ihnen beschäftigt.
- Um den Elefanten wegzuzaubern, wackeln Sie mit den Zehen und überlegen, wie sich das anfühlt.
- Während Sie an Ihre Zehen denken, schleicht sich der ignorierte Elefant wahrscheinlich enttäuscht davon.

SEELENWINDE

EMOTIONEN ZIEHEN LASSEN

Wenn Gedanken wie Wolken sind, dann sind Emotionen die Winde, die diese Wolken vorantreiben. In der Achtsamkeitsmeditation betrachten Sie Emotionen und Gefühle aus der Distanz und akzeptieren sie als Teil Ihrer Erfahrung.

Emotionen sind unwillkürliche Reaktionen auf eine Situation. Ihr Partner schäkert mit jemand anderem; wenn es schon erste Risse in der Beziehung gibt, regt sich bei Ihnen quälende Eifersucht. Ihr Nachbar fängt an einem Sonntagmorgen um 7.00 Uhr an, im Garten einen Schuppen zu bauen; Sie ärgern sich über das Hämmern und Sägen. Oft stehen Emotionen in keinem Verhältnis zum Anlass: Rational wissen Sie, dass zum Beispiel Ihre Eifersucht völlig unbegründet ist – da läuft nichts zwischen den beiden. Außerdem können Emotionen lange nachwirken: An die Ruhestörung durch Ihren Nachbarn werden Sie auch am Montag noch denken und sich erneut ärgern.

Zum Fokus zurückkehren

Sie können versuchen, Ihre Emotionen zu unterdrücken oder ihnen auszuweichen. Das mag Ihnen kurzfristig Erleichterung verschaffen, wird langfristig aber vermutlich nicht helfen. Eine andere Möglichkeit besteht darin, Ihre Emotionen zu übertönen, indem Sie sich in irgendeinen Exzess stürzen – Alkohol, Drogen, Essen. Das ist letztlich nicht nur ineffektiv, sondern auch schädlich. All diese Vermeidungsstrategien erzeugen Leid und halten uns von einem erfüllten Leben ab.

EINE EMOTION AKZEPTIEREN

Durch Meditation können Sie lernen, sich von Ihren Emotionen nicht abzuwenden, sondern sie zu erfahren und wahrzunehmen. Sie können Ihren Kränkungen mit offener, mitfühlender Aufmerksamkeit begegnen und das, was Sie dabei herausfinden, für kluge Entscheidungen nutzen. Dazu gehört es, Emotionen anzunehmen, also nicht davor zu fliehen. Es geht darum, die Gefühlserfahrung bewusst zu erleben. Das Gegenteil wäre, sich für ein Gefühl zu bestrafen. Stattdessen öffnen Sie sich ihm selbstmitfühlend und akzeptieren es, ohne mit ihm zu ringen.

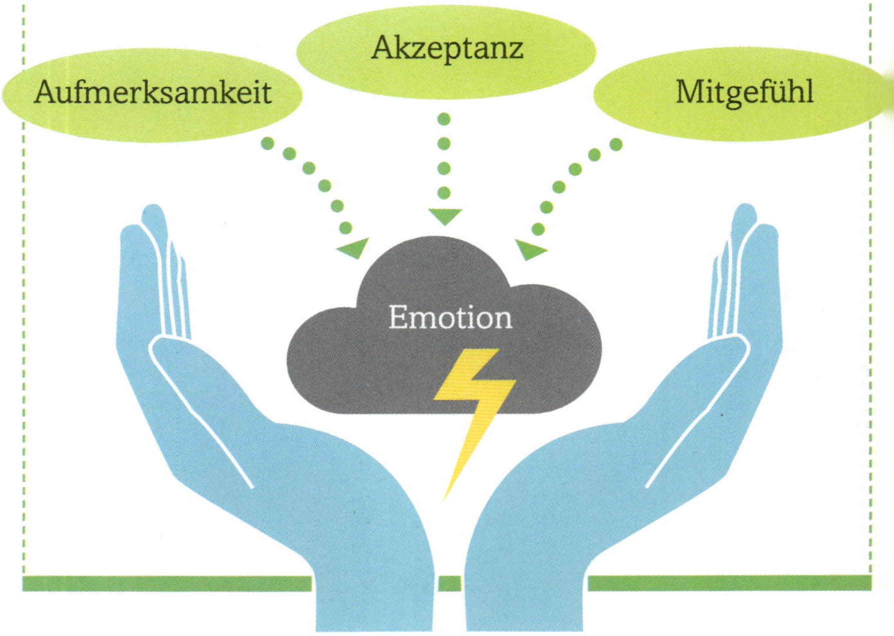

EMOTIONALE REAKTION
Mitfühlende, nicht reflexhafte Achtsamkeit hilft dabei, mit starken Emotionen umzugehen.

Das Vermeiden oder Unterdrücken von Emotionen erzeugt nur Leid und hält uns von einem erfüllten Leben ab.

Achtsamkeit bietet eine Alternative zur Vermeidung: Akzeptanz (siehe Kasten links). Das heißt, Sie nehmen die Emotion zur Kenntnis und erkennen sie an, ohne zu urteilen. Wenn in einer auf den Atem fokussierten Achtsamkeitsmeditation Emotionen hochsteigen, gehen Sie mit ihnen um wie mit Gedanken (siehe S. 100–101): aus ihnen heraustreten, sie registrieren und die Aufmerksamkeit wieder auf das Jetzt und den gewählten Fokus lenken.

Von Emotionen lernen

Sie können auch Emotionen als Fokus für eine Achtsamkeitsmeditation wählen (siehe S. 138–141). Wenn Sie ihnen mit genügend Akzeptanz begegnen, können Sie beginnen, sich über ihre Ursachen klar zu werden, und sie als Quelle der Selbsterkenntnis nutzen. Dieser Weg, mit Emotionen umzugehen, führt zu einem vertieften Selbstverständnis.

WIE UNTERSCHEIDEN SICH EMOTIONEN UND GEFÜHLE?

Ein Zoowärter hält Ihnen eine Schlange entgegen. Sie haben zwei widerstreitende Emotionen: Erregung und Furcht. Sie registrieren die Emotionen und können sich der Schlange vorsichtig nähern. Die Furcht ist eine Emotion, die Vorsicht ein Gefühl. Die Tabelle stellt Emotionen und Gefühle gegenüber.

EMOTIONEN	GEFÜHLE
Sagen uns, was wir mögen und was nicht	Sagen uns, wie wir handeln sollen
Geben Anstoß, auf Erlebnisse zu reagieren	Geben Anstoß, auf Emotionen zu reagieren
Sind unmittelbar, momenthaft	Sind lang anhaltend, beständig
Sind intensiver und flüchtiger	Sind gedämpfter und dauerhafter
BEISPIELE	**BEISPIELE**
Angst	Sorge
Freude	Glück
Wut	Verbitterung
Traurigkeit	Depression

ALLES IN ORDNUNG

NICHT WERTEN, NICHT URTEILEN

Im Alltag läuft der Geist im »Aktionsmodus« und teilt die Dinge in gut und schlecht, richtig und falsch, wichtig und unwichtig, dringend und aufschiebbar ein ... und so weiter. Im »Seinsmodus« und in der Achtsamkeitsmeditation enthalten wir uns solcher Urteile.

Häufig fällt es uns schwer, die eigenen Gedanken und Gefühle zu akzeptieren. Nehmen wir ein einfaches Beispiel: Sie sind neidisch auf einen Freund, weil er für künstlerische oder sportliche Erfolge Anerkennung bekommt. Neid ist ohnehin keine angenehme Regung und dann kommt noch hinzu, dass Sie sich kleinlich vorkommen. Sie wissen, dass neidisch zu sein kein feiner Zug ist, und haben deshalb Gewissensbisse.

Kennen Sie derartige destruktive Muster, bei denen eine negative Emotion weitere ungute Regungen nach sich zieht, von sich selbst? Ähnliches haben Sie vielleicht mit Ängsten erlebt: In Ihnen setzt sich das Gefühl fest, dass Sie nicht klarkommen, und das wiederum verstärkt Ihre Ängste noch. Ähnliches gilt für Depressionen, durch die wir uns unzulänglich fühlen, was uns noch weiter herunterzieht.

Meditieren und beobachten

Bei der Achtsamkeitsmeditation betrachten wir unsere gegenwärtige Erfahrung, ohne sie zu bewerten. Wenn dies gelingt, löst sich der destruktive Teufelskreis der Selbstverurteilung allmählich auf und wir finden zu einer achtsamen Haltung, in der wir beispielsweise unseren Neid registrieren und anerkennen, ohne uns herunterzumachen, weil wir dieses Gefühl haben.

In der Meditation suchen Sie einen Ort auf, an dem nicht geurteilt wird. Es geht darum, sich mitfühlend zu beobachten, so als sei diese Person, die Neid empfindet, ein geschätzter Freund. Es sind aber Sie selbst, den der meditierende Beobachter in den Blick nimmt: Wie und wo äußert sich diese emotionale Regung des Neids? Sind es nur Gedanken oder gehören auch körperliche Empfindungen dazu? Sind Muskeln angespannt? Welche? Geht der Puls schneller oder ist Ihnen heiß geworden? Erleben Sie den Neid zum Beispiel als die trotzige Vorstellung, dass Lob und Anerkennung, die der Freund erfahren hat, eigentlich Ihnen zustehen?

ABSTAND
Sie sind nicht das, was Sie fühlen und denken.

Achten Sie nun darauf, wie sich die Emotion in Ihrem Körper ganz konkret bemerkbar macht. Das trägt dazu bei, nicht ins Grübeln über sie zu verfallen. Fragen Sie also nicht nach dem Wie, sondern nach dem Was. Was genau spüre ich jetzt im Moment? Welches Verhältnis habe ich zu der Emotion? Ist sie mir unangenehm?

Bei dieser Meditation gehen wir nicht in eine Verteidigungshaltung, sondern kümmern uns um uns selbst, indem wir die Aufmerksamkeit auf unser Erleben im Hier und Jetzt richten. Wir machen uns selbst das Geschenk des achtsamen Gewahrseins.

Alles okay!

Die eigenen Emotionen zu akzeptieren ist leichter, wenn Sie sich ihnen mit freundlicher Neugier nähern. Falls das hilfreich für Sie ist, können Sie einfach »okay« zu sich sagen, als Kurzform für »Es ist in Ordnung, wenn ich dieses Gefühl habe«. Eine Variante davon ist das innere Lächeln als mentaler Ausdruck einer entspannten Freundlichkeit gegenüber sich selbst. Auf diese Weise setzen Sie an die Stelle der Ablehnung eines unangenehmen Gefühls ein kreatives Signal, das keine Kettenreaktion des Unbehagens in Gang setzt.

Weil wir wissen, dass Neid kein feiner Zug ist, führt er zu Gewissensbissen.

BEWERTUNGSZIRKEL

Negative Emotionen werden oft durch einen Bewertungszirkel aufrechterhalten. Wenn wir sie mit achtsamer, freundlicher Neugier annehmen, stoppt der Kreislauf, in dem sich die negativen Emotionen aufschaukeln.

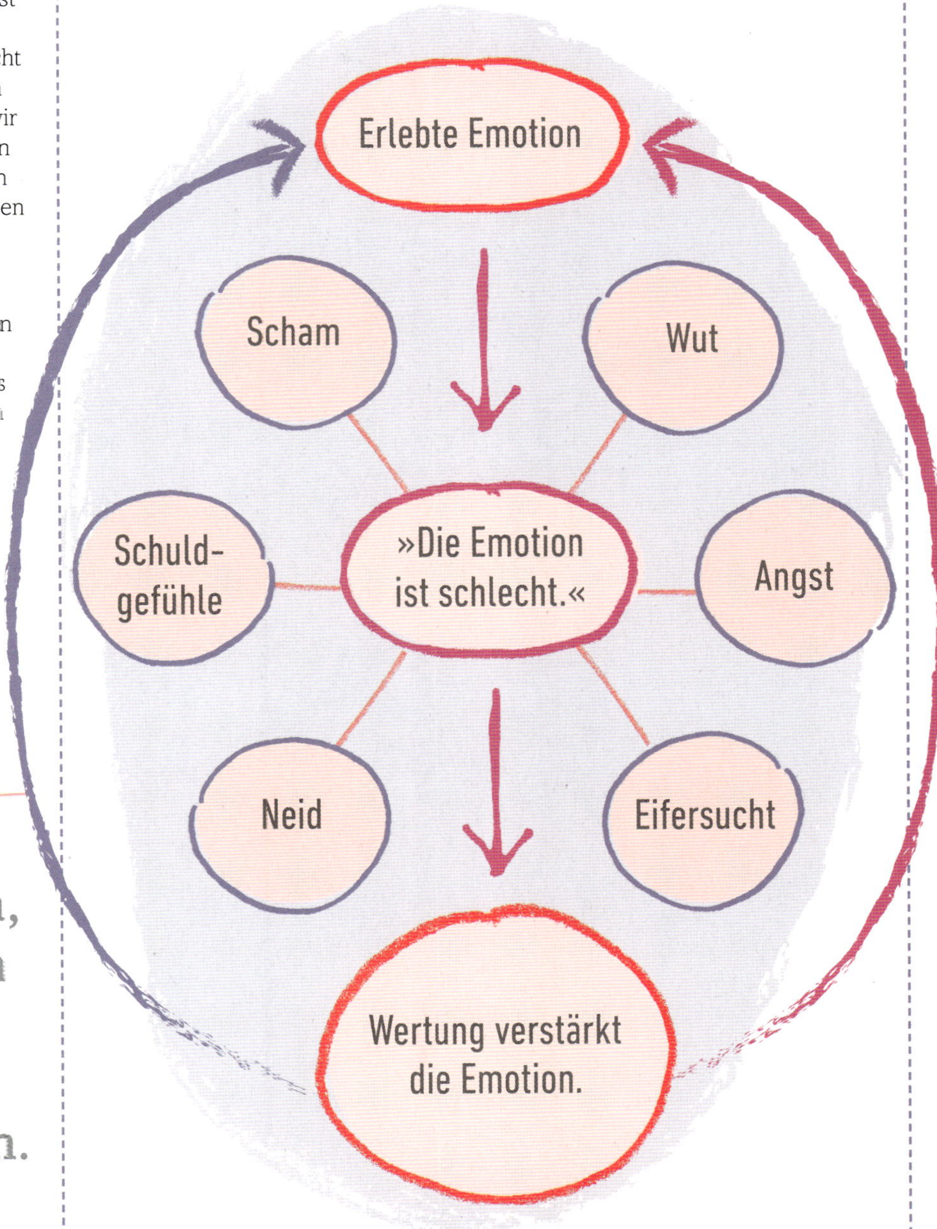

HIER LEBE ICH

KÖRPER-UND-ATEM-MEDITATION

Der Geist empfängt fortwährend Signale zu körperlichen Eindrücken. Gewöhnlich ignorieren wir sie und registrieren nicht, dass zum Beispiel der Ärmel der Bluse das Handgelenk berührt. Solche Empfindungen eignen sich aber hervorragend als Fokus, um uns beim Meditieren auf das Hier und Jetzt zu zentrieren.

Bei dieser einfachen Achtsamkeitsmeditation sitzen Sie in einer lockeren, bequemen, ruhigen und stabilen Haltung da, während Ihr Geist Körperempfindungen erkundet.

Auf und Ab der Sinne

Die Meditationsbeschreibung, die Sie auf den folgenden Seiten finden, schlägt ein Vorgehen in einer bestimmten Reihenfolge vor – zum Beispiel erst auf das eine, dann auf das andere Bein achten. Sie müssen sich nicht exakt an diese Vorgaben halten. Wichtig ist bei der Übung die innere Einstellung und der Umgang mit Ablenkungen.

Wenn Sie auf den Körper fokussieren, treten Empfindungen in den Vordergrund und, wenn Sie den Fokus verlagern, wieder in den Hintergrund, um sich später vielleicht erneut bemerkbar zu machen. Oft kommt dann die Frage auf, wie mit diesem unkalkulierbaren Auf und Ab der Emotionen umzugehen ist. Und wie sollen Sie reagieren, wenn Sie zu einer Körperstelle weitergegangen sind und dann eine andere, die schon zuvor spürbar wurde, erneut die Aufmerksamkeit auf sich zieht? Die Antwort ist: Das spielt keine Rolle. Machen Sie sich auch keine Sorgen, wenn Sie in einer bestimmten Körperregion gar keine Empfindungen feststellen. Es geht nicht darum, sie willentlich hervorzurufen. Widmen Sie sich dem, was Sie vorfinden, akzeptieren Sie es voll und ganz und nehmen Sie von jedem Wunsch Abstand, dass irgendetwas anders sein sollte.

Gestatten Sie den Empfindungen zu sein, wie Sie sie vorfinden. Wie ein Kartograf, der ein Gebiet erkundet und es vermisst, nehmen Sie all das, was Sie entdecken, vorbehaltlos an – Verspannungen, taube Stellen oder auch Bereiche, wo das Alter bereits Spuren hinterlassen hat. Versuchen Sie nicht, etwas zu verändern. Sie wollen nicht eine Erfahrung erzeugen, sondern registrieren, was in diesem Augenblick gerade ist. Dieses Wahrnehmen von Dingen, wie sie im Hier und Jetzt wirklich sind, ist höchst wohltuend.

WIE HAT ES SICH ANGEFÜHLT?

Wir sind in unserem Körper zu Hause und diese Meditation hilft uns, dieses Zuhause zu erkunden. Stellen Sie sich nach der Meditation die unten angeführten Fragen. Seien Sie nicht zu selbstkritisch: Es geht nicht darum, sich selbst auf den Prüfstand zu stellen, sondern in Worte zu fassen, was Sie getan haben. Das kann sehr aufschlussreich sein.

- Konnten Sie aufkommende Gedanken mit Neugier und sanftem Gewahrsein betrachten und vorüberziehen lassen?
- Konnten Sie, wenn Emotionen aufstiegen, die Aufmerksamkeit auf den Körper richten, um zu sehen, wo sich die Emotionen in ihm äußerten?
- Konnten Sie sich die unterschiedlichen Körperempfindungen, die Sie beim Meditieren sanft in den Aufmerksamkeitsfokus gerückt hatten, später im Verlauf des Tages leichter bewusst machen?

DIE FÜNF HEMMNISSE ÜBERWINDEN

In der traditionellen Meditationspraxis spricht man von den »fünf Hemmnissen«, gemeint sind damit die wesentlichen Kräfte, die uns von einer klaren Sicht der Dinge und von voller Konzentration abhalten. Indem Sie ein Hemmnis zum Meditationsobjekt machen und sich ihm mit freundlicher Neugier zuwenden, nehmen Sie ihm seine Macht über Sie.

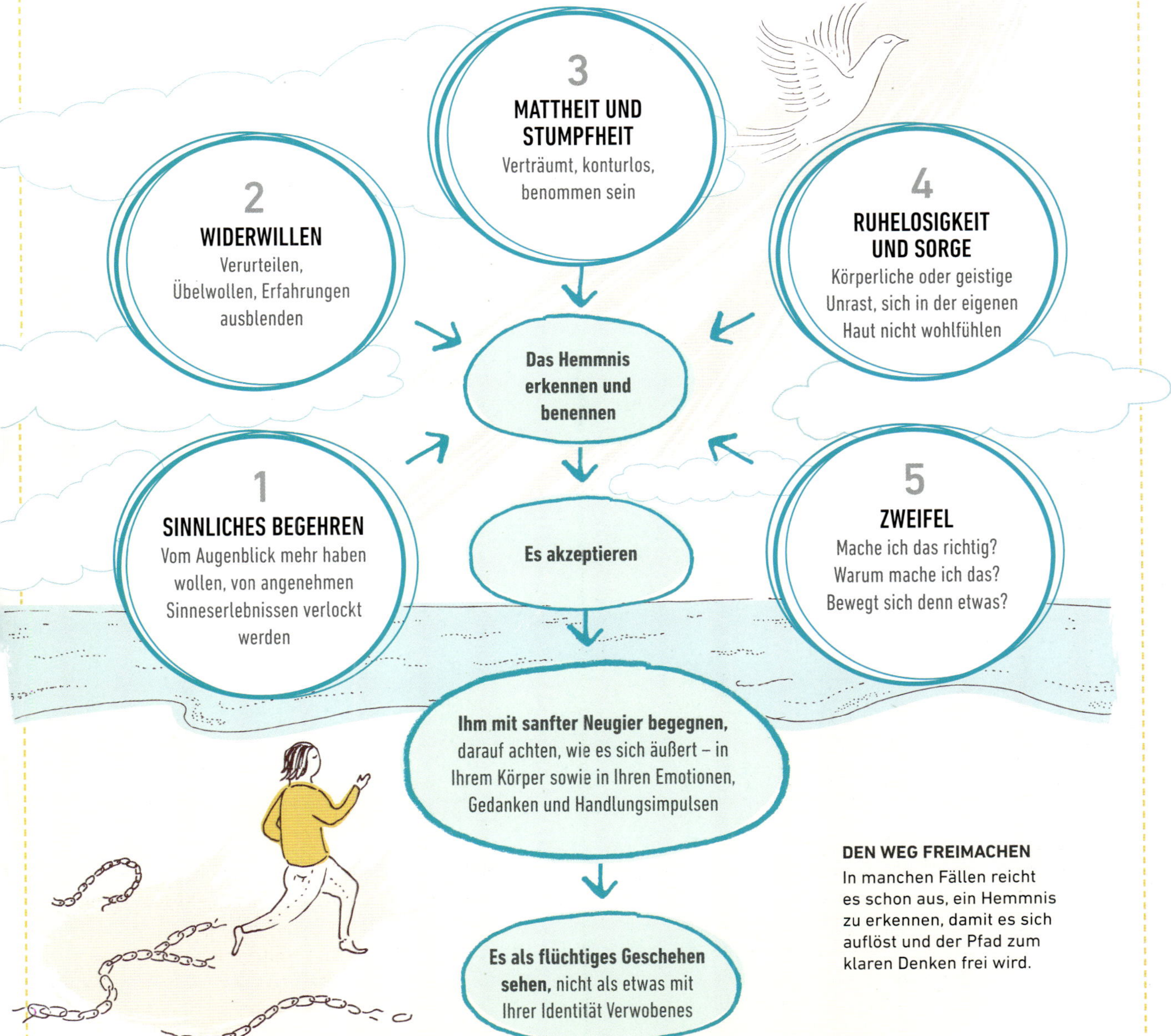

DEN WEG FREIMACHEN
In manchen Fällen reicht es schon aus, ein Hemmnis zu erkennen, damit es sich auflöst und der Pfad zum klaren Denken frei wird.

weiter

KÖRPER-UND-ATEM-MEDITATION

Diese Übung stellt einen weiteren Eckpfeiler der Achtsamkeitspraxis dar. Sie ist eine Kombination aus der einführenden Atemmeditation (siehe S. 96–97) und einer Reise zu Ihren Körperempfindungen.

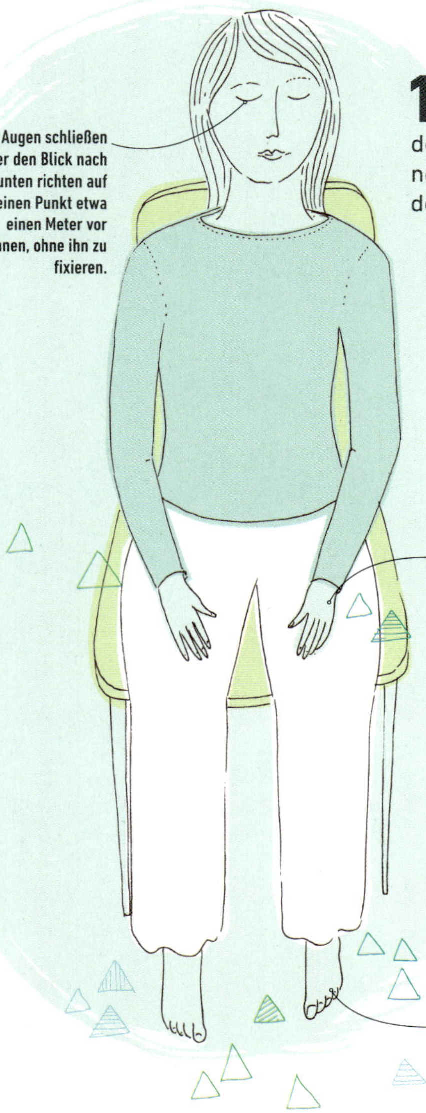

1 Setzen Sie sich an einem ruhigen Ort bequem hin, der Wirbelsäule nimmt eine neutrale Position ein. Nur der untere Rücken sollte die Rückenlehne berühren (siehe S. 94 und 98). Vermeiden Sie es, sich gegen die Lehne sinken zu lassen.

2 Gestatten Sie es Körper und Geist, zur Ruhe zu kommen. Zugleich bleiben Sie wach und aufmerksam. Können Sie sich bei den ersten Versuchen nicht entspannen, und macht diese Anleitung Sie eher nervös? Fokussieren Sie einfach eine Minute lang auf das Ein- und Ausatmen, um die Aufmerksamkeit dann wieder sanft dem Körper zuzuwenden.

3 Richten Sie die Aufmerksamkeit auf alle Stellen, an denen der Körper Kontakt mit der Umgebung hat, zum Beispiel dorthin, wo Oberschenkel und Kniekehlen den Stuhl berühren und wo die Füße auf dem Boden aufliegen. Erkunden Sie diese Empfindungen einige Sekunden lang. Machen Sie sich kurz vertraut damit, ohne länger dabei zu verweilen.

4 Wenden Sie die Aufmerksamkeit nun dem einen Fuß zu. Beginnen Sie bei den Zehen, gehen Sie zu Fußsohle, Ferse und Oberseite weiter. Mit dem anderen Fuß dies wiederholen. Heben Sie jeden Bereich kurz ins Bewusstsein.

ÜBER DIESE ÜBUNG

Positive Wirkungen: grundlegende Achtsamkeitsübung, die nächste Stufe nach der Basis-Atemmeditation. Sie ist jederzeit praktizierbar, um sich mit dem Jetzt zu verbinden. Richtet sich auf den Atem, weitet aber das Gewahrsein darüber hinaus aus.

Häufigkeit: in der zweiten und dritten Woche eines Übungsprogramms täglich.

Dauer: mindestens zehn Minuten, wenn möglich auch länger; optimal sind 15 bis 20 Minuten.

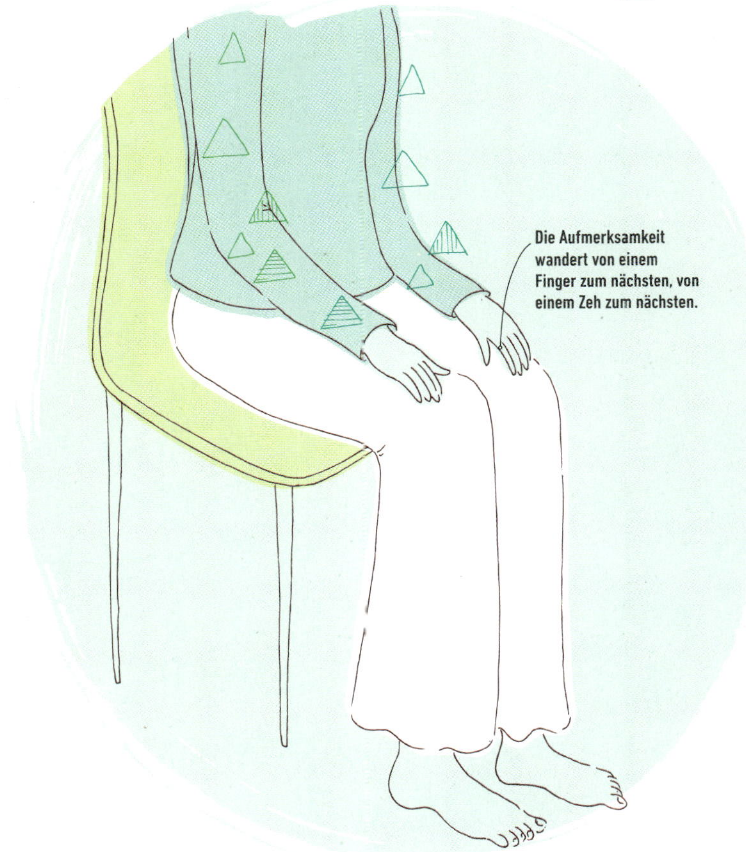

Die Aufmerksamkeit wandert von einem Finger zum nächsten, von einem Zeh zum nächsten.

5 Bei den Beinen gehen Sie ähnlich vor und wandern dann weiter über Becken und Hüfte bis hoch zu den Schultern, bis Sie den ganzen Rumpf erkundet haben.

6 Nehmen Sie nun die Empfindungen in Händen und Armen wahr, angefangen bei den Fingerspitzen bis nach oben zu den Schultern. Erkunden Sie in ähnlicher Weise Nacken und Kopf. Verweilen Sie eine Minute oder zwei im Gewahrsein des ganzen Körpers.

7 Richten Sie die Aufmerksamkeit auf die Empfindungen im Bauch oder in der Nase bei jedem Ein- und Ausatmen. Sie können die Hand auf den Bauch legen, um das Auf und Ab der Bauchdecke besser zu spüren. Nach etwa fünf Minuten achtsamen Atmens öffnen Sie die Augen und nehmen die Umgebung wieder in sich auf.

WAS GESCHIEHT BEIM MEDITIEREN IM GEHIRN?

ERGEBNISSE AUS DER FORSCHUNG

Je mehr Sie meditieren, desto mehr positive Veränderungen vollziehen sich in Ihrem Gehirn. Zu erfahren, was die Forschung bislang an spannenden Erkenntnissen zur Meditation erbracht hat, kann in dieser frühen Phase Ihrer Achtsamkeitspraxis sehr motivierend auf Sie wirken.

Seit Tausenden von Jahren kennen die Menschen die äußerst positiven Wirkungen von Meditation. Die dahinterstehenden neurologischen Prozesse kann man nun seit einigen Jahrzehnten mithilfe moderner Technik erforschen. Um die Effekte der Achtsamkeitspraxis zu untersuchen, erfassen Forscher beispielsweise die Frequenz elektrischer Impulse im Gehirn und visualisieren damit die Aktivität in verschiedenen Arealen. Ein wesentlicher Befund lautet, dass das Gehirn beim Meditieren Informationen weniger aktiv verarbeitet als sonst. Abgesehen von solchen kurzzeitigen Veränderungen baut sich das Gehirn zusätzlich auf subtile Weise um, indem es manche Verschaltungen zwi-

DAS GEHIRN IN AKTION

Forscher haben mehrere Gehirnareale ermittelt, die von den Veränderungen des mentalen Zustands durch das Meditieren betroffen sind. Das Schaubild zeigt diese Bereiche und nennt ihre Funktionen.

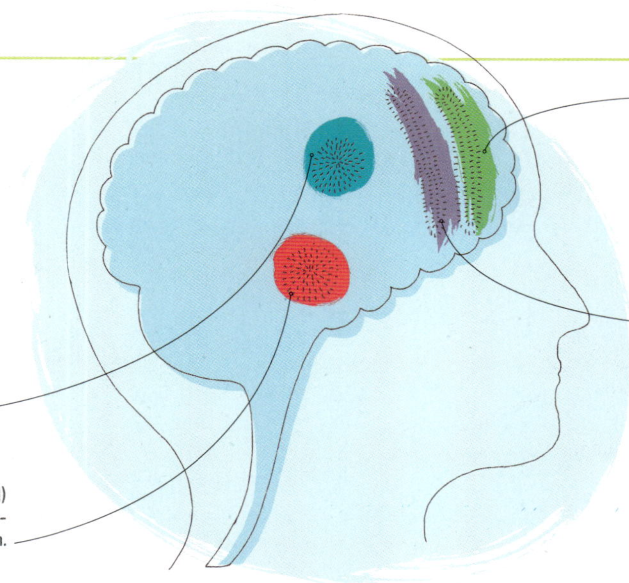

schen Neuronen schwächt und andere stärkt. Dies wirkt sich auf Gehirnareale aus, die für Selbsterleben, Empathie und Stressverarbeitung zuständig sind. Die Forschung bestätigt, was viele aus der eigenen Meditationserfahrung wissen: Meditierende beziehen Dinge weniger auf sich selbst, reagieren weniger intensiv auf unangenehme Empfindungen, Bedrohungen und Gefahrensituationen und neigen im Allgemeinen weniger zu impulsivem Handeln. Meditationsübungen wirken sich nicht nur darauf aus, wie wir auf Sinneseindrücke und Emotionen reagieren, sondern auch darauf, wie wir andere Menschen sehen – mit mehr Empathie und Mitgefühl. Das Schaubild zeigt in vereinfachter Form einige der wichtigsten Veränderungen im Gehirn.

Durchhaltevermögen

Ob solche positiven Veränderungen dauerhaft bestehen bleiben, hängt in gewissem Maß davon ab, ob Sie weiterhin meditieren. Wenn die Meditation nicht zu einem festen Bestandteil Ihres Alltags wird, fällt Ihr Gehirn wahrscheinlich bald in frühere Muster zurück. Anders ist es, wenn Sie das Meditieren regelmäßig durch- und auf lange Sicht fortführen. Denn damit stabilisieren sich die neuen Verschaltungen, sodass Ihr Gehirn Ihnen gute Dienste dabei leisten kann, die positiven Wirkungen der Achtsamkeit in Ihrem Leben zu erhalten.

EFFEKTE DER MEDITATION

Achtsamkeit kann die Art und Weise verändern, wie das Gehirn Furcht und Sinneseindrücke verarbeitet (siehe auch das Schaubild auf der gegenüberliegenden Seite).

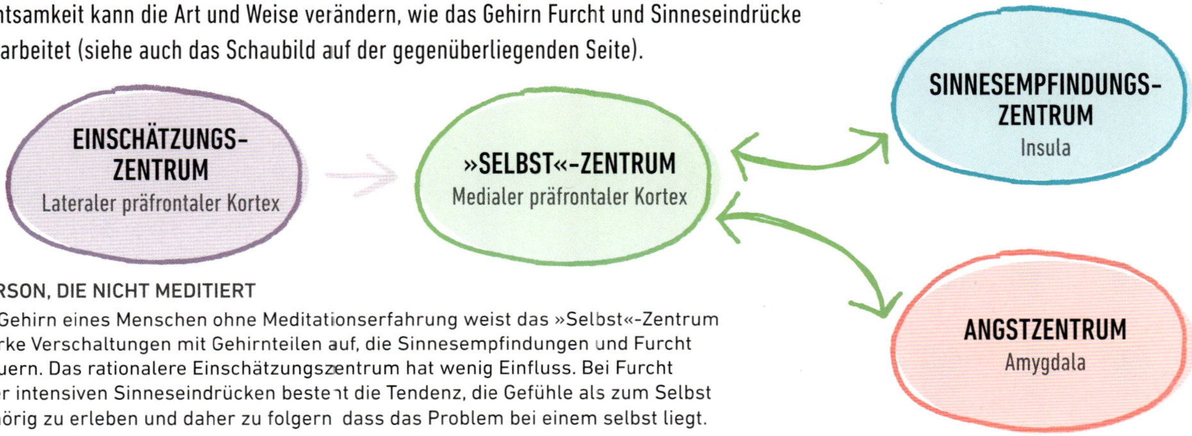

PERSON, DIE NICHT MEDITIERT

Im Gehirn eines Menschen ohne Meditationserfahrung weist das »Selbst«-Zentrum starke Verschaltungen mit Gehirnteilen auf, die Sinnesempfindungen und Furcht steuern. Das rationalere Einschätzungszentrum hat wenig Einfluss. Bei Furcht oder intensiven Sinneseindrücken besteht die Tendenz, die Gefühle als zum Selbst gehörig zu erleben und daher zu folgern, dass das Problem bei einem selbst liegt.

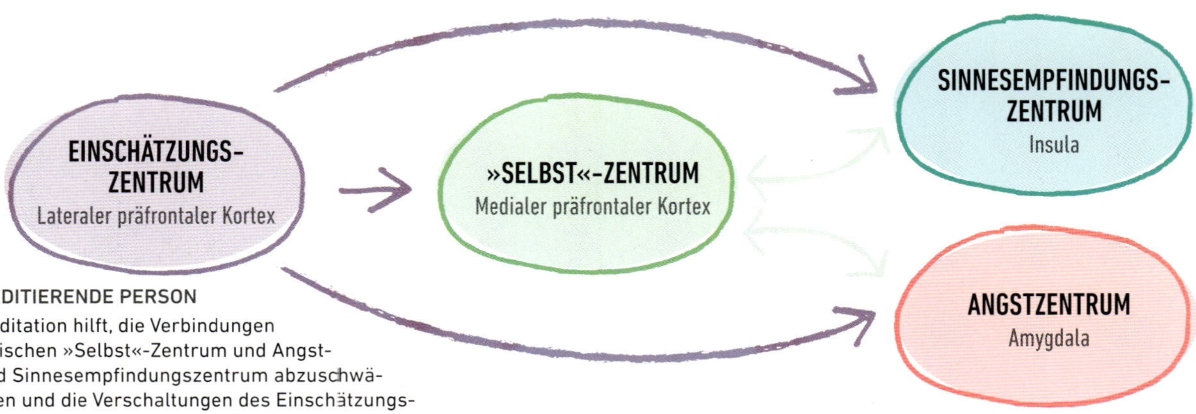

MEDITIERENDE PERSON

Meditation hilft, die Verbindungen zwischen »Selbst«-Zentrum und Angst- und Sinnesempfindungszentrum abzuschwächen und die Verschaltungen des Einschätzungszentrums zu stärken. Angst wird abgemildert und Reaktionen auf Bedrohungen fallen weniger stark aus.

Achtsam und mit freundlicher
Neugier auf Sinnesempfindungen
zu fokussieren kann Ihnen helfen,
das fruchtlose Anrennen gegen all
das, was sich nicht ändern lässt,
zu beenden.

HALLO BLATT, HALLO MÜNZE

ÜBER OBJEKTE MEDITIEREN

Das achtsame Fokussieren auf ein Objekt zentriert Sie im Jetzt und lässt Sie die sinnliche Vielfalt des Lebens spüren. Diese Meditationsform ist eine gute Ergänzung zu Körper-und-Atem-Übungen und kann für Abwechslung sorgen.

Den eigenen Körper als Meditationsfokus zu wählen bedeutet keineswegs eine Einschränkung oder geistige Einengung. Eine solche Übung ist selbstbezogen, aber in neutralem und wertfreiem Sinn. Schließlich ist unser ganzes Leben an unserem Selbst ausgerichtet: Unsere Gedanken, unsere Wahrnehmung und alles, was wir anderen und uns selbst geben können, nimmt hier seinen Anfang. Die Fokussierung auf den Körper ist nicht oberflächlich, denn unsere Sinnesempfindungen spiegeln das wider, was in unserem Leben gerade von Bedeutung ist, im Guten wie im Schlechten. So kann Muskelanspannung etwas über unser Selbstwertgefühl, unsere Lebensführung oder unsere Beziehungen aussagen. Jede einzelne körperliche Regung verdient achtsame Aufmerksamkeit.

Es gibt eine weitere Form der Achtsamkeitspraxis, bei der nicht wertende Aufmerksamkeit auf etwas außerhalb von uns gerichtet wird – auf ein beliebiges Objekt, unauffällig oder schön, natürlich oder künstlich. Wir würdigen nicht seine objektive Schönheit oder historische Bedeutung, sondern achten einfach auf die Sinneseindrücke, die sich aus der neutralen Betrachtung des Objekts ergeben. Wir erkunden es in allen Einzelheiten und setzen nacheinander alle unsere Sinne ein. Wenn es sich um eine Frucht handelt, können Sie sie zum Schluss aufessen, um ein ganz neues, vielschichtiges Geschmackserlebnis zu entdecken.

In seinen Kursen zur Achtsamkeitsbasierten Stressreduktion verwendete Jon Kabat-Zinn eine Rosine, um die objektbezogene Meditation in seine Kurse einzuführen. Er machte damit etwas Wichtiges deutlich: Meditation ist dem wahren Leben und der gegenständlichen Welt nicht enthoben, sondern wendet sich ihnen intensiv zu.

Erweiterte Aufmerksamkeit

Ganz gleich, welches Objekt Sie als Bezugspunkt Ihrer Meditation wählen, um seine Eigenschaften wie Farbe, Form, Geruch und Textur gründlich zu erkunden: Sie richten Ihre Aufmerksamkeit über sich selbst hinaus auf die Welt. Durch Objektmeditation wandelt sich Ihr Verhältnis zu Ihrer Umgebung und Sie nehmen die Dinge nicht mehr als selbstverständlich hin. Sie sehen sie mit anderen, achtsamen Augen.

Nehmen Sie einfache Dinge intensiv wahr. Eine Tasse Tee zu trinken kann eine Meditation sein.

IM REICH DER SINNE

Das Meditieren über ein Objekt hat eine lange Tradition, oft wird dazu eine Kerzenflamme verwendet. Da Achtsamkeit aber alle Sinne einbezieht, bietet ein Objekt zum Anfassen oder sogar Schmecken mehr Möglichkeiten. Meditieren Sie zum Beispiel über eine kleine Frucht, etwa eine Kirsche. Widmen Sie sich achtsam allen sinnlichen Eindrücken, die Vielfalt wird Sie überraschen.

Im Zentrum der Übung stehen die Empfindungen, die das Objekt hervorruft.

weiter

EIN BLATT ERKUNDEN

Bei dieser Meditation geht es nicht um ästhetische Begutachtung, sondern darum, die Sinne für die Eigenschaften eines Gegenstands zu öffnen. Das heißt aber nicht, dass Achtsamkeit die Freude an schönen Dingen ausschließt. Vielmehr werden Sie, weil Sie anfangen, die Welt wacher wahrzunehmen, Schönheit mehr zu würdigen wissen.

MEDITATIONSOBJEKTE

Vieles aus der Natur eignet sich gut als Fokus für Meditationen, zum Beispiel Steine, Kristalle, Muscheln, Eicheln, Kiefernzapfen, Kastanien, Zweige, Federn, Ähren, Blumen, Obst oder Gemüse.

Lassen Sie das Blatt auf der Handfläche liegen. Spüren Sie sein Gewicht.

1 Heben Sie im Garten oder Park ein Blatt vom Boden auf. Halten Sie es locker in der Hand. Registrieren Sie, wie es sich auf der Haut anfühlt. Wo berührt es die Haut, wo nicht?

Nehmen Sie angenehme und unangenehme Empfindungen gelassen auf.

2 Nehmen Sie das Blatt zwischen Daumen und Finger. Fühlt es sich warm oder kalt an? Gibt es auf der Oberfläche unterschiedliche Temperaturzonen? Erwärmt sich das Blatt, während Sie es halten, oder kühlt es sich ab?

3 Konzentrieren Sie sich auf die Blattoberfläche. Ist sie rau, kratzig oder glatt? Wie fühlt sich der Rand im Vergleich zur Mitte an? Fühlt sich das Blatt hart oder weich an? Fest oder schlaff? Feucht oder trocken? Und der Stiel?

4 Lassen Sie den Blick an den Konturen entlangschweifen. Betrachten Sie Form und Größe. Drehen Sie das Blatt und registrieren Sie die Form, die es aus verschiedenen Blickwinkeln hat.

ÜBER DIESE ÜBUNG

Positive Wirkungen: gelegentlich einzusetzen; auch als Einstiegsmeditation geeignet. Wirkt vorgefassten Vorstellungen über Alltagsgegenstände entgegen. Erweitert das Spektrum des Meditationsfokus auf Sinneseindrücke.

Häufigkeit: zur Ergänzung der Meditationspraxis oder für den gelegentlichen Einsatz.

Dauer: fünf bis 15 Minuten.

5 Betrachten Sie die Färbung der Oberseite. Sind Farb- und Helligkeitsabstufungen erkennbar? Gibt es Grate, Adern, Flecken oder Muster? Schauen Sie sich die Oberseite und den Stiel auf diese Weise genau an. Drehen Sie das Blatt um und erkunden Sie auch die Unterseite. Ist sie heller oder dunkler? Welche Strukturen weist sie auf?

6 Halten Sie das Blatt an die Nase. Riechen Sie etwas? Falls ja, nehmen Sie den Geruch auf, ohne ihn zu benennen oder mit etwas zu vergleichen. Riechen manche Teile des Blatts anders als andere?

EINE MÜNZE ERKUNDEN

Ein von Menschenhand gemachtes Objekt wie eine Münze kann sehr alt sein und zum Nachsinnen über seine Herkunft einladen. Bei einer Achtsamkeitsmeditation sehen wir von solchen Überlegungen ab und konzentrieren uns ausschließlich auf das Objekt – Farbe, Form, Oberfläche, Geruch.

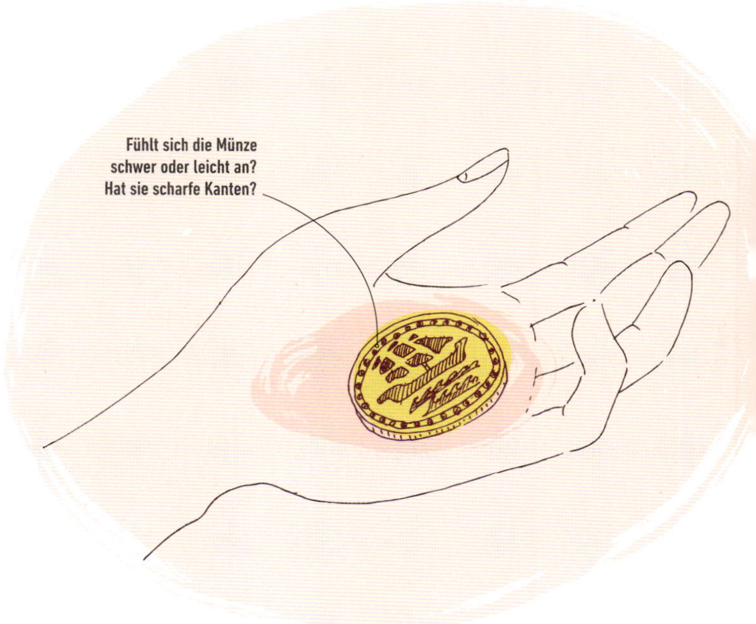

MEDITATIONSOBJEKTE

Geeignet sind auch andere handgemachte Objekte wie Knöpfe, Schlüssel, Briefmarken oder Schmuck. Sie sollten so klein sein, dass Sie sich beim Betrachten nicht zu bewegen brauchen. Details sollten gut erkennbar sein.

1 Die Münze muss nicht wertvoll sein und auch keine besondere Bedeutung haben. Halten Sie sie auf der Handfläche. Wie fühlt sie sich an? Verfolgen Sie eventuelle Gedanken über die Münze, die Ihnen in den Sinn kommen, nicht weiter. Beobachten Sie einfach, was Sie sehen und spüren, ohne es benennen zu wollen.

ÜBER DIESE ÜBUNG

Positive Wirkungen: gelegentlich einzusetzen; auch als Einstiegsmeditation geeignet. Wirkt vorgefassten Vorstellungen über Alltagsgegenstände entgegen. Erweitert das Spektrum des Meditationsfokus um die sinnliche Wahrnehmung von Gegenständen.

Häufigkeit: zur Ergänzung der Meditationspraxis oder für den gelegentlichen Einsatz.

Dauer: fünf bis 15 Minuten.

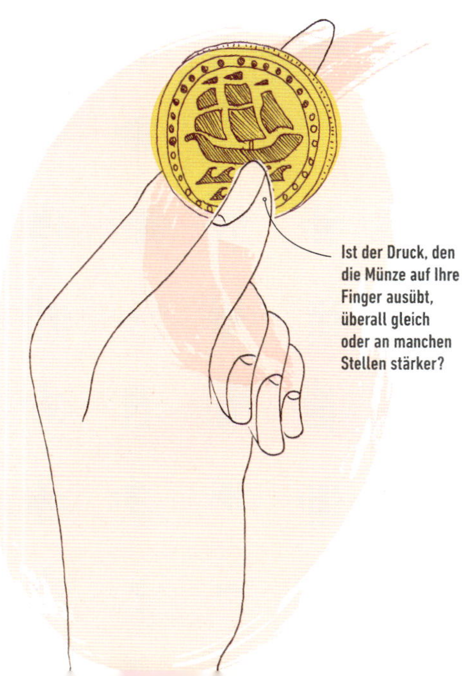

2 Nehmen Sie die Münze zwischen Daumen und Finger. Fühlt sie sich warm oder kühl an? Wird sie wärmer oder kälter, während Sie sie halten?

3 Richten Sie die Aufmerksamkeit auf die Oberfläche. Ist sie glatt, hat sie ein markantes Relief? Wie klar ist der Rand abgesetzt? Ist der Rand geriffelt? Falls ja, fühlt er sich fein oder rau an?

4 Schauen Sie sich Form und Größe der Münze genau an. Drehen Sie sie in der Hand und beobachten Sie, wie sich die Form mit der Perspektive ändert. Achten Sie auf Abstufungen der Farbe. Ist die Oberfläche glänzend oder matt? Wie stark abgenutzt sind Oberflächen und Rand?

5 Zeigt eine Seite ein Porträt? Falls ja, ist die Person jung, alt, mittleren Alters? Welche Kleidungsstücke sind zu sehen, welche anderen Details? Bemühen Sie sich nicht herauszufinden, wer abgebildet ist. Falls Sie es wissen, verfolgen Sie den Gedanken nicht weiter.

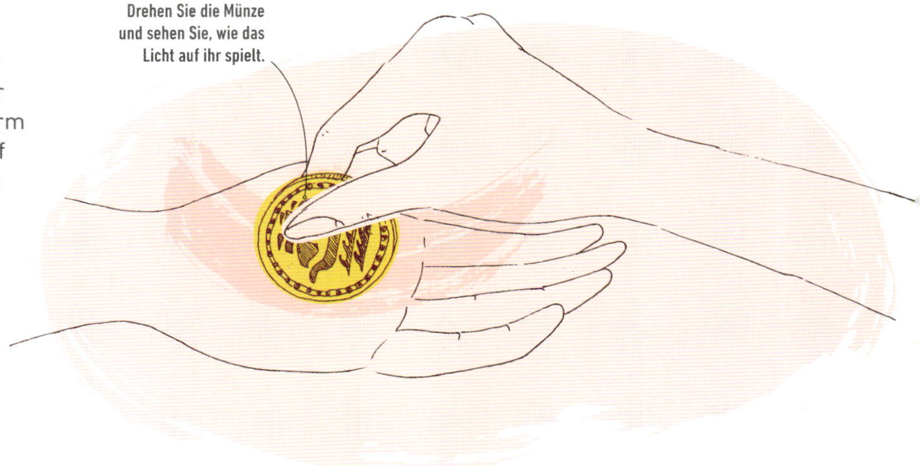

6 Drehen Sie die Münze um und erkunden Sie die andere Seite auf gleiche Weise. Was ist abgebildet, mit welchen Details? Registrieren Sie nur, was Sie sehen, ignorieren Sie Wissensbezüge.

7 Halten Sie die Münze an die Nase. Riechen Sie etwas? Falls ja, nehmen Sie den Geruch wahr, ohne ihn benennen zu wollen oder zu überlegen, wie er zustande kommt.

BODYSCAN: DIE GRUNDLAGEN

WEG ZUM SELBSTGEWAHRSEIN

Diese wunderbar nährende Übung ist eine der Hauptsäulen der Achtsamkeitspraxis. Dabei wenden Sie sich nach und nach jedem Körperteil mit maximaler Aufmerksamkeit zu und nehmen die Empfindungen und Emotionen wahr, die Sie dort antreffen. Dadurch verbinden sich Körper und Geist zu einer harmonischen Einheit.

IN BEQUEMER POSITION

Sie können den Bodyscan auch im Sitzen oder Stehen machen, doch meistens wird er im Liegen ausgeführt. 30 Minuten oder länger in derselben Position zu bleiben kann eine Herausforderung sein. Legen Sie eine leichte Decke in Griffnähe, wenn Sie denken, dass Ihnen kalt werden könnte. Verändern Sie Ihre Position langsam und achtsam, bis Sie schließlich bequem liegen.

WACH BLEIBEN

Der Bodyscan ist keine Entspannungsübung. Trotzdem könnte es sein, dass Sie dabei einschlafen. Kritisieren Sie sich dafür nicht. Es kann helfen, wach zu bleiben, wenn Sie sich ein Kissen unter den Kopf legen, die Augen geöffnet halten oder die Übung im Sitzen ausführen.

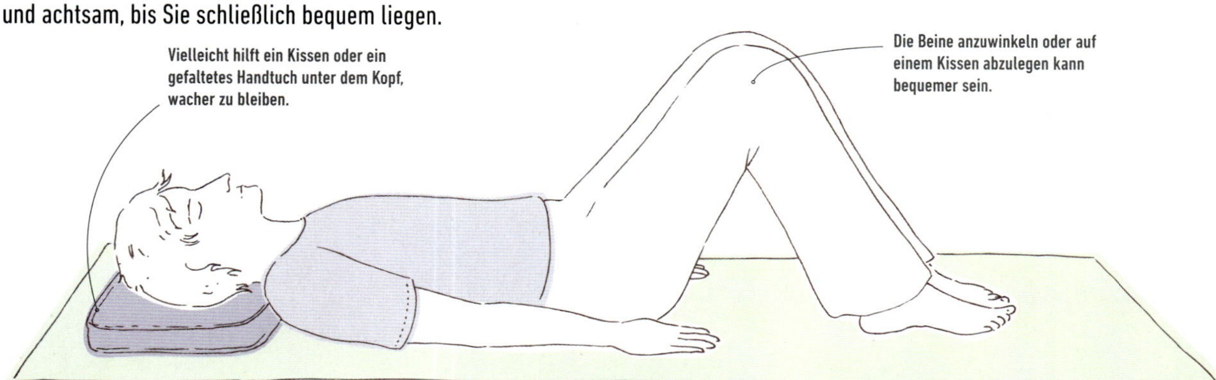

Beim Bodyscan entsteht eine weiträumige Bewusstheit, indem Sie Ihre Aufmerksamkeit langsam durch den Körper wandern lassen – so als würden Sie die Wände einer Höhle ringsum mit einer Taschenlampe ausleuchten. Der Geist kann nicht den gesamten Körper auf einmal erfassen, denn er ist zum Multitasking nicht in der Lage. Während Sie die Aufmerksamkeit von einer Körperregion zur nächsten lenken, werden Sie sich Ihrer elementaren körperlichen Empfindungen wie Pulsschlag, Anspannung, Schwere, Brennen oder Steifheit bewusst. Sie nehmen sie wahr, ohne sie zu bewerten oder auf sie zu reagieren. Dabei bemerken Sie vielleicht, dass sie in ihrer Intensität nachlassen.

Durch Üben steigern Sie Ihre Fähigkeit, ausdauernd aufmerksam zu sein. Gleichzeitig entwickeln Sie dabei Ihr Selbstmitgefühl, denn die Aufmerksamkeit, die Sie auf Ihren Körper richten, ist freundlich und fürsorglich und zugleich neugierig.

Zentrale Übung

Der Bodyscan ist in vielen Achtsamkeitsprogrammen eine zentrale Übung (siehe S. 90–91). Versuchen Sie ihn eine Woche lang zweimal pro Tag durchzuführen, vielleicht mit einem Tag Pause, an dem Sie eine etwas weniger strenge Übung wie eine Objektmeditation einschieben. Es wird mit Sicherheit Tage geben, an denen Sie zu wenig Zeit oder Energie für einen Bodyscan haben. Kritisieren Sie sich deswegen nicht, sondern gehen Sie einfach zum nächsten Tag weiter.

Der Bodyscan ist eine wohltuende Übung. Wenn Sie müde oder demotiviert sind und sich dennoch dazu aufraffen, werden Sie froh sein.

IN KÖRPERREGIONEN ATMEN

Während Sie die Aufmerksamkeit nacheinander auf jede Körperregion lenken, stellen Sie sich vor, wie der Atem beim Einatmen zu dieser Region hinwandert und sie beim Ausatmen wieder verlässt. Stellen Sie sich dabei vor, dass der Atem beruhigend auf den Körperteil einwirkt. Natürlich entspricht das nicht den anatomischen Tatsachen, aber die bildhafte Vorstellung lässt den Bodyscan zu einer harmonischeren ganzheitlichen Erfahrung werden.

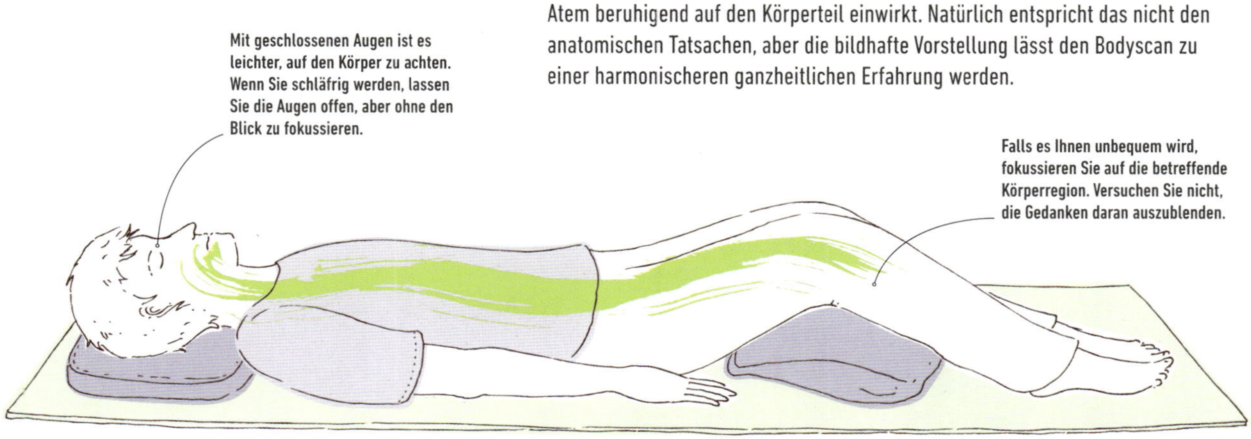

weiter

BODYSCAN-MEDITATION

Für den Bodyscan sollten Sie sich mindestens 30 Minuten Zeit nehmen, idealerweise bis zu 45 Minuten. Wie bei allen Achtsamkeitsübungen geht es darum, die Aufmerksamkeit auf die gegenwärtige Erfahrung zu richten, und zwar ohne jede Bewertung.

WEITERWANDERN

Es ist ganz normal, in manchen Körperteilen keine Empfindung zu spüren. Bleiben Sie mit Ihrer Wahrnehmung kurz an dieser Stelle und registrieren Sie das Fehlen von Wahrnehmungen, während der Atem ein- und ausströmt. Dann gehen Sie weiter.

1 Legen Sie sich auf den Rücken, die Beine leicht auseinander. Winkeln Sie die Beine an, wenn das bequemer ist. Schließen Sie die Augen, Sie dürfen sie jederzeit wieder öffnen. Spüren Sie das Gewicht des Körpers auf der Matte oder dem Bett und registrieren Sie, wo er aufliegt.

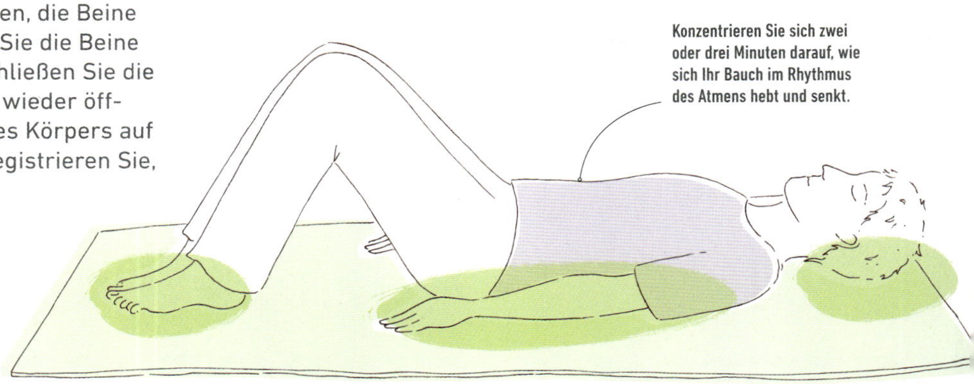

2 Wenn Sie bereit sind, lenken Sie die Wahrnehmung der Reihe nach auf die Zehen des linken Fußes. Achten Sie auf jede Empfindung: die Berührung eines Zehs mit einem anderen, Wärme oder Kälte, ein Kribbeln. Wandern Sie dann mit der Aufmerksamkeit zu den anderen Teilen des Fußes: Sohle, Ballen, Ferse, Oberseite, Seiten und Knöchel.

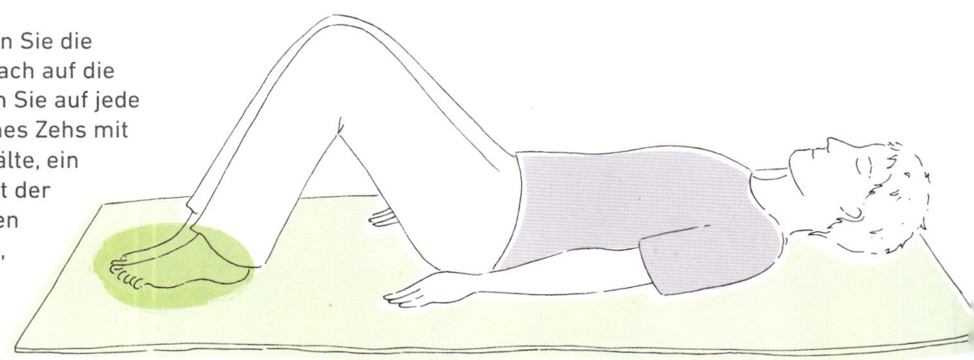

3 Lenken Sie nun die Aufmerksamkeit nacheinander auf das linke Schienbein, Wade, Knie und Oberschenkel. Verweilen Sie etwa eine halbe Minute bei jedem Körperteil, bevor Sie weiterwandern. Scannen Sie Wade und Oberschenkel von allen Seiten.

4 Gehen Sie mit der Aufmerksamkeit vom linken zum rechten Bein. Wie zuvor nehmen Sie der Reihe nach jeden Zeh, dann Sohle, Ballen, Ferse, Oberseite und Außenseiten des Fußes und Knöchels wahr. Danach scannen Sie auch rechts Wade, Knie und Oberschenkel.

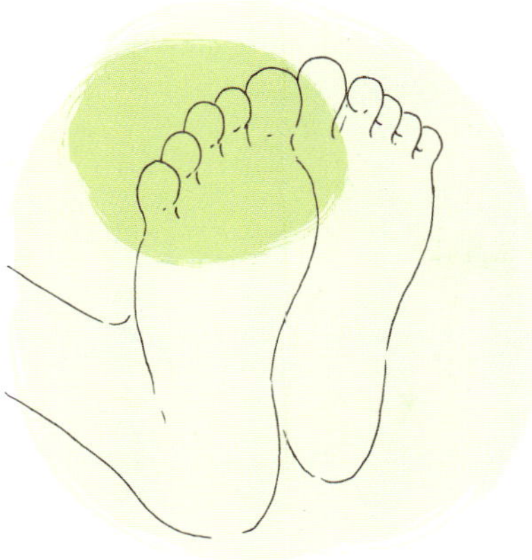

ÜBER DIESE ÜBUNG

Positive Effekte: eine zentrale Achtsamkeitsübung und der nächste Schritt nach der Körper-und-Atem-Meditation. Sie verbindet Körper und Geist zu einer Einheit und hat, wenn sie regelmäßig ausgeführt wird, eine überaus nährende Wirkung.

Häufigkeit: mindestens eine Woche lang zweimal am Tag, alternativ dazu täglich eine längere Einheit. Erlauben Sie sich wöchentlich einen Tag Pause und schieben Sie zum Beispiel eine Objektmeditation ein.

Dauer: mindestens 30 Minuten, etwa eine halbe Minute für jede Körperregion. Idealerweise planen Sie 45 Minuten ein.

5 Verfahren Sie auf gleiche Weise im Beckenbereich: Leiste, Genitalien, Gesäß, Hüfte. Lassen Sie sich dabei Zeit. Wandern Sie dann mit der Aufmerksamkeit zum unteren Rumpf, Unterbauch und unteren Rücken. Nehmen Sie die Bewegung des Bauchs beim Atmen wahr.

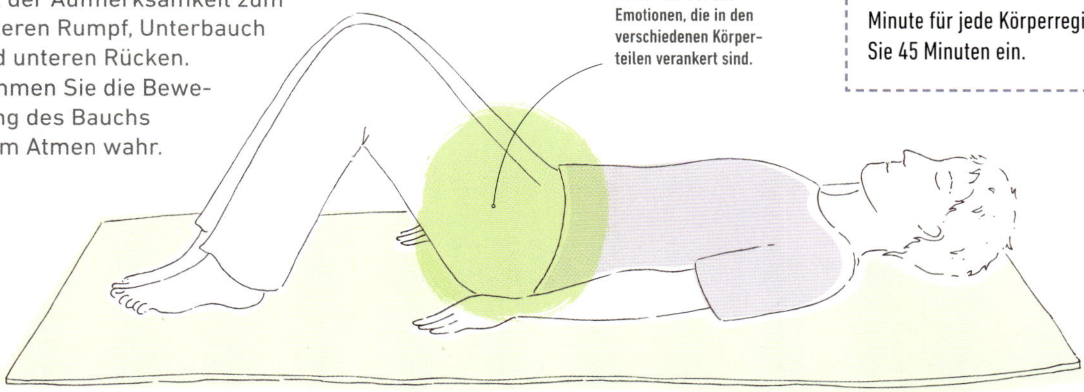

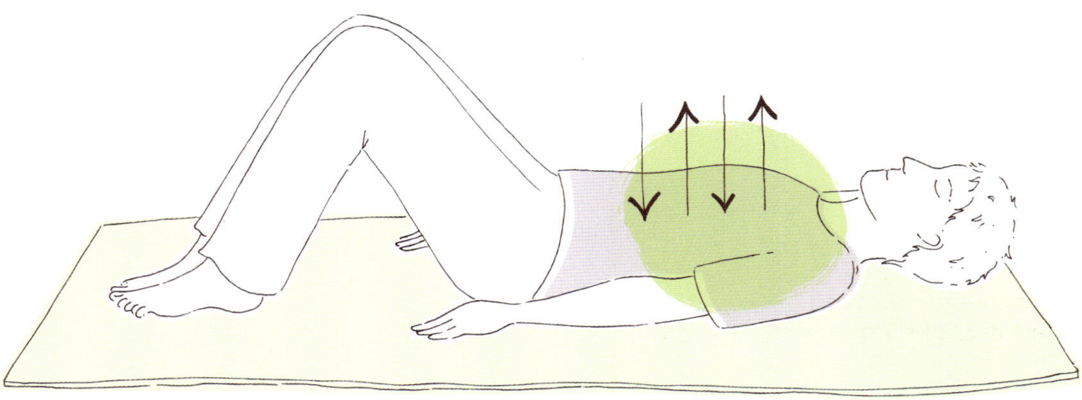

6 Richten Sie Ihre Aufmerksamkeit auf die Brust und den oberen Rücken. Spüren Sie, wie sich der Brustkorb im Atemrhythmus hebt und senkt. Beobachten Sie den Herzschlag, falls Sie ihn spüren können. Nehmen Sie Ihre Lungentätigkeit wahr.

weiter ▶

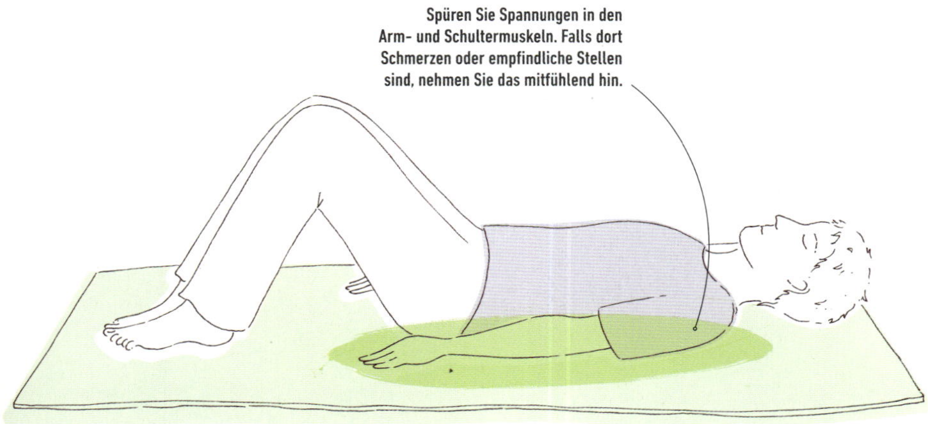

9 Nehmen Sie Augen und Lider wahr, eine weitere wichtige Quelle von Sinnesempfindungen. Spüren Sie den Lidschlag und prüfen Sie, ob es bei den Augen unterschiedliche Empfindungen gibt. Gehen Sie zur Nase und spüren Sie, wie Sie ein- und ausatmen.

7 Gehen Sie mit Ihrer Aufmerksamkeit zum linken Arm und zu den Fingern. Verfahren Sie wie bei den Zehen. Nehmen Sie dann die Handinnenfläche, das Handgelenk, den Handrücken und die Seiten der Hand wahr. Wandern Sie am linken Arm über den Unterarm zu Ellbogen, Oberarm und Schulter. Scannen Sie dann auf gleiche Weise den rechten Arm.

8 Als Nächstes richten Sie die Aufmerksamkeit auf Nacken und Hals. Nach einer halben Minute gehen Sie zum Kiefer und zum Mund, einer Hauptquelle für Körperempfindungen. Spüren Sie, wie die Lippen sich berühren. Spüren Sie die Feuchtigkeit, nehmen Sie die Grenzen dieser feuchten Zone wahr. Spüren Sie die Zunge an Zähnen und Gaumen.

UMGANG MIT UNANGENEHMEN EMPFINDUNGEN

Vielleicht kommen beim Bodyscan unangenehme Empfindungen auf. Begegnen Sie diesen mit einer neutralen Haltung: neugierig, aufgeschlossen, gewährend. Die Abbildung rechts zeigt, wie das achtsame Gewahrwerden dieser Wahrnehmungen unsere Vermeidungsstrategie durchkreuzt. Wenn wir uns ihnen mit freundlicher Bewusstheit stellen, erkennen wir, dass sie nicht von Dauer sind.

11 Beenden Sie die Übung, indem Sie einige Minuten lang Ihren Körper als Ganzes bewusst wahrnehmen. Spüren Sie, wie der Atem ihm durch sein beständiges Ein- und Ausströmen Leben schenkt. Gehen Sie behutsam aus der Meditation heraus. Spüren Sie sich in Ihrer Ganzheit, gelassen und in sich ruhend.

10 Lenken Sie die Aufmerksamkeit auf Ohren, Wangen, Schläfen, Stirn, Hinterkopf und Scheitel. Nehmen Sie wahr, wie das Haar auf der Haut aufliegt.

STETIGES NICHTURTEILEN

Registrieren Sie alle Gedanken oder Gefühle, die Ihnen in den Sinn kommen, und die Geräusche, die Sie hören, um sie dann loszulassen und sich wieder Ihren Körperempfindungen zuzuwenden. Halten Sie nach der Übung Ihre Erfahrungen im Achtsamkeitstagebuch fest.

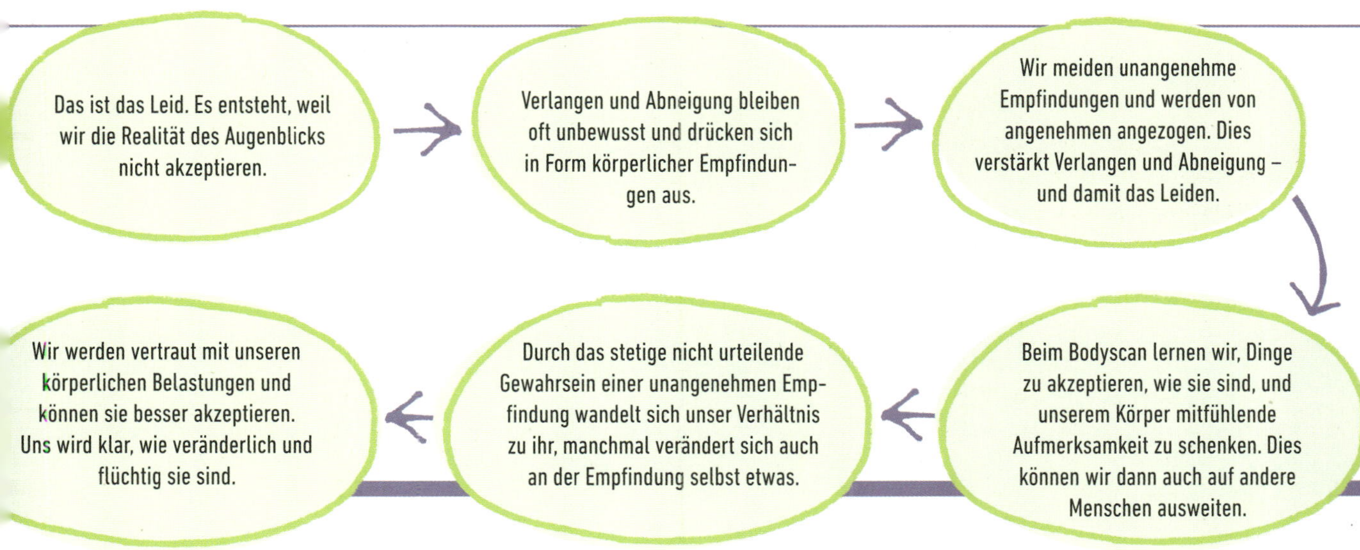

MIT ALLEN SINNEN

DIE KANÄLE OFFEN AUF EMPFANG

Unsere Sinne bilden die Schnittstelle zwischen uns und unserer Umwelt, da sie alles filtern, was auf uns einströmt. Sehen und Hören dominieren unser Leben. Nutzen Sie diese Wahrnehmungen, um sich im Hier zu verankern, doch nehmen Sie sich auch für die anderen Sinne Zeit.

Wenn wir die Umwelt mit den fünf Sinnen – Sehen, Hören, Tasten, Riechen und Schmecken – wahrnehmen, sind wir im unmittelbaren Kontakt mit dem Jetzt. Sind die Sinne aktiv, hat der Geist weder für Gedanken oder Emotionen Zeit noch für Vergangenes oder Zukünftiges.

Wieder ins Lot kommen

Wenden wir uns nun, nachdem wir im Bodyscan unsere körperlichen Empfindungen erkundet haben, wieder den anderen Sinnen zu. Beim Bodyscan ging es hauptsächlich um Empfindungen innerhalb des Körpers, nur Tasten und Schmecken spielten an manchen Stellen eine Rolle. Wenn wir die Wahrnehmung nun ausweiten, begeben wir uns auf eine fünfdimensionale Reise.

Die beiden Übungen zeigen, wie Sie Ihre Sinne ganz auf das Gewahrsein des gegenwärtigen Augenblicks ausrichten können. Gewöhnen Sie es sich im Alltag an, alle Sinneskanäle offenzuhalten. Dies ist eine guter Ansatz, um sich zu zentrieren, wenn Sie bemerken, dass Sie in unproduktive Gedanken abdriften.

GERÜCHE ALS TOR ZUR ERINNERUNG

Unsere Geruchsorgane übermitteln alle Gerüche, die wir wahrnehmen, an das limbische System. Es liegt im Gehirn und ihm kommt eine wichtige Rolle bei der Steuerung von Stimmungen, Erinnerungen und Emotionen zu. Deshalb lösen Gerüche oft Erinnerungen aus: Der Duft eines Kiefernwalds bringt einen Campingurlaub aus der Kindheit zurück. Wenn man während des Lernens einen starken Geruch wahrnimmt, kann das helfen, sich an das Gelernte besser zu erinnern. Außerdem lösen Gerüche Emotionen aus. Dies nutzt die Parfümindustrie für die Produktion von Düften, die Assoziationen mit Verlangen, Vitalität oder Ruhe abrufen.

Gerüche eignen sich als Fokus einer einfachen Achtsamkeitsmeditation. Falls ein bestimmter Geruch eine starke Wirkung auf Sie hat, richten Sie die Aufmerksamkeit auf ihn: Ist der Geruch an eine Erinnerung gekoppelt? Tauchen Sie tiefer in solche Assoziationen ein, um mehr über sich selbst zu erfahren.

»Je mehr du isst, umso weniger Geschmack; je weniger du isst, umso mehr Geschmack.«
Chinesisches Sprichwort

DIE FÜNF-SINNE-MEDITATION

Machen Sie diese zehnminütige Meditation – zwei Minuten pro Sinn –, wo und wann Sie möchten. Sie können sie im Stehen durchführen, wenn das für Sie angenehmer ist, und an unbekannten Orten: So trainieren Sie, Ihre Sinne zu öffnen. Die Übung bereichert Ihre Wahrnehmung, denn Sie entdecken neue Dimensionen, wenn Sie sich nicht allein auf Hören und Sehen beschränken.

FÜHLEN

Beginnen Sie bei den Berührungen. Nehmen Sie wahr, wie die Kleidung die Haut berührt. Berühren Sie dann Dinge in Ihrer Nähe. Wenn Sie einen geeigneten Fokus gefunden haben, schließen Sie die Augen.

SEHEN

Schauen Sie sich um. Betrachten Sie Ihre Umgebung, als sei sie nicht drei-, sondern zweidimensional. Achten Sie auf Farben, Schattierungen, Formen und Details. Nehmen Sie Grenzen zwischen Dingen wahr.

RIECHEN

Achten Sie auf Aromen. Falls Sie nichts riechen, führen Sie zum Beispiel Blumen oder Nahrungsmittel ganz nah an Ihre Nase heran. Tut sich auch dann nichts, würdigen Sie Ihren Geruchssinn, indem Sie sich die Geruchsorgane in der Nase bildlich vorstellen.

HÖREN

Lauschen Sie mit geschlossenen Augen den Geräuschen nah und fern, dem gesamten Spektrum von Tonlagen und Lautstärken. Horchen Sie auf Geräusche des Körpers und aus der Außenwelt. Achten Sie darauf, wie einige sich verändern und verklingen.

SCHMECKEN

Schmecken Sie als Erstes das Innere des Mundes. Beißen Sie dann in einen Apfel oder eine andere Frucht und kosten das Besondere des Geschmacks aus. Jon Kabat-Zinn, Pionier der modernen Achtsamkeitspraxis, verwendete für diese Achtsamkeitsmeditation Rosinen.

EINE FÜLLE AN SINNESREIZEN
Suchen Sie einen Ort mit einem breiten Angebot an Sinneseindrücken auf. Ein gut besuchtes Café beispielsweise ist voller Geräusche, während ein Park im Frühling eine Vielzahl an Gerüchen bereithält. Finden Sie einen Platz, wo Sie achtsam die ganze Fülle aufnehmen können.

»Die besten Entdeckungsreisen macht man ..., indem man die Welt mit neuen Augen betrachtet.«

Marcel Proust (1871–1922)

DIE INNERE ACHTERBAHN

AUF UND AB DER EMOTIONEN

Oft kommen während der Achtsamkeitsmeditation Emotionen angaloppiert wie wilde Pferde in der Prärie. Indem Sie deren Besonderheiten wahrnehmen, ohne sich in die Geschichten dahinter hineinziehen zu lassen, lernen Sie, ganz im Jetzt zu leben.

Bestimmte Körperempfindungen wie Schwere oder Müdigkeit, Muskelverspannungen und eine Körperhaltung mit hängenden Schultern sprechen Bände über unsere Gemütsverfassung. Wenn wir das Gefühl haben, dass es uns an Lebensfreude, Selbstwertgefühl und Optimismus fehlt, verstärken solche körperlichen Symptome unser negatives Selbstbild noch weiter. Wir sind dann in einer negativen Rückkopplungsschleife gefangen. Indem wir uns die Empfindungen bewusst machen, gewinnen wir den Körper als Verbündeten und können diesen Kreislauf unterbrechen.

Unter Beobachtung

Im Lauf einer Achtsamkeitsmeditation kann es auch sein, dass sich Emotionen ganz direkt zeigen, also nicht durch körperliche Empfindungen vermittelt, sondern als ungefiltertes Erleben. Dies geschieht am ehesten beim Bodyscan (siehe S. 120–125), der langen Meditation, bei der wir oft in tiefere Schichten des Selbsterlebens vorstoßen.

Beim Bodyscan sehen sich viele Menschen mit Emotionen konfrontiert, die dem Bewusstsein zuvor verborgen waren, aber starken Einfluss auf ihre Einstellungen und Verhaltensweisen haben. Achtsamkeit ist ein Werkzeug, das uns hilft, die Emotionen mit selbstmitfühlender Akzeptanz zu betrachten. Wir sehen diesen Besuchern direkt in die Augen – nicht feindselig, sondern neugierig. Haben wir uns erst einmal daran gewöhnt, können wir noch viel weiter gehen und den Emotionen sozusagen den roten Teppich ausrollen. Wir heißen sie in unserem Bewusstseinsfeld willkommen und beobachten dann, wie sie sich verhalten. Dies kann der Anfang einer spannenden Reise sein, auf der wir uns selbst erforschen.

Negative Muster auflösen

Sich von festgefahrenen Denk- oder Verhaltensmustern zu befreien, die in tief verwurzelten emotionalen Reaktionen gründen, ist kein leichtes Unterfangen. Emotionen entschlossen zu bekämpfen ist nicht der beste Weg zu ihrer Überwindung, sondern kann sie paradoxerweise sogar verstärken. Wollen wir sie auflösen, müssen wir uns bewusst mit den

ACHTSAME HINWENDUNG ZU EINER EMOTION

Betrachten Sie eine emotionale Erfahrung so, wie Sie eine Blume ansehen würden. Schenken Sie ihr die volle Aufmerksamkeit, nehmen Sie all ihre Eigenschaften wahr.

Die Emotion möchte von Ihnen so gesehen werden, wie sie ist. Nähern Sie sich ihr so weit, wie es Ihnen angenehm ist. Nicht erschrecken, wenn sie sich dabei verstärkt, das ist normal. Falls die Begegnung Sie überfordert, versuchen Sie es später noch einmal. Halten Sie Ihre Erfahrungen im Tagebuch fest.

Je weiter Sie in der Achtsamkeitspraxis fortschreiten, desto gelassener und akzeptierender können Sie schwierigen Emotionen begegnen.

Emotionen auseinandersetzen; dazu ist eine achtsame Denkweise Voraussetzung. Indem wir uns darin üben, unseren Erfahrungen akzeptierend statt wertend zu begegnen, werden wir zentrierter und flexibler. Wenn Achtsamkeit das Steuer übernimmt, schaltet sich der Autopilot ab.

Das Wesen der Akzeptanz

Emotionalen Turbulenzen mit Akzeptanz zu begegnen heißt nicht, sich mit ihren negativen Botschaften abzufinden. Vielmehr öffnen Sie sich so den Emotionen. Aus achtsamer Perspektive betrachtet sagen die negativen Botschaften nämlich nichts darüber aus, wie Sie sind – so wie Sie auch aus positiven Emotionen nichts über Ihr Wesen ableiten können. Bei der Achtsamkeitsmeditation akzeptieren Sie positive und negative Emotionen gleichermaßen mit unvoreingenommener Offenheit.

Das Tempo bestimmen Sie

Das bedeutet nun nicht, dass Sie sich beim Bodyscan Ihren inneren Dämonen stellen müssten. Wenn es Ihnen schwerfällt, einer aufkommenden Emotion ins Auge zu blicken, gehört diese Schwierigkeit eben zu dem, was Sie gerade an sich beobachten. Akzeptieren Sie einfach mitfühlend das eigene Widerstreben und lenken Sie die Aufmerksamkeit dann wieder auf den gewählten Fokus.

Wenn Sie auf heikle Punkte stoßen, bestimmen Sie selbst, mit welchem Tempo Sie sie erkunden und sich mit ihnen beschäftigen wollen. Sie müssen sich nicht beeilen. Höchste Priorität hat für Sie allein die Erfahrung des Hier und Jetzt. In dieses Erlebnis können Sie so viel von Ihrer emotionalen Verfassung mit einbeziehen, wie es Ihnen intuitiv gerade richtig erscheint und wie Sie es aushalten können.

AUS DER ACHTERBAHN AUSSTEIGEN
Selbst in einer Achterbahn zu fahren ist eine ganz andere Erfahrung, als dabei zuzuschauen. Die Perspektive von außen ist die der Achtsamkeit.

IM EIGENEN TEMPO

GEH-MEDITATION: SCHRITT FÜR SCHRITT

Den Körper in Bewegung zu spüren ist eine weitere Möglichkeit, Sinnesempfindungen achtsam wahrzunehmen. Die Geh-Meditation ist eine Übung mit langer Tradition und Zen-Anklängen, Sie können sie aber auch kreativ in den Alltag einbauen. Schließlich ist Gehen – auch in der Großstadt – etwas, das wir ohnehin schon tun.

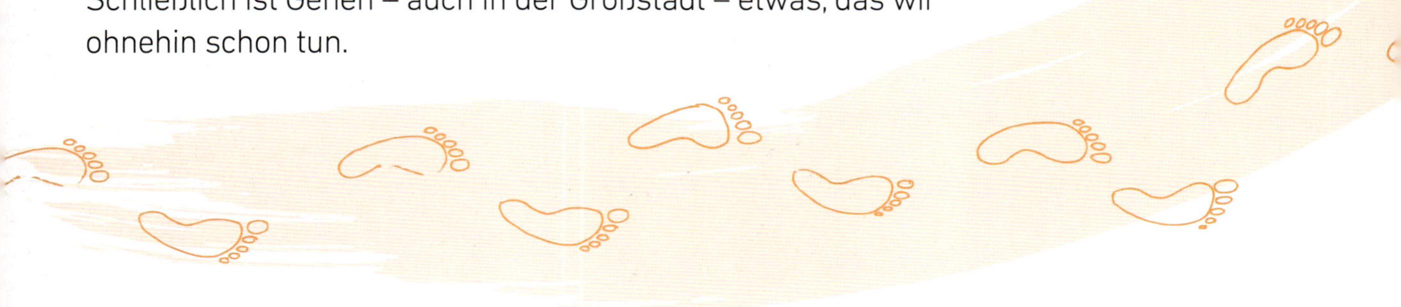

ACHTSAMKEIT TO GO

Es gibt keine spezielle Technik für das achtsame Gehen. Wählen Sie ein Ihnen angenehmes, normales Tempo. Wenn die Gedanken abschweifen, lenken Sie die Aufmerksamkeit darauf zurück, wie Sie die Füße auf dem Boden spüren. Die hier beschriebenen einfachen Ergänzungen bringen etwas Abwechslung in die Übung. Betrachten Sie sie als Abstecher, die die Geh-Meditation bereichern. Sie helfen Ihnen, lebendigen Kontakt mit der Umgebung aufzunehmen und ihr und sich selbst größere Wertschätzung entgegenzubringen.

DEN FOKUS VERSCHIEBEN
Richten Sie die Aufmerksamkeit abwechselnd auf körperliche Empfindungen und die Umgebung. Wechseln Sie zum Beispiel vom Sehen zum Hören, dann zum Tasten, Berühren und Riechen.

WETTERSPAZIERGANG
Kleiden Sie sich passend für das jeweilige Wetter und nehmen Sie es mit allen Sinnen wahr. Genießen Sie das Knirschen von Schnee, den Anblick von Sonnenstrahlen, die durch dunkle Wolken brechen, die Farbabstufungen eines Regenbogens oder das Gefühl von Regen auf der Haut.

Fokussieren Sie im Gehen auf das Jetzt und auf Ihre körperlichen Empfindungen. In diese Meditation können Sie spontan einsteigen, wo auch immer Sie sind.

Gehen ist, anders als das Atmen, etwas, was wir erlernen. Doch es fühlt sich eher an wie ein angeborener Reflex, da wir es uns so früh aneignen. In der Regel ist beim Gehen der Autopilot eingeschaltet; da wir meist einem Weg folgen, passt diese Metapher hier besonders gut. Wir können uns beim Gehen unterhalten oder, wenn wir allein sind, über Schwierigkeiten und Ängste nachdenken. Viele machen sogar eigens einen Spaziergang, wenn Sie sich über ein Problem klar werden wollen.

Achtsames Gehen ist völlig anders. Sie starten nicht, um über etwas nachzugrübeln. Falls Ihnen dabei Schwieriges in den Sinn kommt, lassen Sie diese Gedanken vorüberziehen. Fokussieren Sie im Gehen auf das Jetzt und auf Ihre körperlichen Empfindungen. In eine solche Meditation können Sie spontan einsteigen, wo auch immer Sie sind, zum Beispiel auf dem Weg zum Einkaufen oder zu einer Verabredung. Alternativ können Sie Zeit für das achtsame Gehen einplanen und die Übung in Ihr Programm mit Körper-und-Atem-Meditationen integrieren. Die Geh-Meditationen sorgen für Abwechslung in der Meditationspraxis.

VOGELZWITSCHERN

Finden Sie bei einem Frühlingsspaziergang in der Natur allein mit Ihrem Gehör heraus, wo sich einzelne Vögel befinden. Achten Sie dazu beim Weitergehen darauf, woher das Gezwitscher kommt. Versuchen Sie, sich überlappende Gesänge auseinanderzuhalten.

WARENWELT

Gehen Sie in ein Kaufhaus und fahren Sie mit der Rolltreppe ins oberste Stockwerk. Betrachten Sie dabei aus den wechselnden Perspektiven die Vielfalt und Fülle des Warenangebots. Sehen und hören Sie auch den Menschen zu und lauschen Sie der Geräuschkulisse des Shoppens.

VON ALLEN SEITEN

Besuchen Sie ein Gebäude, das separat steht, etwa ein Museum oder eine Kirche in einem öffentlichen Park. Gehen Sie um das Gebäude herum und richten Sie Ihre volle Aufmerksamkeit auf seine Merkmale und Besonderheiten sowie darauf, wie Ihre Perspektive sich verändert.

weiter ▶

ACHTSAME GEH-MEDITATION

Diese Meditation können Sie drinnen wie draußen durchführen. Sie brauchen dazu nicht viel Platz, in einem kleinen Raum können Sie im Kreis oder hin und her gehen. Möglicherweise ist es sinnvoll, Möbel aus dem Weg zu räumen. Wenn Sie auf einem Teppich oder einem anderen angenehmen Untergrund barfuß laufen, erhöht das die Wahrnehmungsfähigkeit.

1 Nehmen Sie eine stabile Körperhaltung ein, die Arme hängen seitlich herab. Spüren Sie den Kontakt der Füße zum Boden. Vielleicht stellen Sie sich vor, ein Baum zu sein – im Boden verwurzelt, majestätisch, groß. Bewegen Sie sich ein wenig hin und her, um die perfekte Balance zu finden.

2 Konzentrieren Sie sich ein oder zwei Minuten lang auf Ihre Atmung. Richten Sie anschließend die Aufmerksamkeit auf Ihre Füße.

ÜBER DIESE ÜBUNG

Positive Wirkungen: erweitert die Aufmerksamkeit auf Körper und Atmung um die Dimension Bewegung.

Häufigkeit: bleibt ganz Ihnen überlassen. Falls Sie die Übung als angenehm empfinden, können Sie sie täglich durchführen. Sie können sie auch als gelegentliche Abwechslung in ein Programm mit Körper-und-Atem-Meditationen oder Bodyscans einfügen.

Dauer: zehn Minuten, auf Wunsch auch länger.

3 Das Gewicht auf einen Fuß verlagern, sodass kaum Gewicht auf dem anderen lastet. Dann den belasteten Fuß in den Boden drücken, das andere Knie lockerlassen und das Bein nach vorn führen. Wenn nötig, den Körper einsetzen, um das Gleichgewicht zu halten. Spüren Sie, wie Ferse und Ballen des vorderen Fußes auf dem Boden abrollen.

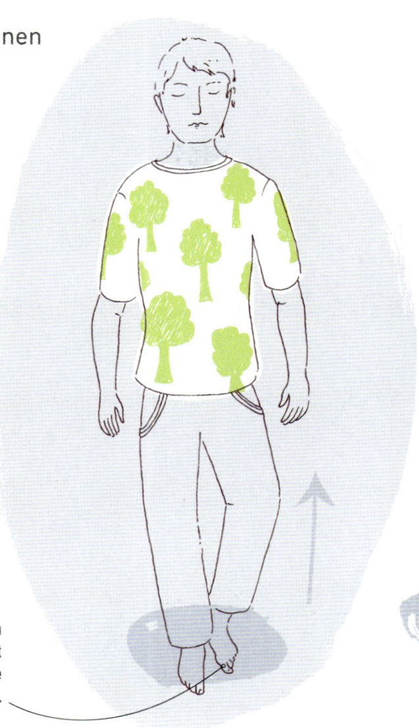

Bewegen Sie sich langsam, gezielt und mit dem Bewusstsein für alle beteiligten Empfindungen.

4 Führen Sie den zweiten Schritt wie den ersten aus, stehen Sie dabei aber auf dem zuvor abgerollten Fuß. Achten Sie auf alle Bewegungsempfindungen in Beinen, Füßen und Oberkörper sowie auf den Druck, den der Fuß im Kontakt mit dem Boden ausübt.

5 Bleiben Sie im Rhythmus des langsamen, bewussten Gehens und achten Sie darauf, wie sich dabei die Empfindungen entfalten, wiederholen und verändern. Gehen Sie, je nach den räumlichen Gegebenheiten, geradeaus, hin und her oder im Kreis.

VARIATIONEN

Versuchen Sie, im Atemrhythmus zu gehen. Beim Ausatmen setzen Sie einen Fuß nach vorn, beim Einatmen den anderen. Orientieren Sie sich an Ihrem Atemrhythmus, um die Schritte zu koordinieren.

Bodyscan im Gehen. Lassen Sie die Aufmerksamkeit beim Gehen durch den Körper wandern, angefangen bei den Füßen bis hoch zum Scheitel (siehe Bodyscan, S. 120–125).

»Immer missfällt dir das Nahe.
Das Ferne ist stets dir lieber.«

Euripides (um 440–406 v. Chr.)

WELLEN DES MITGEFÜHLS

LIEBENDE GÜTE IM FOKUS

Diese Meditation entstammt der buddhistischen Praxis und beginnt mit Selbstmitgefühl: Sie nehmen sich selbst mit all Ihren Macken und Fehlern an. In immer größeren Kreisen werden auch andere mit positiver Energie umschlossen. Indem wir Wärme schenken, vergrößern wir das Glück – auch unser eigenes.

Sobald wir merken, dass sich unsere Haltung gegenüber unseren Mitmenschen ins Negative kehrt, dass wir ihnen unsere Zuneigung verweigern oder gar Feindseligkeit empfinden, sollten wir etwas unternehmen. Vielleicht betrifft diese Abneigung nur wenige Personen – möglicherweise eine bestimmte Gruppe, etwa Männer oder die Vorgesetzten –, vielleicht betrifft sie aber auch die Menschheit an sich.

Wenn unser Geist sich derart verdüstert, können wir ihn durch Mitgefühl und Zuwendung zu anderen wieder aufhellen. Dabei hilft uns die Meditation über liebende Güte, die von Buddhisten traditionell dazu genutzt wird, um die selbstlose, uneigennützige Liebe zu fördern. Indem wir diese Meditation praktizieren – wöchentlich oder immer dann, wenn unser Mitgefühl uns abhandenzukommen droht –, üben wir uns darin, geduldiger, toleranter, großzügiger und gütiger zu werden.

Herzmeditation

Mit der Meditation über liebende Güte wollen wir negative Denkweisen durchbrechen und eine positivere Haltung zum Leben einnehmen. Dies führt zur inneren Heilung. Wir entwickeln Empathie, das heißt ein Verständnis für die Gefühle und Erfahrungen anderer. Empathie macht den Unterschied zwischen Mitgefühl und Mitleid aus; während Mitleid mit einer besorgten Haltung einhergeht, reicht das Mitgefühl tiefer, beschäftigt sich auf verständnisvolle, zugewandte Weise mit den Nöten unserer Mitmenschen und verzeiht ihre Fehler und Unzulänglichkeiten. Liebende Güte hingegen bedeutet nicht nur, die Probleme anderer anzunehmen, sondern auch, ihre Freude, ihre Erfolge und ihr Glück zu teilen.

Die Meditation über liebende Güte ist eine »Herzmeditation« und bildet ein wertvolles Gegengewicht zu eher geistig ausgerichteten »Einsichtsmeditationen«. Betrachten Sie diese Übung nicht als notwendige Pflicht, sondern als einen Weg, positive Gefühle zu wecken und sie in all Ihre Beziehungen zu anderen einfließen zu lassen – ob zu Hause, im näheren Umfeld, bei der Arbeit oder darüber hinaus.

Geht das eigene Glück zulasten anderer Menschen, führt das oft zu Unglück – wir verkennen, dass dies am Ende auch uns selbst Leid zufügt.

WEITE KREISE

Bei der Meditation über liebende Güte konzentrieren Sie sich zunächst auf sich selbst. Dann bewegen Sie sich, wie unten dargestellt, nach außen und richten Ihre Aufmerksamkeit auf Gruppen, die emotional weiter von Ihnen entfernt sind. Natürlich bezieht jeder von uns andere Personen ein, die Abbildung ist nur ein Beispiel. Wenn Sie sehr selbstkritisch sind und sich selbst eher ablehnen, konzentrieren Sie sich bei dieser Meditation anfangs auf eine geliebte Person.

weiter

MEDITATION ÜBER LIEBENDE GÜTE

Die Übung kann in jeder Haltung durchgeführt werden. Wählen Sie daher eine Position, die sich bei Ihnen für andere Achtsamkeitsmeditationen bewährt hat. Bei Müdigkeit wird Ihnen die Übung schwerfallen, da sie eine starke geistige Fokussierung erfordert.

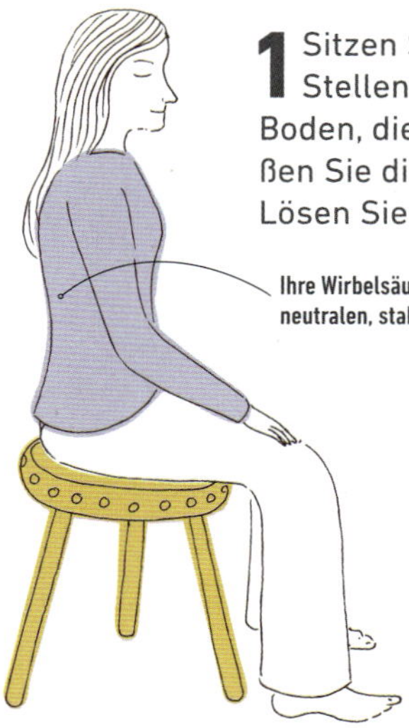

1 Sitzen Sie bequem und aufrecht. Stellen Sie die Füße flach auf den Boden, die Beine nebeneinander. Schließen Sie die Augen, entspannen Sie sich. Lösen Sie sich von allen Ablenkungen.

2 Richten Sie im Geist mit folgenden Worten einen Wunsch zur liebenden Güte an sich selbst: »Möge ich liebende Güte erfahren. Möge ich Glück, Gesundheit und Frieden erleben.« Spüren Sie die Aufrichtigkeit dieser Worte. Wiederholen Sie sie oder wandeln Sie sie ab, indem Sie weitere, ähnliche Wünsche hinzufügen, bis ein warmes Gefühl in Ihnen aufsteigt.

ÜBER DIESE ÜBUNG

Positive Wirkungen: fördert Offenheit und Empathie und stärkt die Verbundenheit mit anderen.

Häufigkeit: mindestens einmal wöchentlich und immer dann praktizieren, wenn Sie auf jemanden nicht gut zu sprechen sind oder um sich selbst kreisen.

Dauer: etwa 30 Minuten.

3 Formulieren Sie einen Wunsch zur liebenden Güte für eine Person, die Ihnen nahesteht. Wenden Sie sich im Geist etwa mit folgenden Worten an sie: »Liebste Tochter, mögest du liebende Güte erfahren. Mögest du Glück, Gesundheit und Frieden erleben.« Spüren Sie wieder die warme Aufrichtigkeit dieser Botschaft. Sie können auch mehr als eine Person ansprechen oder mit eigenen Formulierungen arbeiten.

4 Formulieren Sie einen Wunsch zur liebenden Güte für jemanden, den Sie sehr schätzen, etwa weil er Sie etwas Wichtiges gelehrt oder Ihnen in einer schwierigen Lage beigestanden hat. Wenn Sie hier eigene Worte suchen, orientieren Sie sich an den Wünschen bei Schritt 3.

5 Senden Sie liebende Güte an eine vertraute Person, der Sie neutrale Gefühle entgegenbringen. Nennen Sie in jedem Fall den Namen dieser Person, falls Sie ihn kennen. Ob es sich um den Vor- oder Nachname handelt, ist unerheblich.

6 Senden Sie jemandem liebende Güte, den Sie nicht mögen oder auf den Sie wütend sind. Zuerst werden Sie sicher negative Gefühle verspüren, die dann im Lauf der Übung wohl nachlassen werden.

HIMMELSRICHTUNGEN

Die Meditation über liebende Güte lässt sich auf alle Menschen erweitern. Teilen Sie diese in vier Gruppen ein, die sich von Ihnen aus im Norden, Süden, Osten und Westen befinden. Sie können sich beim Meditieren in diese Richtungen wenden. Oder Sie senden Herzensgüte an die Menschen in Ihrer Stadt oder Ihrem Land.

Horche oder deine Zunge
wird dich taub machen.

Indianisches Sprichwort

ACHTSAMKEIT UND FANTASIE

FEST WIE EIN BERG

Bei dieser Meditation spielt Fantasie eine wichtige Rolle; nicht in Form zufälliger, tagträumerischer Gedanken, sondern mit gezielter Ausrichtung auf den Augenblick. Indem wir die Fantasie anregen, fördern wir unsere Empfindsamkeit.

Mithilfe der Fantasie können wir vor unserem inneren Auge ein Bild erzeugen, das wir nicht über die Sinne wahrnehmen. Dabei kann es sich um ein Ereignis in der Zukunft handeln, vor dem wir uns fürchten – dann verstärkt unsere Fantasie die Angst. Oder wir ersehnen uns etwas – und laufen Gefahr, uns einer Illusion oder zumindest falschen Erwartungen hinzugeben. Doch genau wie unsere Sinne lässt sich auch die Fantasie auf achtsame Weise einsetzen.

Tagträumereien sind in der Regel nicht sehr achtsam, da wir uns vom gegenwärtigen Augenblick lösen, die zielgerichtete Wahrnehmung aufgeben und uns mental entgrenzen. Statt der Fantasie ihren freien Lauf zu lassen, können Sie sie auf die Gegenwart richten, ähnlich wie bei der vorhergehenden Meditation über liebende Güte (siehe S. 138–141). Auf den folgenden Seiten wird eine Meditation vorgestellt, die Sie fest im Hier und Jetzt verankert, indem sie Ihnen statt einer Sinneswahrnehmung eine spezielle Vorstellung vermittelt: wie Sie ein Berg werden.

Fest und geerdet

Ein Berg ist fest, majestätisch und trotzt den Launen der Natur. Die Bergmeditation hilft Ihnen, eine ähnliche Kraft in sich zu entdecken. Sie zeigt Ihnen, dass ein innerer Sturm – die Entsprechung eines Gewitters im Gebirge – Ihnen im Grunde Ihres Wesens nichts anhaben kann. Diese Achtsamkeitsübung ist sehr beliebt, da sich ein sitzender Mensch seinen Körper leicht als Berg vorstellen kann, und zwar zum einen wegen der reglosen Haltung mit niedrigem Schwerpunkt und zum anderen wegen der Form: Der Kopf stellt den Gipfel dar, die Arme und Beine die Berghänge.

Wir dürfen unsere Fantasie auf gar keinen Fall vernachlässigen, denn sie bildet die Grundlage für Empathie, mit deren Hilfe wir uns in die Lage anderer Menschen hineinversetzen können. Ein empathisches Bild, wie es bei der Bergmeditation entsteht, bündelt unsere Vorstellungskräfte und führt sie in eine bestimmte Zielrichtung.

STANDHAFT WIE EIN BERG
Einem Berg können Wetterumschwünge nichts anhaben. Auch wir können lernen, gute und schlechte Gedanken und Gefühle gleichmütig hinzunehmen.

DIE MACHT DER BILDER

Um die Macht innerer Bilder zu verstehen, brauchen wir uns nur vor Augen zu halten, wie Erinnerungen funktionieren: Wer sich etwas merken will, kann den Gedanken mit einem Bild verknüpfen. Visualisierungen kommen bei Meditationen oft vor.

ARTEN DER VISUALISIERUNG

Besonders verbreitet sind:

- Konzentration auf ein imaginäres Objekt, etwa einen Stern oder Sonnenuntergang.
- Konzentration auf einen Ort, etwa einen stillen See; das beruhigt und kann Ängste lindern.
- Die Vorstellung, etwas anderes zu sein, beispielsweise ein Berg oder ein Vogel; durch die Kraft der Metapher können verborgene Qualitäten hervortreten.
- Die Vorstellung eines schönen zukünftigen Ereignisses; das kreative Vergegenwärtigen wirkt auf viele Menschen motivierend.

»Die Vorstellungskraft ist wichtiger als Wissen. Wissen ist begrenzt. Vorstellungskraft umfasst die ganze Welt.«

Albert Einstein (1879–1955)

weiter

ACHTSAME BERGMEDITATION

Stellen Sie sich den Berg so detailliert vor, wie Sie möchten; wichtiger als die Einzelheiten des Bilds ist es, den Berg ganz in sich aufzunehmen. Wenn Sie in Ihrer Fantasie zum Berg geworden sind, führen Sie sich, mit weniger Genauigkeit, den Ausblick auf die umliegenden Bergrücken vor Augen.

1 Setzen Sie sich mit aufrechtem, gut gestütztem Rücken bequem auf einen Stuhl. Legen Sie die Hände auf die Oberschenkel oder in den Schoß. Stellen Sie die Füße flach auf den Boden. Schließen Sie die Augen.

2 Atmen Sie einige Minuten lang achtsam. Sie können sich vorstellen, wie sich in Ihrem Geist der Himmel ausbreitet, in den dann Ihr Berg hineinragen wird.

3 Stellen Sie sich möglichst genau einen Berg vor. Sie sehen die sanften grünen Hänge mit Nadelhölzern und darüber die steilen Felswände und tiefen Felsspalten. Zum Gipfel hin glitzern Schnee und Eis.

ZUM TEIL DER NATUR WERDEN

In Ihrer Fantasie können Sie alles sein; probieren Sie außer dem Berg zwei weitere Vorstellungen aus.

See-Meditation: Sie werden zu einem Gewässer. Äußere Stürme bewegen nur die Oberfläche; die tieferen Schichten bleiben unberührt.

Baum-Meditation: Die Blätter rascheln im Wind, Stamm und Äste wiegen sich nur sanft. Ihre Probleme können Sie sich leicht wie von Ihnen abfallendes Laub vorstellen.

4 Führen Sie sich die kraftvolle, majestätische Erscheinung eines Bergs vor Augen, der fest in der Erde ruht. Bleiben Sie einige Minuten lang bei diesem Bild. Dann stellen Sie sich vor, wie Sie den Berg in sich aufnehmen und selbst zum Berg werden.

ÜBER DIESE ÜBUNG

Positive Wirkungen: Wie die Meditation über liebende Güte (siehe S. 138–141) regt auch diese Übung die Fantasie an, was wichtig für Beziehungen und Kreativität ist. Sie stabilisiert geistig und emotional und ermöglicht Ihnen den Zugang zu innerer Stärke. Auch für Anfänger, die Probleme mit dem Stillsitzen haben, kann sie hilfreich sein.

Häufigkeit: Führen Sie sie gelegentlich durch, um für Abwechslung bei Ihrer Achtsamkeitspraxis zu sorgen, sowie bei Stress und vor großen Herausforderungen.

Dauer: Etwa 20 Minuten sind ideal, es darf aber auch mehr sein.

5 Sehen Sie sich als Berg: ruhig und friedlich, auch wenn wechselnde Witterungen oder gar Stürme über Sie hinwegfegen. Beobachten Sie das Wetter, geschützt in Ihrer Festung aus Fels, Eis und Schnee.

6 Was Sie im Innersten beschäftigt und bewegt, wird Teil der Wettererscheinungen im Gebirge. Unruhige Winde erleben Sie gelassen und ohne Sorge; Sie ruhen in sich. Wenn Sie bereit sind, kehren Sie in Ihren alltäglichen Körper zurück und nehmen dabei die Kraft des Bergs mit. So sind Sie für die Auseinandersetzung mit der Welt gewappnet.

IM JETZT VERWURZELT

SELBSTACHTSAMKEIT ENTWICKELN

Alles im Leben können wir achtsam tun. Zusätzlich zur Meditationspraxis sollten wir also dafür sorgen, mehr im Augenblick zu leben – vom Aufstehen bis zum Zubettgehen – und die Achtsamkeit noch enger mit dem Stoff unseres Lebens zu verweben.

Wenn das Wort »Übung« in Bezug auf Achtsamkeit fällt, ist oft das Ausführen von Meditationen gemeint. Doch die Wahrnehmung des gegenwärtigen Augenblicks, die durch Achtsamkeit gefördert wird, kann und soll auch in anderen Lebensbereichen zum Tragen kommen. Außer in der traditionellen Meditationspraxis können Sie gerichtete Aufmerksamkeit ebenso bei anderen Aktivitäten anwenden, zum Beispiel beim Laubharken, Joggen oder auf dem Weg zur Bushaltestelle. Sie können achtsame Aufmerksamkeit im Gespräch mit Ihrem Partner oder Ihren Kindern praktizieren. Oder Sie nutzen sie für ein Hobby, bei dem Sie dem Hier und Jetzt Ihre ganze Aufmerksamkeit zuwenden müssen, beispielsweise wenn Sie sich mit Musik, Vogelbeobachtung, Kunst oder Fotografie beschäftigen. Durch Achtsamkeit werden scheinbar banale Erfahrungen zu ganz besonderen Erlebnissen für den Einzelnen.

Dauerhafte Achtsamkeit

Es stellt sich die Frage, inwieweit wir Achtsamkeit tatsächlich auf all unser Tun anwenden können. Wäre es realistisch und erstrebenswert, das eigene Leben in jedem Augenblick vollkommen bewusst und mit zielgerichteter Aufmerksamkeit zu leben?

Die einfache Antwort lautet: wahrscheinlich nicht, und das ist zum Teil dem Wort »zielgerichtet« geschuldet. Denn wie jeder andere werden auch Sie in Ihrem Leben verschiedene Ziele verfolgen; die Wertschätzung Ihrer persönlichen Erfahrungen ist nur eines unter vielen. Oft würde man lieber in der

SELBSTACHTSAMKEIT

Verabschieden Sie sich vom Autopiloten und machen Sie Achtsamkeit zu Ihrer Standardeinstellung. So werden Sie aufmerksamer, bewusster und wacher. Eine achtsame Haltung entsteht aber nicht von heute auf morgen; vielmehr sind dazu traditionelle Praxis und die Anwendung im Alltag erforderlich. Säen Sie dazu »Samenkörner« der Achtsamkeit aus.

Atmen Sie achtsam, und zwar immer wieder im Lauf des Tages. Sehen Sie dies als Pausenmodus an, wenn Sie zum Beispiel in einer Schlange stehen oder vor einem Termin warten. Achtsames Atmen hilft auch, Tätigkeiten bewusst voneinander zu trennen.

Fordern Sie sich zur Achtsamkeit auf, wenigstens einmal pro Stunde für ein oder zwei Minuten. Beim Fernsehen können Sie während der Werbepausen oder beim Umschalten Achtsamkeit üben.

DREI WEGE, EIN ZIEL

Die dargestellten drei Wege führen zu einer achtsamen Einstellung.

Vergangenheit oder Zukunft leben als im Hier und Jetzt. Vielleicht erinnern Sie sich gern an Erlebnisse mit einem abwesenden Freund, den Sie vermissen, oder Sie möchten sich die Unterhaltung mit einem Arbeitskollegen noch einmal ins Gedächtnis rufen, um über Ihr weiteres Vorgehen in Bezug auf diese Person zu entscheiden. Achtsamkeit will Sie keinesfalls davon abhalten, an andere Menschen zu denken oder zu reflektieren.

Eine Frage der Haltung

Wenn Sie Achtsamkeit praktizieren, wird sich das regelmäßige Meditieren mit der Zeit immer natürlicher anfühlen, wahrscheinlich werden Sie die Übungen in Ihren alltäglichen Lebensrhythmus aufnehmen wollen. Zusätzlich zur traditionellen Praxis möchten Sie vielleicht in anderen, selbst gewählten Momenten achtsam sein, zum Beispiel während Sie Musikhören, beim Kochen oder bei der Gartenarbeit. Das Meditieren wird darüber hinaus Ihre Bewusstheit schärfen, sodass Sie sich stärker als zuvor auf das konzentrieren, was Sie gerade tun. Schließlich werden sich Ihre Phasen im Aktionsmodus immer häufiger mit Phasen im Seinsmodus abwechseln. Wenn dies der Fall ist, haben Sie Achtsamkeit als Haltung verinnerlicht.

Nehmen Sie Schmerz bewusst wahr und schenken Sie auch sonstigem körperlichen Unwohlsein, ihren negativen Gefühlen und Gedanken über sich selbst Ihre Aufmerksamkeit.

Dokumentieren Sie Ihre Reise der Achtsamkeit in Ihrem Achtsamkeitstagebuch. Schreiben Sie Ihre Erfahrungen im Alltag beim Meditieren oder bei Achtsamkeitsübungen auf.

Meditation ist nur der Anfang der Achtsamkeitspraxis – Sie können jeden Lebensbereich achtsam ausgestalten.

UND AUF EINMAL MACHEN SIE YOGA

MEHR ALS EIN BODYSCAN

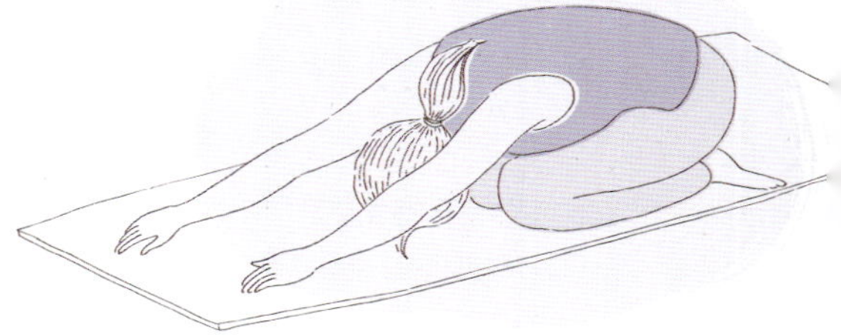

Wenn Sie bereits Yoga machen, wird die Achtsamkeit Ihre Praxis vertiefen und ihr eine neue Dimension des Selbstgewahrseins hinzufügen. Sind Sie Yoga-Neuling, betrachten Sie die folgenden Übungen als Erweiterung des Bodyscans und probieren Sie einige der einfachen Varianten aus – auf achtsame Weise.

Viele Menschen, die Achtsamkeitsübungen praktizieren, erleben dies als Rückkehr zu einer ganzheitlichen Selbstwahrnehmung, die in jedem von uns schlummert. In dieses Körpergefühl einzutauchen führt nicht zu einer neuen Verbindung zu uns selbst, sondern stellt etwas bereits Vorhandenes, aber Ungesehenes wieder her. Beim Bodyscan (siehe S. 120–125) erfährt jeder Teil unseres Körpers anteilnehmende Aufmerksamkeit. Unser Leib ist nicht etwa ein Tempel, sondern unser Zuhause.

Wie wir gesehen haben, bringt der Bodyscan Körper und Geist zusammen, sodass diese zwei Dimensionen unseres Selbst eine Einheit bilden. Diese Idee liegt auch dem Yoga zugrunde. Wörtlich übersetzt bedeutet Yoga in etwa »unter dasselbe Joch spannen«. Das Joch, unter dem Pferde oder Ochsen gehen, steht hier metaphorisch für Harmonie von Körper und Geist.

Sonnen- und Mond-Yoga

Yoga ist eine über 5000 Jahre alte Praxis, deren Ursprünge in Indien liegen. Traditionell gilt es als Weg zur Reinigung: Durch die richtige Einstellung soll der Körper höhere Ebenen der Meditation erreichen. Weniger esoterisch und in seiner modernen, westlich geprägten Form wird Yoga als eine Lehre angesehen, die hilft zu entspannen und Belastungen abzubauen, schwächere Muskelpartien zu stärken und verhärtete Muskeln zu dehnen sowie Körper und Geist auszubalancieren und in Einklang zu bringen. Hatha-Yoga ist im Westen heute am weitesten verbreitet, sein Name leitet sich von den Wörtern »ha« für Sonne und »tha« für Mond ab. Diese Form des Yoga vereint die Kräfte beider Himmelskörper und setzt in jedem männliche und weibliche Energien frei. Hatha-Yoga basiert auf traditionellen Asanas (Stellungen), die alle Bereiche des Körpers ansprechen, Stärke und Flexibilität verleihen und für eine gesunde Verdauung, einen ausgeglichenen Hormonhaushalt und inneren Frieden sorgen sollen.

Durch Achtsamkeit können Sie sich der Yoga-Praxis stärker öffnen und die damit verbundene Haltung auf Ihr Leben als Ganzes übertragen.

Verschmelzungen

Der Weg des Yoga mit hinduistischen Wurzeln betont die Konzentration auf den Atem, um sich tief versenken zu können. Dagegen legt der buddhistische Weg seinen Schwerpunkt auf Achtsam-

ACHTSAMKEITSYOGA

In den letzten Jahren haben einige Yoga-Lehrer, etwa Frank Jude Boccio und Cyndi Lee, die Vorzüge der Achtsamkeit beim Ausüben von Asanas (Stellungen) im Hatha-Yoga propagiert. Achtsamkeitsyoga wirkt über die Yoga-Matte hinaus in den Alltag hinein, indem es genau den Weg beschreitet, den auch wir in diesem Buch mit der Ausweitung der traditionellen Praxis auf das achtsame Handeln im Alltag gehen.

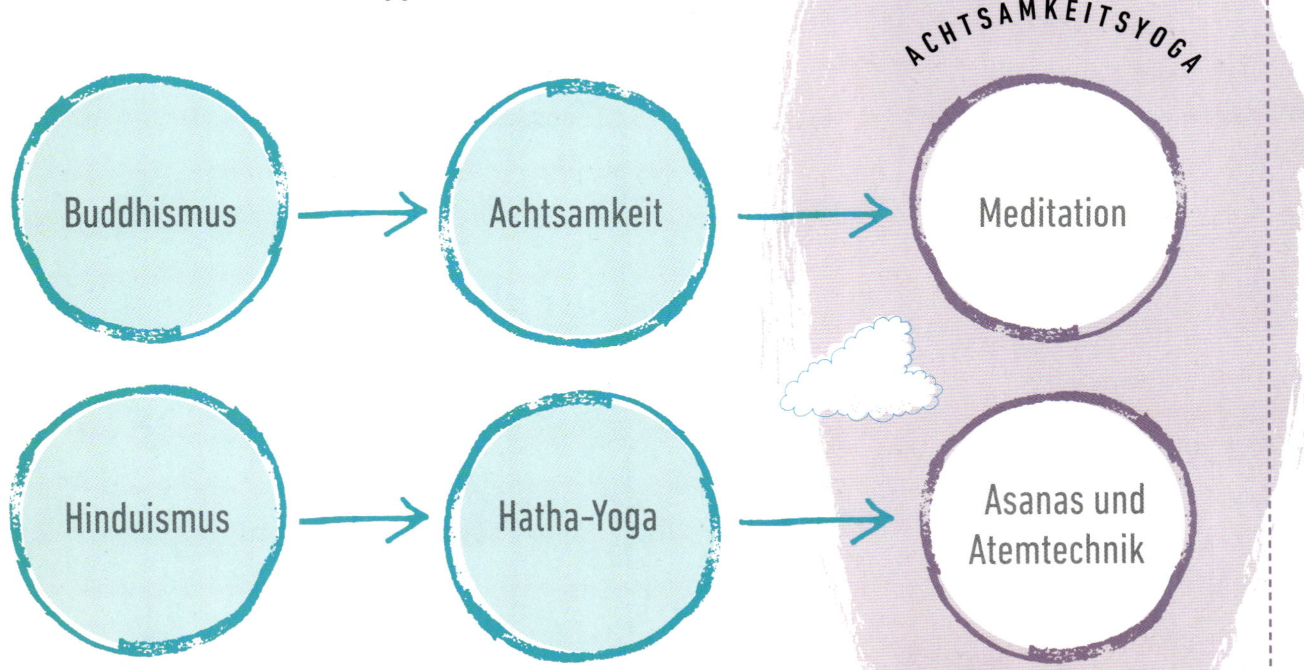

EIN UND DASSELBE ZIEL
Achtsamkeitsyoga vereint zwei Praktiken, die ihre Ursprünge im Buddhismus und im Hinduismus haben.

keit für sämtliche bewussten Erfahrungen: die Dinge annehmen, ohne sich zu sehr an sie zu binden oder sie von sich zu weisen. Diese zwei Wege kreuzen sich bei der achtsamen Körperarbeit. Indem wir Achtsamkeit auf einfache Yoga-Übungen anwenden, weiten wir den Bodyscan (siehe S. 120–125) auf neue Wahrnehmungsebenen aus. Ein Kritikpunkt an einigen Yoga-Praktiken ist die übertriebene Betonung der körperlichen Leistung. Manche Menschen sind sehr stolz darauf, wie sie den Körper in einige der schwierigeren Stellungen bringen können. Durch die Verschmelzung von Achtsamkeit mit einfachen Asanas findet das Yoga zurück zu seinem wahren Fokus auf die Ganzheit des Menschen, auf die Harmonisierung von Körper und Geist. Vom Bodyscan ist es nur noch ein kleiner Schritt zu dieser Art der Harmonie – und vielleicht der erste von vielen auf Ihrem Weg zu einem neuen, achtsamen Yoga, das einen Platz in Ihrem Alltag findet.

weiter ▶

VIER EINFACHE YOGA-ÜBUNGEN

Probieren Sie die Basis-Yoga-Übungen zwei- bis dreimal aus und richten Sie achtsame Aufmerksamkeit auf Ihre körperlichen Empfindungen. Verzichten Sie darauf, wenn Sie Probleme mit dem unteren Rücken oder Nacken haben, unter Arthritis leiden oder schwanger sind. Ein Yoga-Lehrer kann Sie bei Bedarf unterstützen.

BERGSTELLUNG

Sie stehen aufrecht und fest da wie ein Berg, um körperliches und geistiges Wohlbefinden zu fördern.

1 Stehen Sie aufrecht und lassen Sie die Arme seitlich herabhängen – Blick nach vorn gerichtet, Schultern entspannt.

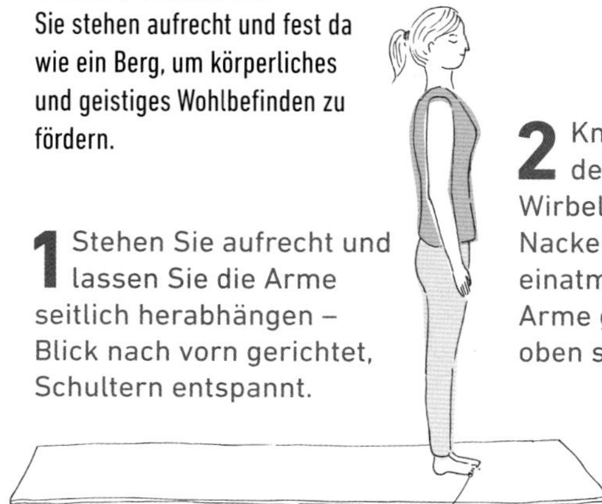

Spreizen Sie die Zehen und drücken Sie sie in die Matte.

2 Knie gerade über den Knöcheln. Wirbelsäule und Nacken strecken, tief einatmen und die Arme gerade nach oben strecken.

ACHTSAMES BEWEGEN

Selbst wenn Sie sich nur im Supermarkt nach der letzten Müslischachtel recken: Jede Dehnung und Bewegung wird durch Achtsamkeit zur Yoga-Übung, indem Sie Bewegung und Wahrnehmung zu einer Einheit verbinden. Ob einfaches Beinheben und -dehnen, Anheben und Absenken der Arme oder andere leichte Bewegungsabläufe, durch Achtsamkeit wird daraus ein Bodyscan in Bewegung.

STUHLSTELLUNG

Diese Übung stärkt den Unterkörper und dehnt den Rücken.

1 Stehen Sie hüftbreit, die Zehen weisen nach vorn. Atmen Sie tief ein und heben Sie die Arme gerade über den Kopf. Die Arme sind parallel, die Handflächen weisen nach innen oder berühren sich.

Ziehen Sie die Schulterblätter am Rücken zusammen.

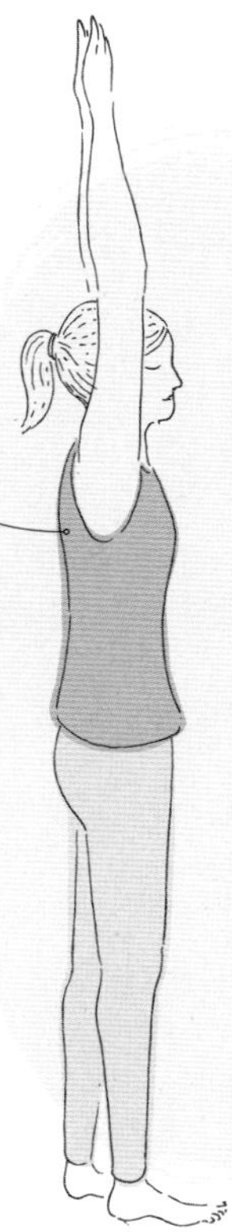

2 Atmen Sie aus und gehen Sie leicht in die Hocke, als würden Sie sich auf einen Stuhl setzen; nur so weit, wie es Ihnen angenehm ist. Den Rücken langziehen, die Stellung für sechs bis acht tiefe Atemzüge halten. Gehen Sie in die Ausgangsposition zurück und wiederholen Sie die Übung.

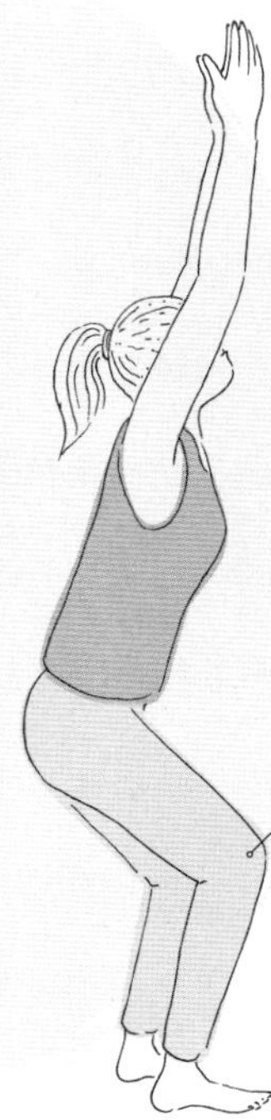

Ihre Knie sollten nach vorn weisen, nicht zur Seite.

STELLUNG DES KINDES

Diese Haltung dehnt sanft Ihre Oberschenkel und Hüften; die Embryonalhaltung wirkt beruhigend.

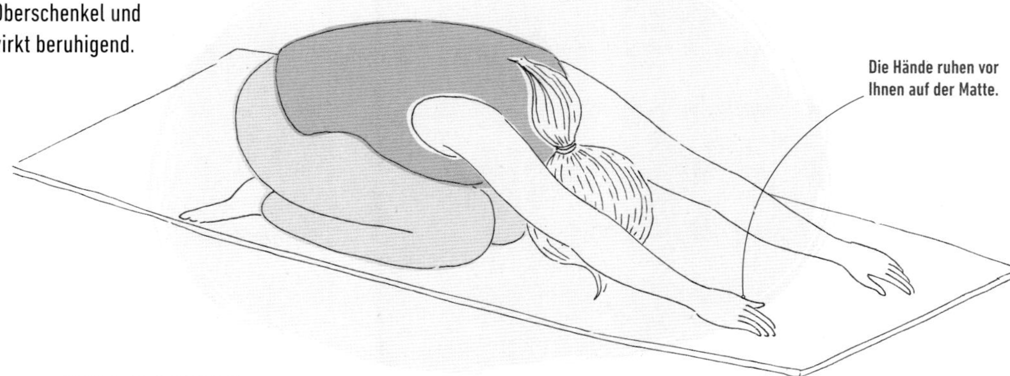

1 Setzen Sie sich auf die Fersen, die Füße berühren sich leicht.

2 Beim Ausatmen nach vorn auf die Oberschenkel beugen. Die Brust so weit wie möglich absenken, die Arme nach vorn strecken. Die Stirn sollte nach Möglichkeit Boden oder Matte berühren. Die Stellung für etwa 30 Sekunden halten, dann wieder aufrichten.

KOBRA

Diese Stellung dehnt Oberkörper und Rücken und stärkt Arme und Schultern.

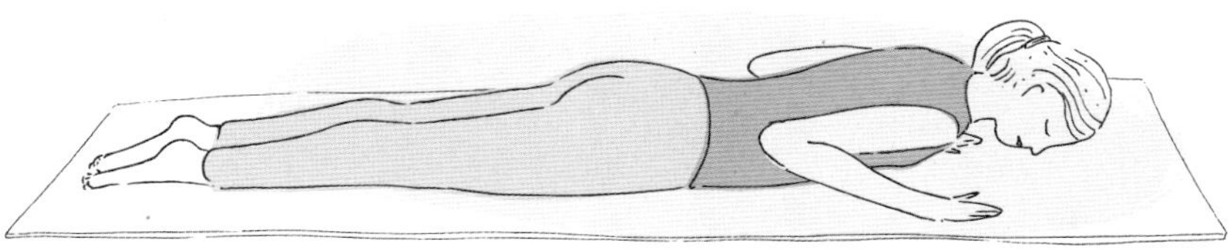

1 Legen Sie sich auf die Matte, das Gesicht nach unten, die Füße hüftbreit auseinander, die Fußrücken berühren den Boden. Winkeln Sie die Ellbogen an und legen Sie die Hände flach neben die Schultern.

2 Mit den Armen den Oberkörper hochdrücken, beim Einatmen Kopf und Brust anheben. Der Blick ist nach vorn gerichtet. Die Stellung für vier bis sechs Atemzüge halten, dann den Brustkorb wieder absenken.

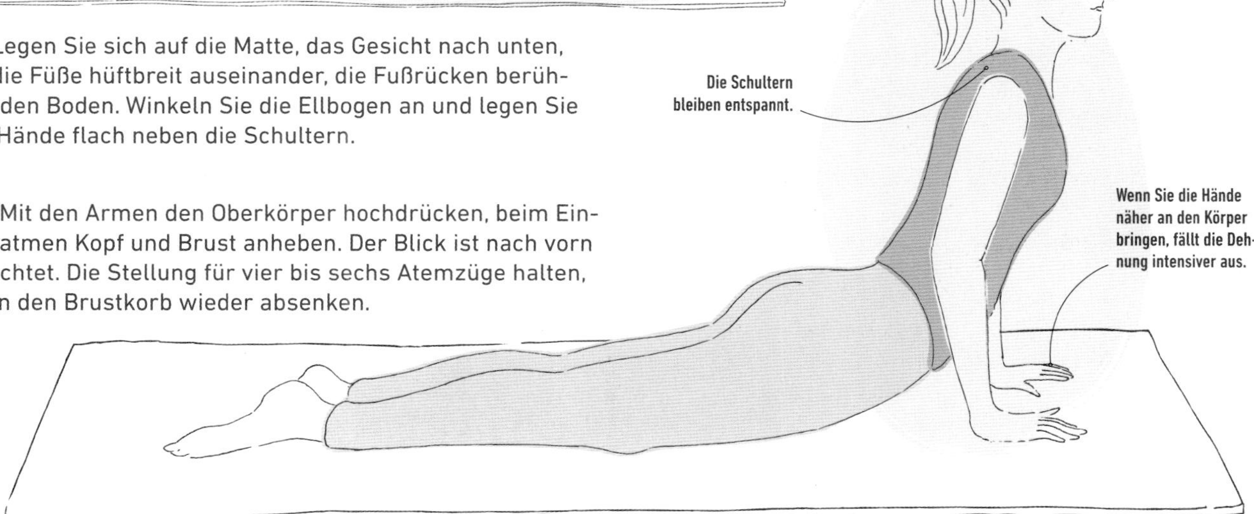

ACHTSAM IM ALLTAG

Indem Sie Achtsamkeit in Ihrem Leben verankern, ruhen Sie in sich, werden selbstsicherer und zufriedener und finden mehr Erfüllung in Ihren Beziehungen.

IM STRESSLABYRINTH

DURCH GELASSENHEIT BELASTUNGEN VERRINGERN

Stress kann, wenn er in eine machtvolle Mischung aus körperlichen Symptomen und angstvollen Gedanken mündet, unser Leben vollkommen durchdringen. Achtsamkeit hilft Ihnen, Stressgedanken zu entwirren und der Situation mit mehr Gelassenheit zu begegnen.

Er kann uns die Freude am Leben vergällen, Beziehungen belasten und Entspannung verhindern: Stress ist der Saboteur im modernen Leben. Er löst Symptome wie Herzbeschwerden, Verdauungsstörungen und Depressionen aus, die unsere Gesundheit auf lange Sicht gefährden. Er schlägt zu, wenn es uns am schlechtesten geht, wenn wir in finanziellen Schwierigkeiten stecken oder ernsthaft krank sind. Und er gedeiht, wenn wir Streit haben, uns in einer scheinbar aussichtslosen Lage befinden oder sich in unserem Leben ein Umbruch wie Kündigung oder Scheidung ereignet.

Selbstschutz

Stress ist zunächst ein Selbstschutzmechanismus, der uns hilft, mit Bedrohungen umzugehen: Wir setzen uns diesen aus oder fliehen. In der Biologie wird dies als Kampf-oder-Flucht-Reaktion bezeichnet. Unter Stress werden Hormone wie Adrenalin und Cortisol ausgeschüttet, die zum Beispiel den Herzschlag beschleunigen, damit die Muskeln besser mit Blut versorgt werden und wir schneller reagieren können. Diese Umleitung des Bluts ist auch der Grund für ein mulmiges Gefühl im Magen.

Echte und falsche Auslöser

Die Stressreaktion ist ein Erbe der Evolution. In unseren heutigen hochentwickelten Gesellschaften sind wir allerdings kaum mehr lebensbedrohlichen Gefahren ausgesetzt. Starker Stress wird heute oft durch Rückschläge im Privat- oder Berufsleben ausgelöst, ebenso kann er durch Grübeln entstehen (siehe Kasten unten). Manchmal tritt die Kampf-oder-Flucht-Reaktion auch auf, obwohl gar nichts Entscheidendes auf dem Spiel steht, sondern nur unser Ego einen Dämpfer bekommt.

Achtsamkeit hilft uns, solche Situationen richtig einzuschätzen und echten von unechtem Stress zu unterscheiden. Angenommen, Sie sind sauer auf einen Arbeitskollegen, und dieser Ärger setzt Sie unter Stress. Wenn Sie Ihr Leben mit Achtsamkeit führen, können Sie den

WIE VERKNOTET

Stress kann sich wie ein großer, nicht zu entwirrender Knoten anfühlen. Durch Konzentration auf den Augenblick und auf uns selbst können wir ihn lösen und die einzelnen Fäden getrennt voneinander betrachten. Wir sehen die Ursachen mit mehr Abstand und können jeden Strang des Knotens mit Achtsamkeit behandeln.

INNERLICHER STRESS	ACHTSAME STRATEGIEN
Unfähigkeit, Unabänderliches zu akzeptieren	Akzeptanz
Pessimistische Einstellung	Bewusstsein für Möglichkeiten
Negatives Selbstbild	Distanz zum eigenen Standpunkt
Übersteigerte Erwartungen	Abstand von Rollenbildern und Gruppendruck

GUTER UND SCHLECHTER STRESS

Stress in Maßen hat durchaus etwas Gutes an sich. Er kann uns mobilisieren, dazu anspornen, Herausforderungen zu meistern, und uns so unsere Stärken aufzeigen. Dadurch werden wir belastbarer. Doch wenn die Kampf-oder-Flucht-Reaktion in einem fort ausgelöst wird und sich verfestigt, sodass wir nicht mehr zur Homöostase (einem stabilen körperlichen Gleichgewicht) zurückfinden, entsteht immer mehr schädlicher Stress, der uns zermürbt, einengt und auszehrt. Achtsamkeit ist unter solchen Umständen das beste Gegenmittel.

Stress hinterfragen: Ist Ihr Kollege wirklich der Grund für Ihren Zorn oder liegt die Ursache woanders, etwa in einer früheren Enttäuschung? Ist die Emotion, die dahintersteckt, erst einmal erkannt und benannt, werden Sie Ihrem Kollegen nicht länger ernstlich böse sein.

Achtsame Strategien

Häufig verstärken wir Stress durch Grübelei, ungute Erinnerungen oder eine gefühlsbetonte Auseinandersetzung mit einem Thema. Eine achtsame Reaktion auf Stress lenkt unsere Aufmerksamkeit weg von der Geschichte, die wir uns zurechtspinnen, um den Stress zu erklären, hin zu handfesten Erfahrungen in der Gegenwart wie Herzklopfen oder Muskelanspannung. Indem wir uns auf den Körper konzentrieren, verliert der Stress viel von seinem Schrecken. Wir beruhigen uns schneller und der nächste Reiz kann sich nicht mit dem vorherigen verketten, sodass sich kein unüberwindlicher Berg auftürmt. Wir kehren zurück zum Augenblick, zum Basislager, und sind für weitere Angriffe gewappnet.

STRESSREAKTIONEN

Wenn eine Wirkung ihre eigene Ursache verstärkt, entsteht eine Reaktionsschleife. Bei Stress passiert das häufig: Der ursprüngliche Auslöser löst körperliche Stresssymptome, eine Kette sorgenvoller Gedanken und vielleicht ausweichendes Verhalten und Überreaktionen aus. Wenn wir diese Prozesse nicht unter Kontrolle halten, verstärkt sich der Stress immer weiter. Einzelne Stresssymptome wie Erschöpfung und Schlaflosigkeit können sich über ihre eigene negative Reaktionsschleife verstärken. Auf den folgenden Seiten lernen Sie, wie Sie solche Teufelskreise durch Achtsamkeit durchbrechen.

SCHLEIFE ALLGEMEINER STRESSREAKTIONEN

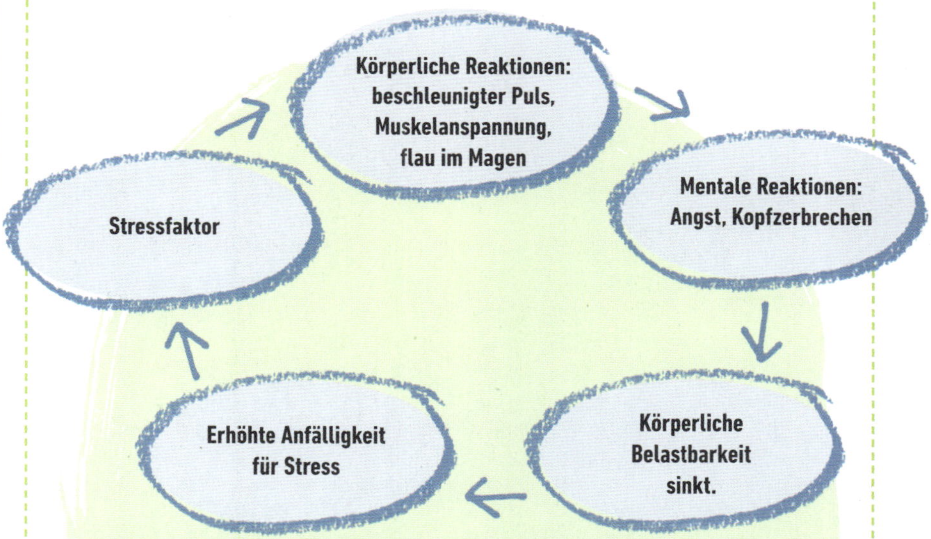

SCHLEIFE VON ERSCHÖPFUNGSREAKTIONEN

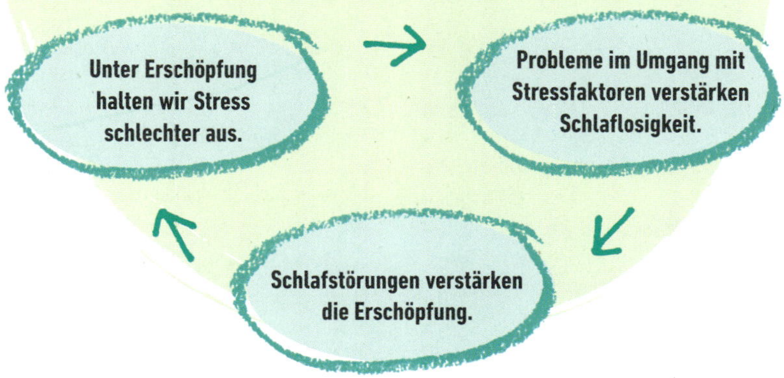

INNERE RUHE

DEM STRESS BEIKOMMEN

Achtsamkeit bedeutet nicht, Stress aus der Welt zu schaffen oder ganz zu vermeiden. Ganz im Gegenteil – durch achtsames Handeln sind wir uns der Gedanken und Empfindungen bewusster, die den Stress befeuern. Dadurch tun sich neue Möglichkeiten auf, unser Handlungsspielraum wächst.

Zeitdruck, Enttäuschung und Anforderungen von außen treiben den Stresspegel in die Höhe. Dabei kann auch ein geringes Selbstwertgefühl eine Rolle spielen. Wir laufen Gefahr, Stress als Teil unserer Identität anzusehen: Das Gefühl wird nicht nur vertraut, sondern zum Normalzustand. Wenn Stress dann sogar Symptome wie Schlaflosigkeit und Konzentrationsstörungen verursacht, sind wir in unserem Handeln eingeschränkt. Erfolgserlebnisse bleiben aus, Glück wird zum unerreichbaren Traum. Auch unsere Beziehungen leiden. Und da wir uns dadurch noch schlechter fühlen, verstricken wir uns in eine weitere sich selbst verstärkende Reaktionsschleife (siehe S. 157).

Stressbewältigung

Wir müssen Stress zunächst verstehen, um gut mit ihm umgehen zu können. Der erste Schritt besteht darin, die menschliche Neigung, Problemen auszuweichen – etwa durch das Aufschieben schwieriger Entscheidungen oder durch übermäßiges Essen und Trinken –, zu erkennen und abzuwehren (siehe Abbildung rechts). Wenn Sie Ihre Stresssymptome erkannt haben, machen Sie sich den Einfluss von Familie und Freunden auf Ihr Wohlbefinden bewusst. Manche Menschen glauben zum Beispiel, sie hätten versagt, wenn sie andere um Hilfe bitten. Sie unterschätzen dabei allerdings den Wert der Empathie. Achtsamkeit verbessert das Verhältnis zu den Menschen, die uns lieb sind, sodass wir in stressigen Situationen auf deren liebevolle Unterstützung zurückgreifen können. Die Anteilnahme anderer gibt neue Kraft und wir können unsere Angelegenheiten wieder aktiv regeln.

Wichtig ist darüber hinaus, im emotionalen Aufruhr die Ruhe zu bewahren (siehe S. 130–131) und die eigene Situation nach Faktenlage zu bewerten. Achtsamkeitsmeditation schärft die Selbstwahrnehmung und hilft Ihnen zu verstehen, wie Gefühle Ihr Urteilsvermögen trüben, manche Details in den Vordergrund rücken und andere zurückdrängen. Gefühle und Stimmungen können eine negative Denkweise fördern und den Stresskreislauf anheizen. Doch Sie können daraus aussteigen, indem Sie ein machtvolles Gefühl achtsam behandeln, ohne es grüblerisch auflösen zu wollen und ohne sich Vorwürfe zu machen, weil Sie solche unliebsamen Gefühle überhaupt an sich heranlassen.

STRESS EINDÄMMEN

Ein achtsames Selbstverständnis erleichtert es Ihnen, einige naheliegende Strategien anzuwenden, um dem Stress in Ihrem Leben weniger Raum zu geben:

- Vermeiden Sie unnötigen Stress, indem Sie, wenn es erforderlich ist, Nein sagen. Meiden Sie Menschen und Situationen, die Sie aufregen. Setzen Sie Prioritäten, um Ihre Zeit produktiv zu nutzen.
- Praktizieren Sie achtsame Atemübungen als schnelle Hilfe in Stresssituationen (siehe S. 96–99).
- Bewegen Sie sich regelmäßig. Angriff oder Flucht sind heutzutage selten angemessene Reaktionen auf eine Bedrohung, daher ist Ausdauersport eine gute Möglichkeit, diese Impulse umzuleiten. Fragen Sie Ihren Arzt um Rat, falls Sie länger keinen Sport getrieben oder gesundheitliche Beschwerden haben. Machen Sie lange Spaziergänge und nutzen Sie diese Zeit zur Achtsamkeit.
- Schlafen Sie genug. Müdigkeit kann Stress befördern, da Sie möglicherweise weniger rational denken. Nehmen Sie vor dem Schlafengehen nichts zu sich, was anregend wirkt.
- Ernähren Sie sich gesund. Ein gut versorgter Körper ist weniger stressanfällig. Beginnen Sie den Tag mit einem guten Frühstück, nehmen Sie wenig Koffein und Zucker zu sich und genießen Sie Alkohol nur in Maßen.

UMGANG MIT STRESSSYMPTOMEN

Stressreaktionen entspringen unseren natürlichen Kampf- und Fluchtinstinkten. Stress kann reizbar, aggressiv und nervös machen und bewirken, dass wir uns zurückziehen. Manchmal wirkt er geradezu lähmend. Die Abbildung zeigt die Stresssymptome und den aktiven Umgang mit ihnen auf. Zu allen vier Kategorien finden Sie hilfreiche achtsame Verhaltensweisen.

ANZEICHEN VON STRESS ERKENNEN

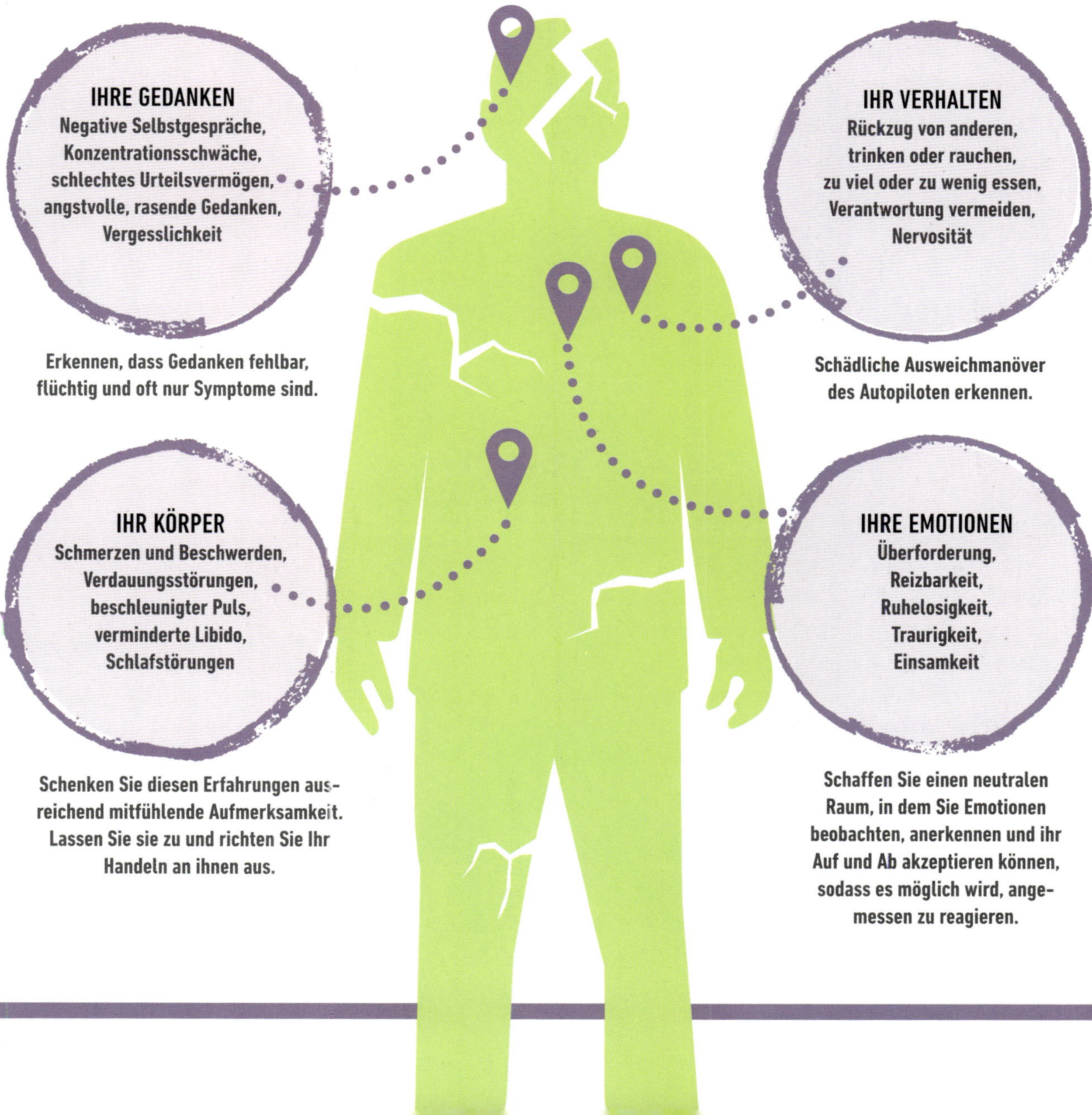

VERMEIDUNG VERMEIDEN

PROBLEME BEHERZT ANGEHEN

Obwohl uns Achtsamkeitspraxis hilft, Gedanken und Emotionen richtig zu bewerten und ihre Ursachen zu erkennen, neigen wir dazu, unangenehmen Empfindungen auszuweichen. Unsere bevorzugten Fluchtmechanismen lassen sich in zwei Kategorien aufteilen: Ablenkung und Verleugnung.

Als die Menschen vom Jagen und Sammeln lebten, war Weglaufen vor Gefahr eine vernünftige Strategie. So auf den Angriff eines Feindes oder Raubtiers zu reagieren, war oft die einzige Chance zu überleben. Doch in unserer heutigen Gesellschaft gestalten sich Stress und Stressreaktionen meist komplexer. Moderner Stress hat oft einen inneren Auslöser, der auch in der Vergangenheit liegen und von körperlichen Symptomen wie Nackenschmerzen und Verspannungen begleitet sein kann. Was die Sache weiter verkompliziert: Dass wir uns gestresst fühlen, befördert den Stress oft noch. Unsere alten Fluchtreflexe sind gegen einen solchen Gegner machtlos.

Die Fluchtstrategien in der Gegenwart sehen ganz anders aus. Wir lenken uns durch exzessives Shoppen, Sporttreiben, Kino oder übermäßiges Arbeiten ab. Das bringt unser Wertegefüge durcheinander: Wenn wir uns zum Beispiel in die Arbeit flüchten, verbringen wir viel Zeit mit einer Sache, die wir nicht um ihrer selbst willen tun, sondern um uns von etwas anderem abzulenken; darunter leiden unsere wahren Prioritäten wie Beziehungen, Gesundheit, Elternschaft und Freundschaft.

Zudem müssen wir uns etwas sehr Wichtiges klarmachen: Wer vor einem Problem flieht, löst es nicht, sondern schiebt es nur auf. Sobald die Ablen-

STRESSMEDITATION

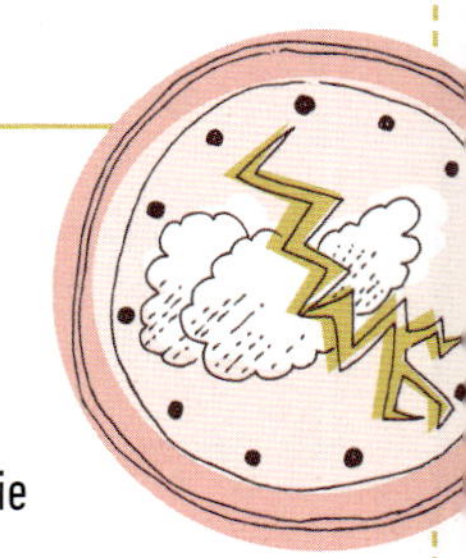

Wenn Sie sich stark genug fühlen, sich mit Ihrem wahren Selbst auseinanderzusetzen, kann eine Meditation über einen bestimmten Stressfaktor hilfreich sein. Nutzen Sie dazu eine Atem- oder eine Körper-und-Atem-Meditation (siehe S. 96–99 bzw. 106–109). Wenn Sie eine Stressreaktion bemerken, konzentrieren Sie sich voll und ganz darauf und übertragen Sie sie in das »Labor« Ihres Geistes.

Sie können sich nach fünf bis zehn Minuten Atemmeditation auch absichtlich eine stressige Situation vergegenwärtigen. Gehen Sie bei der folgenden Übung ruhig wieder auf Abstand, wenn sie feststellen müssen, dass Sie sie zu sehr aufwühlt.

1 Machen Sie sich körperliche Empfindungen, die auf stressigen Gedanken und Gefühlen beruhen, bewusst. Richten Sie Ihre mitfühlende Aufmerksamkeit darauf.

2 Konzentrieren Sie sich auf die Atmung. Atmen Sie in die Körperregionen hinein, in denen sich etwas tut. Heißen Sie all Ihre Wahrnehmungen willkommen, um zu lernen, sich selbst besser zu verstehen.

3 Richten Sie Ihre Aufmerksamkeit darauf, wie Sie zu den Empfindungen stehen. Seien Sie dreifach mitfühlend: mit Ihren Empfindungen, sich selbst und der Akzeptanz dieser Empfindungen.

FLUCHTWEGE

Wir können an jede Aktivität achtsam herangehen oder sie als Fluchtweg nutzen. Die häufigsten Vermeidungsstrategien finden Sie unten. Sie sollten Ihre eigenen Fluchtmechanismen kennen und sich den Problemen im Jetzt stellen. Wer heute den Schmerz meidet, wird morgen umso stärker unter ihm leiden. Achtsamkeit hilft, aus negativen Gefühlen zu lernen und an ihnen zu wachsen.

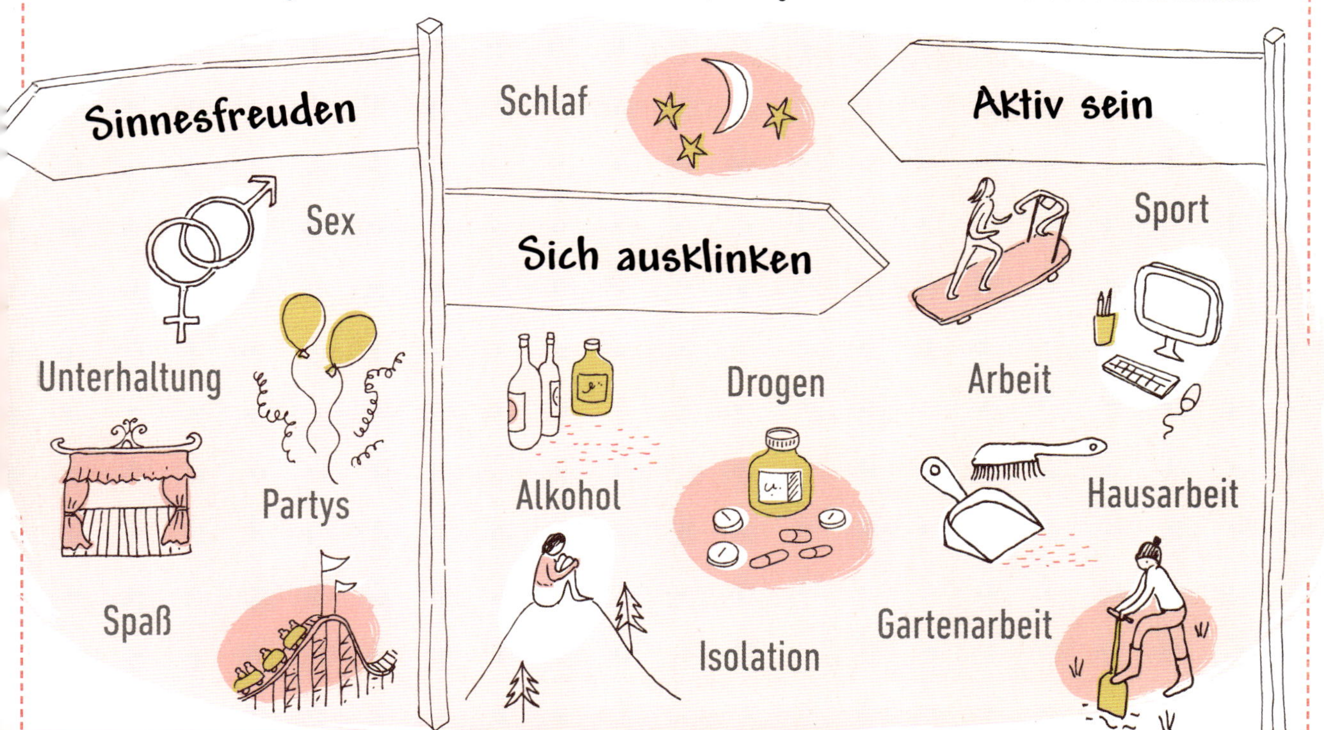

kung endet, wir also wieder auf uns selbst gestellt sind und normal funktionieren müssen, überfällt uns das Problem erneut – mit ganzer Macht.

Vermeidung und Balance

Ein ängstlicher, verunsicherter Mensch kann vermeidende nur schwerlich von ausgleichenden Verhaltensweisen, die unser Leben im Gleichgewicht halten und nicht der Flucht dienen, sondern Schwierigkeiten abmildern helfen, unterscheiden. Ein achtsames Selbstverständnis lässt uns diesen Unterschied erkennen. Zeit mit Freunden zu verbringen ist nicht per se Vermeidungsverhalten; diese Funktion kann aber beispielsweise ein sexuelles Verhältnis ohne Perspektive für die Zukunft haben.

Probleme angehen

Ein wichtiges Prinzip der Achtsamkeit besteht darin, angenehme und unangenehme Erfahrungen gleich – mit Gleichmut – zu behandeln. Wenn Sie Ihren Gedanken und Gefühlen im gegenwärtigen Augenblick mit bewusster Aufmerksamkeit begegnen, werden Sie aus sicherem Abstand unweigerlich einige unerfreuliche Wahrheiten erkennen. Diese bestehen nicht von Ihnen losgelöst, haben aber weniger Macht über Sie, solange Sie sich nicht in ihre Logik hineinziehen lassen. Denken Sie daran, dass Achtsamkeit nicht bedeutet, sich abzuwenden, sondern sehr genau hinzuschauen.

Es ist wichtig, dass Sie aus Ihren achtsamen Erfahrungen lernen und unschöne Erkenntnisse über sich selbst mitfühlend und mit achtsamer Wahrnehmung annehmen. Ein solches Selbstmitgefühl geht dem Unangenehmen nicht durch Flucht oder Verleugnung aus dem Weg, sondern schafft ein Bewusstsein für das, was im Leben unbequem ist, und für die Ursachen dessen, sodass Sie an Ihren Erfahrungen wachsen können.

UNRUHIGER GEIST

ÄNGSTE IN DEN GRIFF BEKOMMEN

Uns alle plagen manchmal Sorgen und Ängste, unter denen die eigene Lebenszufriedenheit leidet. Manche davon versetzen uns in eine anhaltende geistige und körperliche Anspannung, die uns im Alltag beeinträchtigt.

Furcht ist eine emotionale Reaktion auf eine reale Bedrohung – etwa wenn wir uns auf der Straße einem Dieb gegenübersehen, über Alter und Tod nachdenken oder mit einem Projekt scheitern. Eng verwandt mit der Furcht ist die Angst. Sie wird durch belastende Situationen ausgelöst, die real oder auch nur eingebildet sein können – je lebhafter unsere Fantasie, desto quälender die Angst.

Eine Typfrage

Viele Menschen leiden unter einer sogenannten generalisierten Angststörung. Sie reagieren schon auf kleine Anlässe mit Angst. Welche Prozesse dabei im Einzelnen ablaufen, ist noch nicht hinreichend erforscht. Es scheint aber bestimmte Faktoren zu geben, die eine Neigung zur Ängstlichkeit begünstigen, zum Beispiel Traumatisierungen und lang anhaltender Stress. Auch die Gene können eine Rolle spielen. Ein weiterer Faktor dabei ist der Umgang mit Menschen, die uns direkt oder durch ihr Verhalten zu verstehen geben, dass das Leben voller Gefahren ist oder dass Sorgen ein nützliches Instrument sind, um Probleme abzuwenden. Bei ängstlichen Menschen ist oft ein vermeidender Bewältigungsstil festzustellen. Das heißt, sie halten sich von Situationen fern, die negative Emotionen bei ihnen auslösen könnten.

Angst bewusst wahrnehmen

Sie zu verstehen ist bei emotionalen Reaktionen stets der erste Schritt, um schädliche Muster aufzulösen. Wir können Angst als einen Problemlösungsansatz begreifen, bei dem wir mit Was-wäre-wenn-Fragen über die unbekannte Zukunft spekulieren: Was wäre, wenn ich den Zug verpasse? Was wäre, wenn ich die Miete nicht mehr zahlen kann? Was wäre, wenn meine Tochter einen Unfall hat? Manchmal haben wir sogar Angst vor der Angst: Was ist, wenn ich in der Besprechung so ängstlich werde, dass ich nicht offen sprechen kann? Wenn wir uns in sorgenvollen Gedanken

ANGST MACHT ANGST

Wenn Angst sich nach innen wendet, wird sie intensiver. Zwei Gedanken können die Ängste weiter verstärken:

- Ich kann gegen meine Ängste nichts tun.
- Meine Ängste machen mich unweigerlich krank.

Derartige negative Gedanken können zu sich selbst erfüllenden Prophezeiungen werden, wenn ihnen nicht Einhalt geboten wird. Indem wir sie achtsam prüfen, erkennen wir, dass wir es selbst in der Hand haben, ob wir uns in das Kraftfeld dieser Ängste hineinziehen lassen oder nicht. Sie haben keine Macht über uns, solange wir ganz im Hier und Jetzt leben.

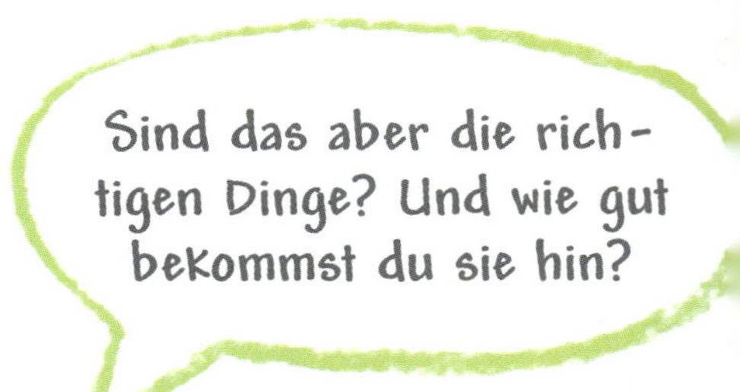

EIN SCHLECHTER VERBÜNDETER
Rechtfertigen wir unsere Angst oder halten wir sie gar für einen Teil unseres Wesens?

verfangen, malen wir uns immer schlimmere Katastrophenszenarien aus.

Wer in solch sorgenvolle Gedankengänge verstrickt ist, die ihn nicht weiterbringen, scheut vor Situationen zurück, in denen Ängste aufbrechen könnten. Das Vermeidungsverhalten verfestigt die Angst nur noch weiter, weil es der betreffenden Person die Möglichkeit nimmt, sie durch positive Erfahrungen zu entkräften. Achtsamkeit stärkt nicht nur unsere Belastbarkeit, sondern kann uns auch auf zweierlei Weise helfen, konstruktiver mit unseren Ängsten umzugehen. Erstens hilft sie uns, falsche und nutzlose Strategien zu erkennen, die wir oft gegen unsere Sorgen einsetzen (siehe Abbildung unten). Zweitens lernen wir durch sie, Ungewissheit auszuhalten, indem wir uns auf die Gegenwart fokussieren und vom Grübeln über die Zukunft ablassen (siehe S. 165).

WENIG HILFREICH: ANGST UNTER KONTROLLE HALTEN

Keine der folgenden Strategien ist dazu geeignet, Ängste in Schach zu halten. Eine sinnvollere Methode als die Kontrolle ist das achtsame Akzeptieren.

SORGEN IN SICH HINEINFRESSEN

Diese Strategie zehrt an den Kräften, denn sie erfordert viel Willensanstrengung und es ist zweifelhaft, ob sie zum Ziel führt. Wenn wir unsere Ängste unterm Deckel halten, verfallen wir möglicherweise zudem in verschiedene Arten von Kompensationsverhalten, was sich zum Beispiel in Form von Passivität oder Aggressivität zeigen kann.

VERNÜNFTIGE ARGUMENTE SUCHEN

Hier bleibt außer Acht, dass Angst eine Emotion ist, die sich logischem Denken entzieht. Ein Disput, der nach den Regeln der Angst verläuft, ist mit Vernunft nicht zu gewinnen.

SICH ABLENKEN

Dies verfestigt das zugrunde liegende Problem und kann zu Extremverhalten wie etwa exzessivem Trinken führen, das seinerseits Sorgen und Ängste auslöst.

POSITIV DENKEN

Dieser Ansatz mag vielversprechend klingen, ist aber mit beharrlichem Ankämpfen gegen eine emotionale Regung verbunden – die Angst wird sich immer wieder durchsetzen, weil sie sich als Muster eingeschliffen hat.

INNERE STABILITÄT

UMGANG MIT DEN EIGENEN ÄNGSTEN

Angst, eine emotionale Reaktion auf Stress, kann so sehr zur Gewohnheit werden, dass Sie glauben, sie sei Teil Ihres Wesens. Wenn Sie aber bei Achtsamkeitsübungen erkennen und beobachten, wie sich Ihr Leben von einem Augenblick zum anderen entfaltet, wird schnell klar: Sie sind kein ängstlicher Typ, nur weil Sie ängstliche Momente haben.

Angst erfordert Vorstellungskraft. Als eine Strategie, die dem Selbstschutz dient, stellt sie Gefahren übertrieben dar und malt sie fantasievoll aus, um uns zu warnen und damit vor Unglück zu bewahren. Die Vernunft sagt uns, dass ein Leben in Angst bestenfalls unproduktiv ist und schlechtestenfalls unserer geistigen und körperlichen Gesundheit schadet. Dies einzusehen und dann auch tatsächlich etwas dagegen zu unternehmen sind allerdings zwei ganz verschiedene Dinge.

Therapie und Achtsamkeit

Psychologen haben eine Reihe von Behandlungsverfahren für Ängste und damit zusammenhängende Probleme entwickelt. Eines der am häufigsten angewandten ist die kognitive Verhaltenstherapie, die den Inhalt falscher negativer Gedanken infrage stellt (siehe S. 30f.). Aus der Achtsamkeit ergibt sich dagegen eine andere Strategie: Wir zweifeln die angstauslösenden Inhalte nicht generell an, sondern gehen anders an sie heran, und zwar mit mitfühlendem Gewahrsein im Hier und Jetzt. Damit stellen wir unsere Perspektive auf die Angst infrage.

ANDERS GESAGT

Welche Folgen hat es für Sie, wenn Sie sich im Gespräch mit anderen oder im Selbstgespräch als »ängstlichen Typ« beschreiben?

Durch diesen Ausdruck identifizieren Sie sich mit dem Zustand der Angst. Doch Ihre Identität beruht in Wirklichkeit nicht auf Ihren Gedanken und Emotionen. Gewöhnen Sie sich eine andere Denkweise an: »Ich bin voller ängstlicher Gedanken« etwa gibt die Situation genauer wieder. Hüten Sie sich vor sprachlichen Mustern, durch die Sie sich mit Ihren Emotionen identifizieren und ein negatives Selbstbild verfestigen.

KONTROLLFREAK
Angst ist kein Unvermögen, sich zu beherrschen, sondern eine Emotion, von der Sie lernen können.

Achtsamkeit spornt uns an, der Wahrheit ins Auge zu sehen: Ängste sind flüchtige Regungen und ein normaler, erwartbarer Bestandteil des Lebens. Diese Wahrheit zu akzeptieren bringt uns einen großen Schritt voran: Anstatt der Angst auszuweichen, bleiben wir präsent und nehmen die Symptome ganz bewusst wahr. Anders gesagt laufen wir vor quälenden Gedanken nicht weg, sondern stellen uns ihnen und erkennen, wie unglaubwürdig sie sind.

Wenn wir uns achtsam mit Ängsten auseinandersetzen, versuchen wir sie weder zu vermeiden noch unter Kontrolle zu bekommen. Vielmehr reagieren wir auf sie, wie es der Situation und unseren Wertvorstellungen und Prioritäten angemessen ist. Indem wir einen kühnen Schritt auf die Ängste zu machen, entsteht ein neues, konstruktiveres Verhältnis zu ihnen. Weil wir keine Energie mehr in sie stecken, werden sie irgendwann an Einfluss verlieren.

In achtsamer Haltung gehen wir an angstauslösende Situationen anders heran: mit mitfühlendem Gewahrsein im Jetzt.

UMGANG MIT UNGEWISSHEIT

Ungewissheit gehört zum Leben dazu, der eine kommt besser mit ihr klar als der andere. Viele Menschen sind äußerst risikoscheu und tun alles, um Situationen mit ungewissem Ausgang zu meiden. Manche sehen sogar einen Nutzen in Ihren Ängsten, weil sie sie zwingen, verschiedenste Szenarien im Kopf durchzuspielen, um nur ja nicht überrascht zu werden. Die Abbildung stellt diese Vorstellung auf den Prüfstand und macht Vorschläge, wie Sie der Ungewissheit mit achtsamem Gewahrsein begegnen können.

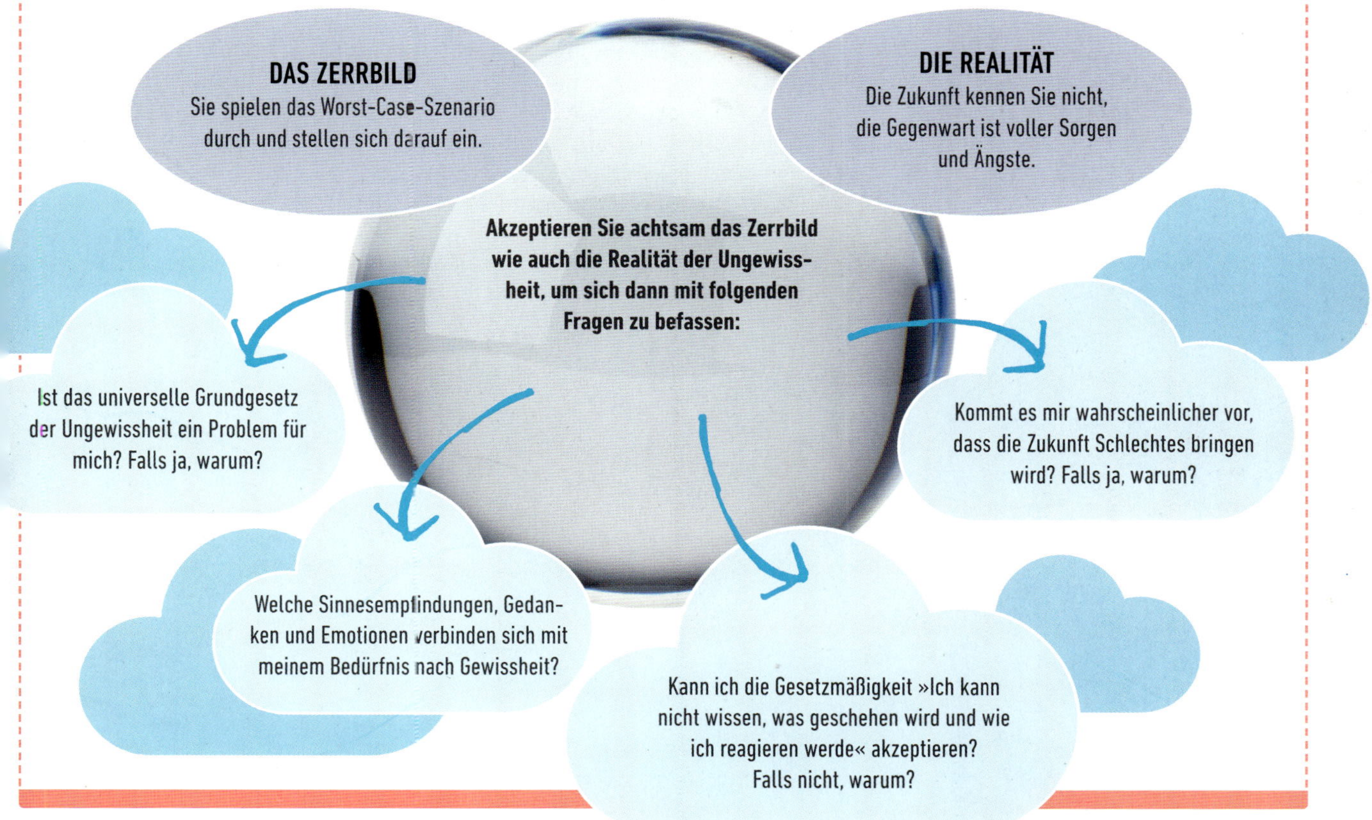

STURMWARNUNG

EMOTIONEN VERSTEHEN UND MIT IHNEN KLARKOMMEN

Emotionen lassen sich aus unserem Innenleben nicht verbannen, das können wir auch nicht wollen: Sie helfen uns zu sehen, worauf es im Moment ankommt, und setzen Anreize für konstruktives Handeln. Manche Emotionen sind aber zu Gewohnheiten geworden und wenn wir ihnen Raum geben, richten sie Schaden an.

Die Vorstellung von Emotionen als gefährliche dunkle Kräfte, die wir unterdrücken oder – wie ein Rodeoreiter ein buckelndes Pferd – zähmen müssen, macht sich gut in Romanen, hat mit der Realität aber wenig zu tun. In Wirklichkeit sind Emotionen flüchtige Phänomene. Studien zeigen, dass wir Emotionen in Reinform allenfalls einige Minuten lang verspüren. Manche blitzen nur kurz auf. Wenn Emotionen zerstörerisch wirken, liegt das meistens daran, dass wir sie unabsichtlich wachhalten.

Achtsam mit Emotionen umzugehen bedeutet, sie weder zu unterdrücken noch sich in ihnen zu verlieren. Der Mittelweg heißt Gewahrsein, also auch in stürmischen Zeiten den Emotionen zuzusehen, wie sie kommen und gehen. Je klarer wir uns über ihre Flüchtigkeit sind, desto weniger werden wir uns über sie definieren. Wir können sie stattdessen dafür nutzen, in den Kern unserer Erfahrungen vorzustoßen und auf diese Weise im Auge des Sturms in Ruhe zu bleiben.

Angriffspunkte

Jede negative Emotion attackiert unsere Gelassenheit und unser Wohlbefinden auf ganz eigene Weise. Wut scheint aus uns hervorzubrechen, Groll köchelt vor sich hin. Wir sind »krank« vor Eifersucht; wenn wir uns fürchten, fühlen wir uns anfällig und zerbrechlich. Macht sich eine negative Emotion bemerkbar, wechseln wir meistens auf die Ebene des Denkens, wo sie zum Ausgangspunkt einer leidvollen Geschichte wird. Sind wir zum Beispiel

ACHTSAME ALTERNATIVE
Achtsam mit Emotionen umzugehen heißt, sie im großen Zusammenhang zu sehen. Wir nehmen sie an und ordnen sie, um es mit einem Fachausdruck zu sagen, in einen »weiteren Aufmerksamkeitsrahmen« ein. Wir widmen ihr, poetischer gesprochen, unsere »weitgespannte Aufmerksamkeit«.

KONZEPT ZUM UMGANG MIT EMOTIONEN

Die Achtsamkeitsmeditation hält uns dazu an, nicht ständig gegen unsere Emotionen anzukämpfen, damit sie sich »besser benehmen«. Vielmehr geht es darum, sie als natürliche Reflexreaktionen des Körpers zu sehen. Probieren Sie die hier skizzierten vier Schritte aus, um sich Ihren Emotionen achtsam zu nähern und die eigenen Reaktionen zu verstehen.

1 ERKENNEN

Benennen Sie Ihre Emotion, wenn möglich. Handelt es sich um Wut, Genugtuung, Einsamkeit, Furcht, Eifersucht? Wenn sich Emotionen vermischen, versuchen Sie zu unterscheiden. Das Benennen ist Teil eines Prozesses, bei dem wir auf die Emotion selbst statt auf ihren inhaltlichen Bezugspunkt fokussieren. Dies fördert die Fähigkeit, sich von ihr zu lösen.

2 AKZEPTIEREN

Geben Sie sich die Erlaubnis, die Emotion zu haben, ohne zu zensieren oder zu werten.

3 ERKUNDEN

Beobachten Sie die körperlichen Auswirkungen. An welchen Anzeichen erkennen Sie die Emotion?

4 SICH LÖSEN

Lassen Sie keine Identifikation mit der Emotion zu. Halten Sie sich vor Augen, dass sie nicht zu Ihrem Wesen gehört, sondern durch Sie hindurchgeht. Lassen Sie sich nicht in sie verstricken.

wütend auf jemanden, fällt uns auch gleich ein, was wir von ihm schon alles haben erdulden müssen. Wenn wir uns fürchten, malen wir uns aus, was schlimmstenfalls in Zukunft passieren könnte. Im verfehlten Bemühen, mit der Emotion fertig zu werden, holen wir uns die Situation, auf die sie zurückgeht, immer wieder in Erinnerung – womit wir die Emotion natürlich immer weiter anheizen, ohne es zu merken.

Wenn wir aber nicht auf die Situation fokussieren, sondern auf die Gefühle und Körperempfindungen, die die Situation in uns ausgelöst hat – zum Beispiel Zittern, Erröten, Schwitzen, Stottern –, wird die Emotion nicht weiter durch Gedanken in Gang gehalten. Sie nimmt ihren Lauf und verlässt uns dann wie der Atem, der aus dem Körper strömt. Achtsamkeit lässt den Emotionen Raum, sich zu bilden, sich zu entfalten und auf ihre eigene natürliche Weise abzuklingen.

Für viele Menschen ist es ein Wendepunkt in ihrem Leben, wenn sie lernen, so mit Emotionen umzugehen. Das erfordert viel Übung, doch wenn wir gelernt haben, auf eine Emotion nicht mit Denken zu antworten, wirkt das unglaublich erleichternd. Sie kann sich dann frei entfalten und wir brauchen weniger Energie aufzuwenden. In ihrer »Reinform« (nicht übersteigert oder von den mit ihnen verknüpften Geschichten überformt) können Emotionen uns als echte Orientierung dienen, um zu erkennen, was jeder Augenblick unseres Lebens von uns verlangt.

VERÄNDERUNGEN

UMGANG MIT UMSTELLUNGEN UND NEUERUNGEN

Oft erfordert es mentale Stärke und Flexibilität, sich auf neue Umstände einzustellen. Das gilt unabhängig davon, ob wir die Veränderung selbst anstreben oder sie uns aufgezwungen wird. Achtsamkeit kann helfen, Schwierigkeiten nicht auszuweichen, sondern sich ihnen zu stellen.

Leben ist Veränderung. Das zeigen die Striche am Türrahmen, die das Heranwachsen eines Kindes dokumentieren, ebenso deutlich wie das Nachlassen der Kräfte älterer Familienmitglieder. Dagegen verläuft unser eigener Alterungsprozess für uns selbst meist zu langsam, als dass wir ihn registrieren würden. Es mag uns gelingen, in unserem Berufs- und Privatleben eine gewisse Beständigkeit zu erreichen, doch wenn große Veränderungen eintreten, über die wir keine Kontrolle haben – durch Arbeitslosigkeit oder Unwetter –, wird unser Leben von einem Schock erschüttert. In einer solchen Situation kann es leicht geschehen, dass Gelegenheiten zu positiver Veränderung ungenutzt bleiben, weil wir uns im Status quo eingerichtet haben.

Die Kunst der Anpassung

Die Bewältigung einer überraschend eintretenden Situation ist ein Prozess mit vielen Phasen. Doch wer achtsam an Veränderungen herangeht und sich aufmerksam und bewusst auf Neuerungen um sich herum, in seinem Geist und seinem Körper einstimmt, wird auch mit Unerwartetem zurechtkommen. Achtsamkeit versetzt Sie in die Lage, sich flexibel anzupassen und die Gedanken und Emotionen anzunehmen, die ein Umschwung mit sich bringt.

Es ist normal, auf Veränderungen bekümmert, traurig oder wütend zu reagieren und zu überlegen, welchen Umständen oder welchen Personen wir die Schuld dafür geben könnten. In der

PHASEN DES WANDELS

Die schweizerisch-amerikanische Psychiaterin Elisabeth Kübler-Ross (1926–2004) beschrieb eine Abfolge von sieben Phasen, die trauernde Menschen durchleben. Auch in anderen Krisen treten Phasen dieser Art auf, Emotionen wie Aggression, Wut und Enttäuschung können auch in späteren Erholungsphasen erneut hervorbrechen. Nehmen Sie Emotionen und negative Gedanken achtsam in den Blick, damit die Zeit des Übergangs leichter für Sie wird.

EIN FÜNF-PUNKTE-PLAN

Achtsamkeit hilft Ihnen, Veränderungen zu akzeptieren und Ihr Denken auf sie einzustellen. Hier einige konkrete Ansatzpunkte:

- **Führen Sie Ihre Meditationen fort.** Kehren Sie zu einem täglichen Rhythmus zurück, falls Sie von ihm abgekommen sind.
- **Würdigen Sie die eigenen Gedanken und Emotionen** mit achtsamem Mitgefühl.
- **Bewahren Sie sich Ihr eigenes Tempo,** auch wenn andere meinen, es sollte schneller gehen.
- **Bleiben Sie Ihren Wertvorstellungen treu –** also dem, was sich nicht verändert hat.
- **Suchen Sie Kontakt** und holen Sie sich Kraft bei anderen.

Achtsamkeitsmeditation registrieren wir diese Reaktionen, ohne uns in sie hineinziehen zu lassen, und öffnen uns für die Optionen, die sich aktuell bieten, um unser Leben selbst zu gestalten.

Verteidigung des Selbstbilds

Viele Menschen fühlen sich, wenn sie eine Krise durchleben, dazu gedrängt, vor anderen und vor sich selbst zu verbergen, wie verwundbar sie sich fühlen. Sie wollen stark und furchtlos erscheinen. Dies kann dazu führen, dass sie Hilfe gerade dann nicht in Anspruch nehmen, wenn sie sie am dringendsten brauchen. Achtsamkeit macht uns nicht nur klar, dass es in Ordnung ist, verletzlich zu sein, sondern lässt uns auch erkennen, dass es falscher Stolz wäre, Freunde und Familienmitglieder nicht um Unterstützung zu bitten.

Die Anpassungsfähigkeit des Menschen ist wahrlich erstaunlich. Wer sich auf neue Umstände so gar nicht einzustellen vermag, der hat sich meist eingeredet, dass das sowieso unmöglich ist. Auch hier kann Achtsamkeit eine Hilfe sein, da sie den Einfluss negativer Selbstgespräche (»Ich bin zu alt, um mich noch umzustellen«) eindämmt und uns ermutigt, uns nicht an die Vergangenheit zu klammern. Mit Veränderungen geht oft die große Chance einher, etwas über uns selbst zu lernen und sowohl stärker als auch klüger zu werden.

Achtsamkeit lehrt, Gedanken und Emotionen anzunehmen, die von Veränderungen ausgelöst werden.

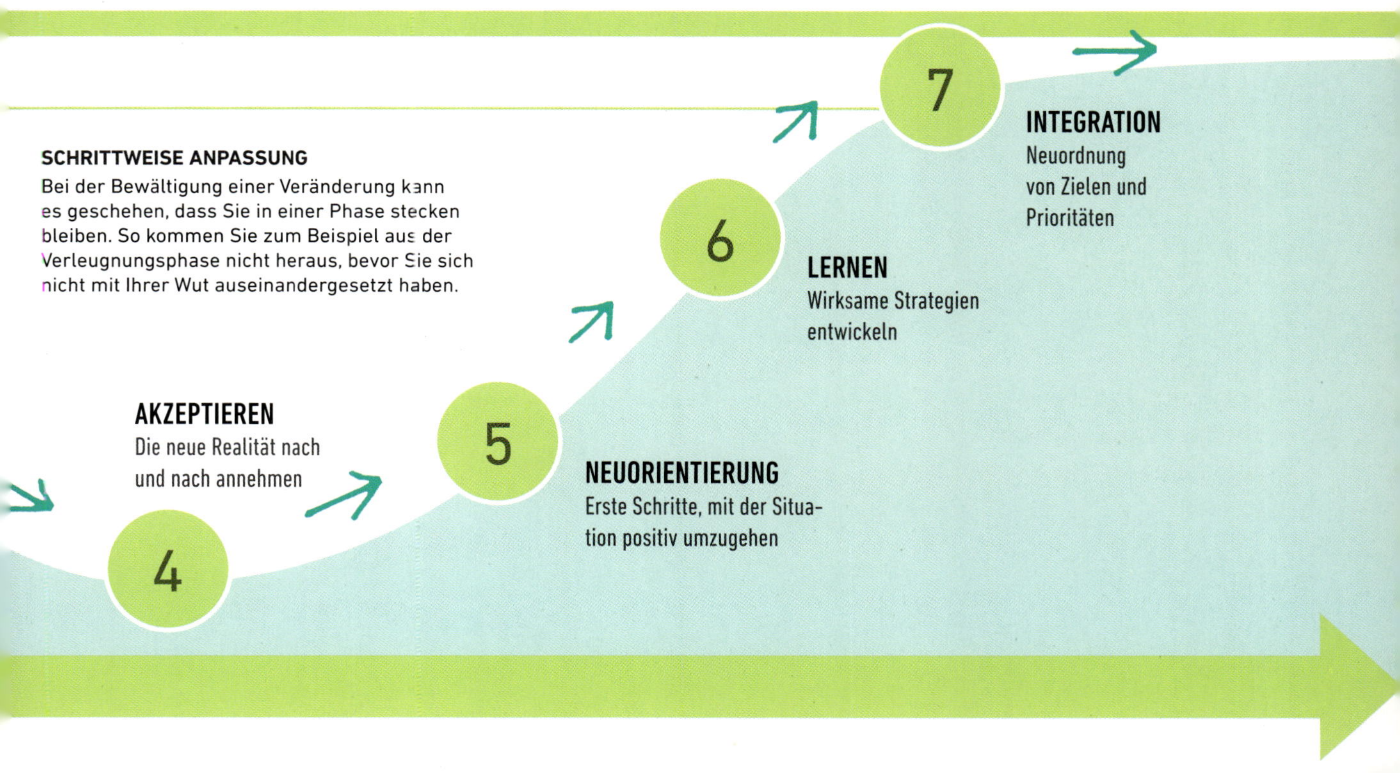

SCHRITTWEISE ANPASSUNG
Bei der Bewältigung einer Veränderung kann es geschehen, dass Sie in einer Phase stecken bleiben. So kommen Sie zum Beispiel aus der Verleugnungsphase nicht heraus, bevor Sie sich nicht mit Ihrer Wut auseinandergesetzt haben.

»... wünsche dir, dass alles so geschieht, wie es geschieht ...«

Epiktet (um 55–135)

SCHLUSS MIT DEM AUTOPILOTEN

ERFINDEN SIE SICH NEU

Sich neu zu erfinden, das hört sich nach einer gewaltigen Aufgabe an. Achtsamkeit lehrt uns aber, dass wir selbst dafür sorgen, dass Verhaltensweisen und Gedanken unverrückbar erscheinen. Die Macht der Gewohnheit bröckelt, wenn wir achtsam unseren wahren Prioritäten folgen.

Wenn wir auf Autopilot laufen, entscheiden unsere Gewohnheiten für uns. Die Neigungen und Abneigungen, Sehnsüchte und Vorurteile, die wir im Lauf der Zeit entwickelt haben, wirken wie in Stein gemeißelt. Sie umgeben uns wie unsichtbare Mauern, die uns daran hindern, unser Potenzial voll zu entfalten. Dies kann in jedem Lebensbereich geschehen, etwa wenn eine Liebesbeziehung darunter leidet, dass wir eine uralte Kränkung nicht verwinden können, oder wenn wir uns vergeblich bemühen, abzunehmen oder unsere Finanzen in den Griff zu bekommen. Grund ist die Macht der Gewohnheit, durch die sich Verhaltensweisen einschleifen und zu festen Bestandteilen unseres Lebens werden.

Gute Vorsätze

Traditionell fasst man zu Neujahr gute Vorsätze, was aber auf lange Sicht meist wenig bewirkt. Mit Vorsätzen bekunden wir zwar eine Entschlossenheit, doch fehlt ein solides Fundament. Sie sind das falsche Werkzeug für Veränderungen – das ist, als würde man mit einem Sieb einen Bach stauen wollen. Um

FALSCHE VORSTELLUNGEN

Wer achtsam ist, bleibt sich selbst treu. Er sieht die Dinge, wie sie sind. Richten Sie die Aufmerksamkeit auf die falschen Vorstellungen, die Ihren Gewohnheiten zugrunde liegen, und deren Macht über Sie wird schwinden. Damit entkräften Sie eine weitere falsche Vorstellung: dass Sie von Ihren Gewohnheiten nicht loskommen können.

TROST DURCH EXZESS?

- **Essen**
- **Trinken**
- **Fernsehen**
- **Schlafen**
- **Shoppen**

Diese an sich normalen Dinge haben Suchtpotenzial.

ALLES FEST IM GRIFF?

- **Durchdenken**
- **Durchanalysieren**
- **Durchplanen**

Dass Sie auf diese Weise Probleme lösen, ist eine Illusion.

GEWOHNHEITEN AUFBRECHEN

Die Abbildung zeigt, welche Folgen es hat, wenn wir uns von schlechten Angewohnheiten leiten lassen: Vermeidung und Stillstand. Achtsamkeit ist der Schlüssel, um schädliche Muster abzuwandeln. Durch Selbstgewahrsein im Jetzt übernehmen wir Verantwortung für uns selbst und stoßen Veränderungen an, die Wohlbefinden und Zufriedenheit fördern.

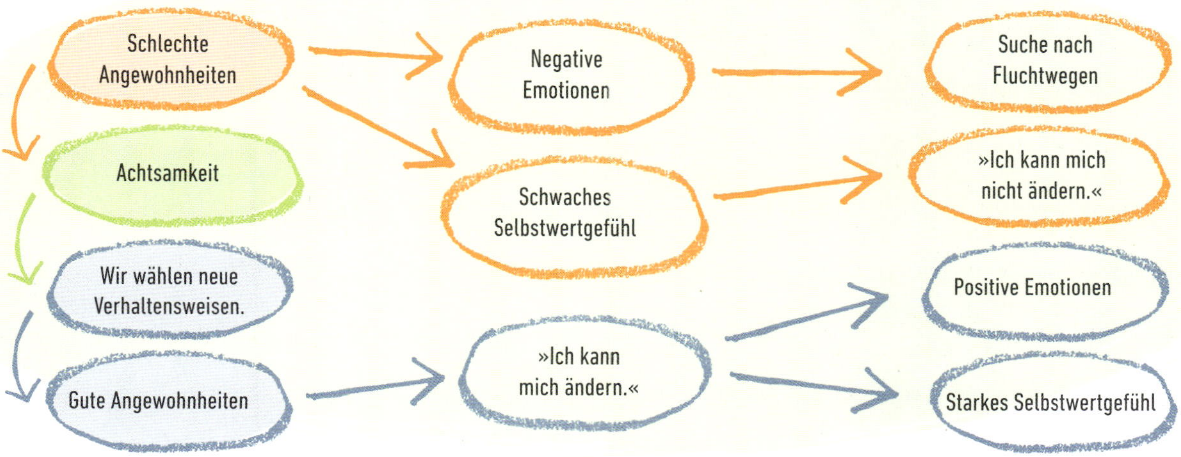

gegen Gewohnheiten anzugehen, müssen wir, mit achtsamem Gewahrsein, in wesentlich tiefere Schichten vorstoßen, um eine tragfähige Basis für unsere Vorhaben zu schaffen.

Unsere Gewohnheitsmuster sind meist nicht schwer zu analysieren, auch wenn dies ein unangenehmer Prozess sein kann. Die Voraussetzung für positive Veränderungen ist, dass Sie Ihre gewohnten Reaktionen auf bestimmte Auslöser und deren Konsequenzen mitfühlend betrachten und annehmen. Eine Schlüsselrolle spielt dabei Ihre Intuition, die weiser ist als Ihr Autopilot, sofern sie achtsam im Hier und Jetzt eingesetzt wird. Sie hilft Ihnen, sich über Ihre Gewohnheiten und deren Schädlichkeit klar zu werden. Vertrauen Sie darauf, dass Ihre Intuition Ihnen zeigt, wo Ihre wahren Prioritäten liegen und welche Entscheidungen Sie treffen müssen, um diesen treu zu bleiben.

Achtsamer Wandel

Nach und nach beziehen Sie sämtliche Aspekte Ihrer gewohnten Muster in das achtsame Gewahrsein ein. Keine Handlung und kein Gedanke kann ablaufen, ohne dass Sie die Erlaubnis dazu geben. In Ihrem Geist existiert also ein Freiraum, in dem Sie bewusste Entscheidungen treffen können. Achtsamkeit führt Sie an diesen Ort und gibt Ihnen die Macht, Dinge anders zu machen.

SICH UNANGENEHMES ERSPAREN?

- **Dinge aufschieben**
- **Ja sagen, wenn Sie Nein meinen**

Konfrontationen aus dem Weg zu gehen macht nervös: Sie wissen, Sie müssen sich dem Unvermeidlichen irgendwann stellen.

SICH NICHT UM VERANTWORTUNG SCHEREN?

- **Unpünktlich sein**
- **Andere enttäuschen**
- **»Nur dieses eine Mal« sagen**
- **Lügen**
- **Tratschen**

Sie berücksichtigen die unausweichlichen Konsequenzen Ihres Verhaltens nicht.

DAS SCHAFFE ICH

SELBSTVERTRAUEN UND SELBSTWERTGEFÜHL AUFBAUEN

Zweifel am eigenen Wert und an den eigenen Fähigkeiten können eine starke Eigendynamik entwickeln. Achtsames Vorgehen hilft uns, negative Selbstgespräche hinter uns zu lassen und einen positiven Kreislauf zunehmender Selbstachtung in Gang zu bringen.

Ein schwaches Selbstwertgefühl führt dazu, dass unsere Denkmuster von Mutlosigkeit geprägt sind. Diese Muster verfestigen sich zu Selbstkritik: Wir sind zu schüchtern, zu dumm, zu ungeschickt, zu dick. Die nörgelnden Stimmen übertönen positive Gedanken, die von Ihnen selbst oder von anderen kommen. Solange Sie an Ihren Fähigkeiten und Ihrem Wert zweifeln, können Sie Ihren Gedanken und Urteilen über sich selbst nicht wirklich trauen. Doch wie finden Sie aus diesem Teufelskreis heraus?

Hier kommt wieder die Achtsamkeit ins Spiel. Wenn Sie im Hier und Jetzt mit achtsamem, nicht wertenden Gewahrsein Ihre Gedanken beobachten, wird deutlich, dass diese Ihnen keine guten Dienste leisten. Achtsamkeit nimmt das Tempo aus Ihren eingespielten Gewohnheiten heraus – Sie halten inne und beobachten die Muster.

Selbstzweifel können still und leise in Ihr Leben einsickern.

Selbstwertschwäche erkennen

Selbstzweifel können auf vielen Wegen still und leise in Ihr Leben einsickern. Je früher Sie das bemerken, desto rascher können Sie durch Achtsamkeit verhindern, dass sich negative Denkgewohnheiten einschleifen.

Haben Sie das Gefühl, dass es an Ihnen liegt, wenn Erwartungen sich nicht erfüllen? Eine Freundin hat Sie seit einigen Tagen nicht angerufen. Denken Sie, sie hat einfach zu tun, oder fragen Sie sich, womit Sie sie verärgert haben könnten? Falls Sie sich die Schuld geben, ist das ein Zeichen für ein schwaches Selbstwertgefühl. Kommen Sie in Familie und Freundeskreis gut klar, werden aber in Situationen sehr unsicher, in denen Sie beurteilt werden (zum Beispiel bei einem Vorstellungsgespräch) oder das Gefühl haben, dass über Sie geurteilt wird (zum Beispiel bei einer Party)? Falls das immer wieder passiert, könnte ein Problem mit dem Selbstwertgefühl dahinterstecken.

SECHS-PUNKTE-PLAN FÜRS SELBSTVERTRAUEN

Schwächen negative Selbstgespräche Ihren Glauben an sich selbst? Dann testen Sie den Sechs-Punkte-Plan.

1 **Akzeptieren Sie Ihre Fehler,** gehen Sie mitfühlend mit sich um.
2 **Zweifeln Sie nicht an Ihren Fähigkeiten,** wenn eine schwierige Aufgabe ansteht.
3 **Motivieren Sie sich mit dem angestrebten Erfolg** und nicht mit dem Wunsch, frühere Misserfolge vergessen zu machen.
4 **Seien Sie ganz Sie selbst.** Achtsamkeit zeigt Ihnen, wer Sie sind und wie Sie Ihre Möglichkeiten nutzen können.
5 **Machen Sie das, worin Sie gut sind,** selbst wenn andere das nicht verstehen.
6 **Mischen Sie sich ein.** Es stärkt Ihr Selbstwertgefühl, wenn Sie etwas bewegen können.

Bausteine

Ein starkes Selbstwertgefühl hat nicht nur Einfluss darauf, wie wir uns selbst sehen, sondern auch darauf, wie wir uns anderen gegenüber geben und wie gut wir uns entspannen können. Es macht uns zufriedener, weil wir besser entfalten können, was in uns steckt. Achtsamkeit verschließt unsere Ohren vor den Sirenengesängen negativer Selbstgespräche und hilft uns so, an uns selbst zu glauben und ohne Angst vor dem Scheitern Neues auszuprobieren.

DER POSITIVE KREISLAUF DER SELBSTWERTSCHÄTZUNG

Wenn Sie im Teufelskreis eines schwachen Selbstwertgefühls gefangen sind, führen Selbstzweifel und Ängste dazu, dass Ihre Erwartungen an sich selbst niedrig und verschwommen sind. Achtsamkeit hilft Ihnen, den demotivierenden Einfluss dieses Umstands abzuschütteln. Erfolg – der sich ja nur mit dem Wissen einstellen kann, dass Sie Ihr Bestes gegeben haben – erhöht Ihr Selbstvertrauen und setzt einen sich selbst verstärkenden positiven Kreislauf persönlichen Wachstums in Gang.

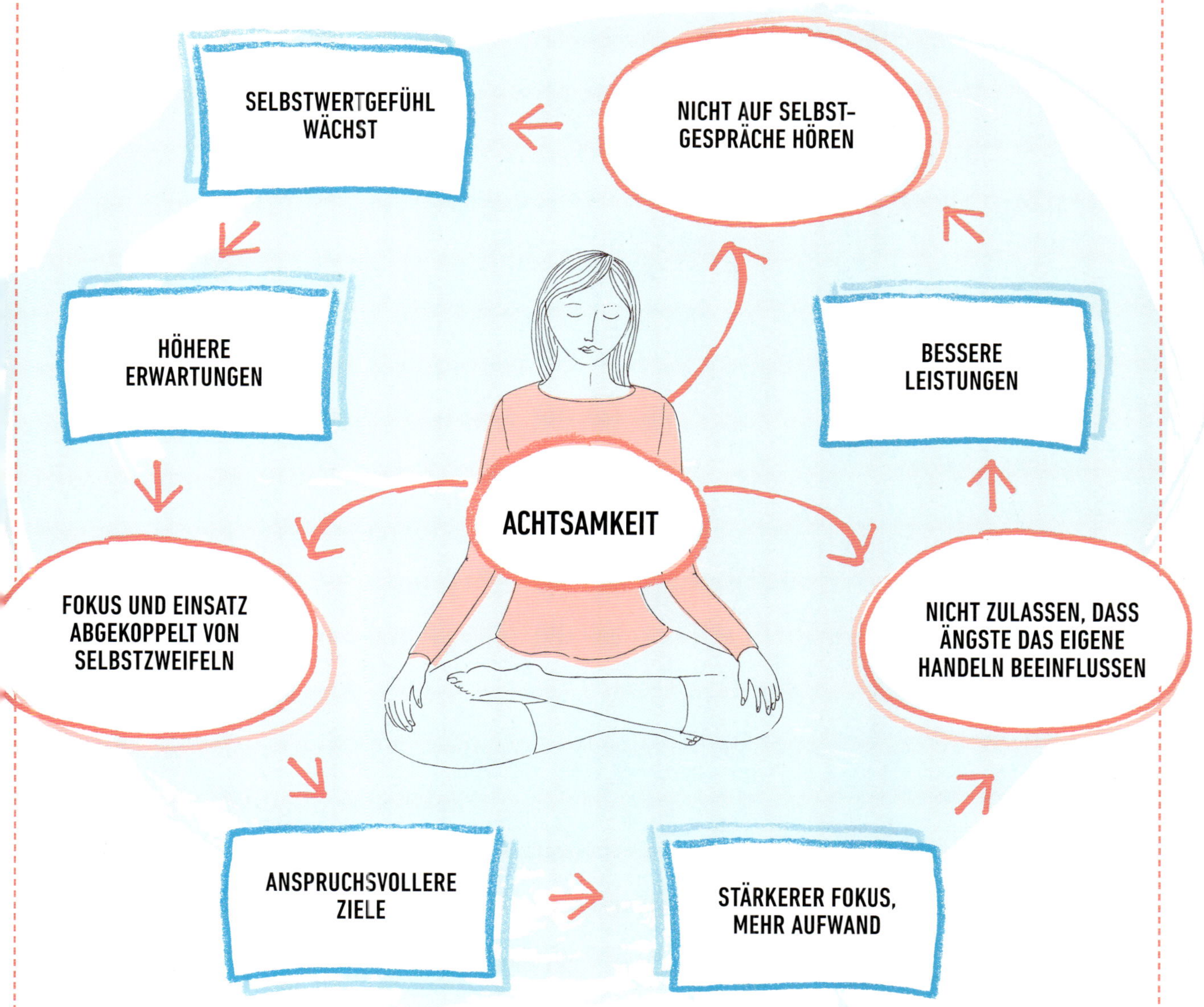

IN SIEBEN ATEMZÜGEN

ENTSCHEIDUNGSFINDUNG

Entscheidungen treffen wir teils intuitiv, teils vernunftgesteuert. Wenn Emotionen wie Angst im Spiel sind oder wir uns davon abhängig machen, was andere von uns denken, beeinträchtigt das unser Urteilsvermögen und unsere Entscheidungsfähigkeit. Achtsamkeit bietet uns die Möglichkeit, solche Fallstricke zu umgehen.

Manche Menschen sind entschlusskräftig, andere überlegen sehr lange hin und her, ehe sie den Sprung wagen. Doch in komplexen Situationen brauchen selbst die Entscheidungsfreudigsten mehr Zeit, um sich eine Vorgehensweise zurechtzulegen, die ihnen ein gutes Gefühl gibt.

Im alten Japan wurde von einem Samurai erwartet, dass er eine Entscheidung innerhalb von sieben Atemzügen treffen sollte. Auch wir können so vorgehen, falls wir das wollen, doch sind unsere ersten Gedanken nicht immer die besten. Bei weitreichenden Entscheidungen, etwa wenn es um einen Umzug oder einen Stellenwechsel geht, sind Analyse und Reflexion gefragt.

Herausforderungen

Manchmal verwerfen wir eine Handlungsoption lieber, weil die Anforderungen, die sie an uns stellen würde, uns einschüchtern. Einerseits gefällt uns die

SCHNELLSCHUSS

Gehen Sie die hier beschriebenen Schritte, wenn Sie rasch entscheiden müssen. Hilfreich ist, wenn Sie die feinen Signale kennen, mit denen Ihre Intuition sich meldet, um Ihnen Orientierung zu geben.

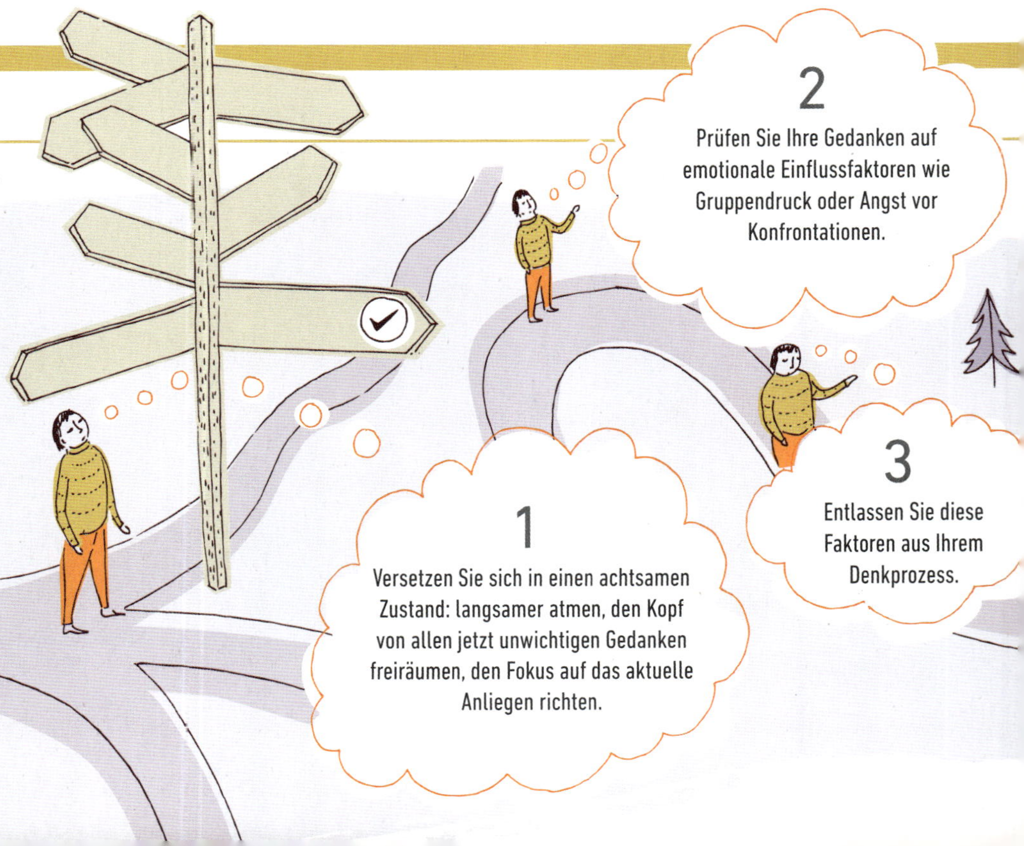

1 Versetzen Sie sich in einen achtsamen Zustand: langsamer atmen, den Kopf von allen jetzt unwichtigen Gedanken freiräumen, den Fokus auf das aktuelle Anliegen richten.

2 Prüfen Sie Ihre Gedanken auf emotionale Einflussfaktoren wie Gruppendruck oder Angst vor Konfrontationen.

3 Entlassen Sie diese Faktoren aus Ihrem Denkprozess.

Vorstellung, dass wir uns ins Zeug legen müssen und vielleicht Anerkennung dafür bekommen; andererseits zweifeln wir an unseren Fähigkeiten und fürchten, wir könnten uns blamieren.

Bei der Achtsamkeitsmeditation lassen wir alle nutzlosen Sorgen beiseite und stärken unser Selbstwertgefühl. Auf diese Weise entschärfen wir beunruhigende Emotionen, die zu einer Überforderung führen können, und sind in der Lage, die neue Aufgabe couragiert anzugehen: »Vielleicht schaffe ich das, vielleicht auch nicht. Aber warum es nicht versuchen?«

Doppelte Angst

Im Entscheidungsprozess haben wir es oft mit zwei Varianten von Angst zu tun: Wir machen uns nicht nur über die Nachteile der verfügbaren Optionen Sorgen, sondern fragen uns auch bange, ob wir die richtige Entscheidung treffen werden. Der von dieser Ungewissheit erzeugte Stress kann noch lange anhalten, nachdem wir aktiv geworden sind, und in eine Frage münden, auf die es oftmals keine Antwort gibt: Wäre es besser gewesen, wenn ich B anstatt A gewählt hätte?

Wenn wir eine achtsame Haltung einnehmen, sind solche hypothetischen Fragen belanglos, und der Nebel, der über dem Prozess der Entscheidungsfindung liegt, lichtet sich weitgehend. Wenn Sie zentrierter werden und sich selbst klarer wahrzunehmen vermögen, akzeptieren Sie, dass an der Vergangenheit nichts zu ändern ist. Verpassten Chancen nachzutrauern ist eine Verschwendung geistiger Energie.

Achtsamkeit hilft Ihnen, intuitives von reflexhaftem Handeln zu unterscheiden.

ACHTSAMKEIT MACHT ENTSCHEIDUNGSFÄHIG

Achtsamkeit hilft Ihnen, klügere Entscheidungen zu treffen, denn:

- Sie mindert Stress, der klares Denken erschwert.
- Sie hilft Ihnen, sich auf Wesentliches zu konzentrieren.
- Sie macht Sie weniger ablenkbar.
- Sie lichtet das Stimmengewirr im Kopf.
- Sie befreit Sie aus alten Verhaltensmustern.
- Sie stärkt Ihr Vertrauen in die eigenen Entscheidungen.
- Sie hilft ihnen, sich dem Sog von Emotionen zu entziehen.

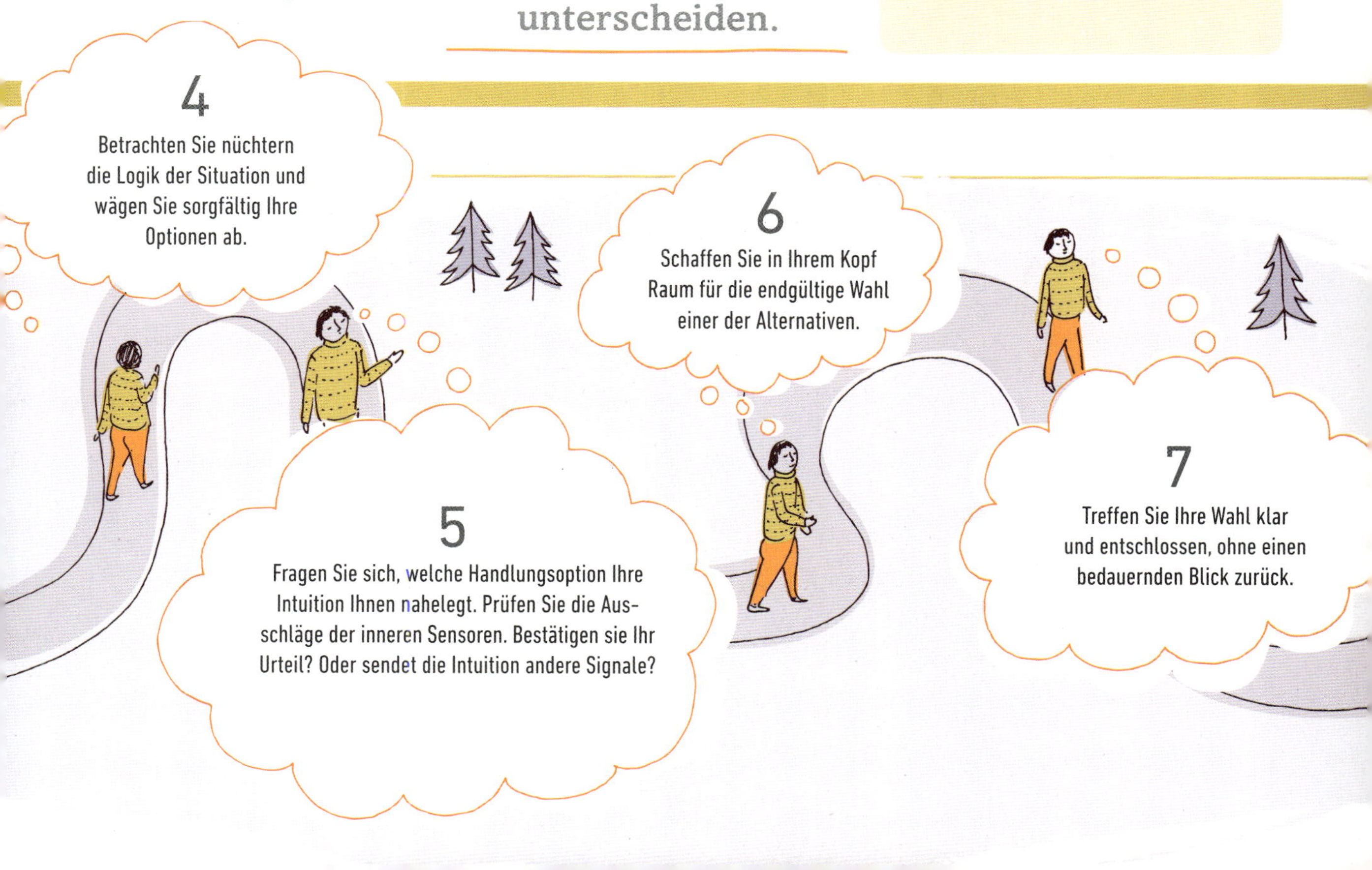

KLAR DENKEN

EMOTIONALE STÖR-FAKTOREN ERKENNEN

Der Verstand ist ein wunderbares Werkzeug, unterliegt aber verschiedensten Störeinflüssen, die vorwiegend von unseren Emotionen ausgehen. Womöglich glauben wir nur, wir würden rein rational und logisch vorgehen, während im Hintergrund die Emotionen die Fäden ziehen und bei unseren Entscheidungen die bestimmende Rolle spielen.

Wer keinerlei Erfahrung mit Meditation hat, neigt eher dazu, sich bei Entscheidungen von Störfaktoren beeinflussen zu lassen, sodass sich frühere Erlebnismuster wiederholen. Ein klassisches Beispiel ist, dass jemand immer wieder ähnliche Partner wählt, obwohl schon viele Liebesbeziehungen gescheitert sind. Oder der Fall, dass jemand eine schlechte Gewohnheit aufgeben will, aber immer wieder sagt: »Nur noch dieses eine Mal«.

Der achtsame Weg sieht hier so aus, dass Sie jede Entscheidung im Licht Ihrer Prioritäten und Wertvorstellungen

DENKFEHLER

Wer egoistisch und berechnend denkt, steht am Ende meist schlecht da – nicht nur moralisch gesehen. Dies macht das von Wirtschaftswissenschaftlern konzipierte »Ultimatumspiel« deutlich. Stellen Sie sich vor, jemand gibt Ihnen 100 Euro mit der Vorgabe, dass Sie sie mit Claudia teilen. Sie können ihr so viel oder so wenig anbieten, wie Sie möchten, aber wenn sie ablehnt, müssen Sie das Geld zurückgeben. Auch Claudia kennt die Spielregeln. Die egoistische Logik scheint zu besagen, dass Sie ihr möglichst wenig anbieten sollten – sagen wir einen Euro – und sie zustimmen wird. Denn ein Euro ist besser als nichts. Doch meistens kommt bei diesem Spiel etwas ganz anderes heraus.

betrachten. Das wird oft darauf hinauslaufen, dass Sie für ein längerfristiges Ziel erst einmal Opfer bringen. Wichtig ist, zwischen dem Leben im Moment und Leben für den Moment zu unterscheiden. Wenig achtsam ist die Einstellung: Ich will das jetzt haben, die Konsequenzen sind mir egal. Achtsamkeit bedeutet nicht, die Welt auszublenden. Sie engt die Perspektive nicht ein, sondern weitet sie.

> Wir treffen klügere Entscheidungen, wenn wir den Fokus weder auf das richten, was war, noch auf das, was sein könnte.

WICHTIGE ENTSCHEIDUNGEN ENTZERREN

Viele Fehlentscheidungen lassen sich durch intensives Gewahrsein im Hier und Jetzt vermeiden. Häufig spielt die sogenannte Aufwandsbegründung eine Rolle: Wir behalten den eingeschlagenen Kurs bei, weil wir bereits viel Zeit, Geld oder Mühe aufgewendet haben. Studien am INSEAD, einer der weltweit führenden Wirtschaftshochschulen, zeigten, dass kurze Achtsamkeitsmeditationen die Anfälligkeit für diese Art der Wahrnehmung stark herabsetzen. Drei Beispiele verdeutlichen, was im Alltag passieren kann.

- **Ich habe viel Kraft in eine Paarbeziehung investiert,** doch die Gegensätze zwischen uns sind unüberbrückbar. Wir wursteln trotzdem weiter, statt uns selbst zuliebe einen Schlussstrich zu ziehen.
- **Ich habe mich in unserem Unternehmen engagiert** und weiß dort besser als jeder andere, wie der Hase läuft. Es gibt für mich aber keine Aufstiegsmöglichkeiten. Weil ich meinen Wissensschatz nicht einfach wegwerfen will, sehe ich mich nicht nach etwas Neuem um, obwohl ich unzufrieden bin.
- **Ich habe Karten für ein Musikfestival gekauft,** aber mein Partner hat sich erkältet, und das Wetter soll schlecht werden. Wir gehen trotzdem hin, wäre doch schade um das Geld. Beim Festival frieren wir und fühlen uns mies, am Ende sind wir beide krank.

EMPATHIE

SICH IN ANDERE HINEINVERSETZEN

> »Willst du, dass andere glücklich sind, praktiziere Mitgefühl. Willst du glücklich sein, praktiziere Mitgefühl.«
>
> Seine Heiligkeit, der 14. Dalai Lama

Eine wesentliche Quelle von Glück und Zufriedenheit sind die Beziehungen zu anderen Menschen, die wir durch Achtsamkeit beleben und stärken können. Von zentraler Bedeutung ist dabei eine gebende Haltung, die sich in tätigem Mitgefühl ausdrückt.

Wir können die Gedanken anderer Menschen nicht lesen. Warum fühlen wir uns dann eigentlich nicht vollkommen allein und isoliert? Das hat damit zu tun, dass wir als Menschen fähig sind, eine enge Verbundenheit miteinander aufzubauen. Wenn wir jemanden kennenlernen, tauschen wir zunächst einfach nur Informationen aus, doch in so manchen Fällen entwickelt sich ein tiefes Gefühl von Nähe und Zusammengehörigkeit. Wir verstehen den anderen intuitiv und weil wir uns in sein Innenleben hineinversetzen können, sind wir auch in der Lage, ihn zu schätzen, ihm zugetan zu sein und ihm zu vergeben.

Von innen nach außen

Meditation aktiviert eine Gehirnregion, die als Inselrinde bezeichnet wird und für unser Einfühlungsvermögen eine Schlüsselrolle zu spielen scheint (siehe S. 110f.). In verschiedenen Studien wurden Selbsteinschätzungen von Menschen erfasst, die regelmäßig meditieren. Anhand dieser kam man zu dem Schluss, dass wir durch Meditation unsere Empathiefähigkeit steigern und sie über Familienangehörige und den Freundeskreis hinaus auf alle Menschen ausweiten können.

Achtsamkeitsmeditation setzt bei uns selbst an. Wir richten unser Mitgefühl zunächst nach innen, auf die eigenen Gedanken und Emotionen im Hier und Jetzt. Wir lassen uns nicht in die Gedanken und Emotionen hineinziehen, sondern erkennen sie akzeptierend und liebevoll an – wie Eltern, die ihr Kind betrachten und liebkosen. Im Prozess der Selbsterkundung besinnen wir uns auf unsere Mitte, während sich unser Horizont gleichzeitig weitet. Es ist, als würden wir mit der Empathie, die wir nach innen lenken, ein Gefäß füllen, bis dessen Rand erreicht ist und es überläuft, sodass unsere Empathie auch anderen zugutekommen kann.

Tolerante Haltung

Die Praxis der Achtsamkeit führt dazu, dass wir weniger Kraft für das Ankämpfen gegen negative Gedanken und aufreibende Emotionen aufbrin-

SCHNITTMENGEN

Empathie ist das Kernelement von Liebe, Mitgefühl und gelungener Kommunikation. Achtsamkeit stärkt die Empathie und bereichert dadurch all unsere zwischenmenschlichen Beziehungen.

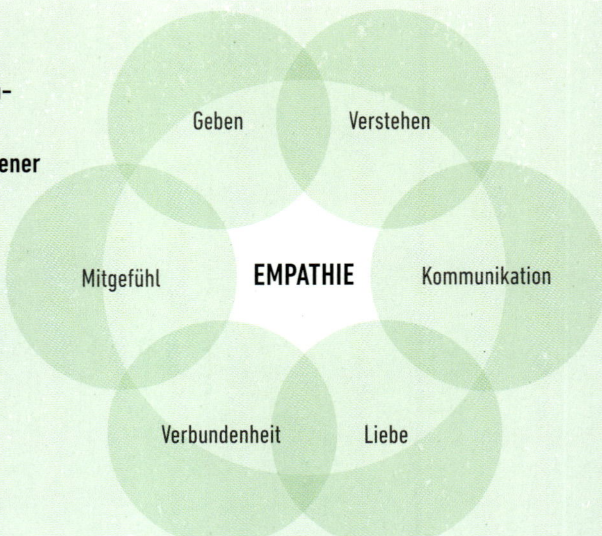

DIE EIGENE EMPATHIE STÄRKEN

Manchen von uns fällt es leicht, sich in andere hineinzuversetzen. Wem das schwerer fällt, der kann die Praxis der Achtsamkeit nutzen, um einfühlsamer zu werden. Manche Psychologen gehen davon aus, dass der Grad unseres Einfühlungsvermögens vor allem davon abhängt, wie viel Nähe wir in den wichtigen Beziehungen unserer ersten Lebensjahre erfahren haben. Die folgenden fünf einfachen, konkreten Schritte helfen Ihnen, Ihr Einfühlungsvermögen weiterzuentwickeln.

1 PREMIEREN
Probieren Sie Dinge aus, die Sie bei anderen gesehen haben, die für Sie selbst aber neu sind.

2 OFFENHEIT
Prüfen Sie, welche vorgefassten Meinungen Sie über andere haben, und versuchen Sie, im Gespräch davon abzusehen.

3 ZUHÖREN
Hören Sie anderen aufmerksam zu, um deren Gefühle und Bedürfnisse nachvollziehen zu können.

4 NEUGIER
Gönnen Sie sich den Luxus, das Gespräch mit anderen zu suchen, um etwas über ihr Leben zu erfahren – im Bus, im Café, in einem Laden.

5 GUTES TUN
Gehen Sie eine Verpflichtung ein, sich für andere Menschen, die Hilfe brauchen, einzusetzen.

gen müssen. Wir lernen, uns selbst zu betrachten, ohne zu werten. Diese tolerante Haltung können wir dann auch gegenüber anderen Menschen einnehmen. Weil wir uns selbst besser kennen, wissen wir genauer, was uns wichtig ist. Und weil sich parallel unsere Empathie entfaltet, bekommen andere Menschen mehr Bedeutung für uns. Wie wir selbst, so tun auch sie ihr Bestes, um sich aus Zwängen und Gewohnheiten zu befreien und sich über ihre wahren Prioritäten klar zu werden. Je deutlicher wir dies sehen können, desto eher sind wir bereit, Nachsicht zu üben.

Tätige Empathie

Sich in jemand anderen einzufühlen, der sich aktuell in einer Notlage oder Krisensituation befindet, ist keine angenehme Erfahrung. Die achtsame Selbsterkundung schärft unser Bewusstsein für jede Art von Leid, sorgt aber dafür, dass wir nicht so weit hineingezogen werden, dass unsere Fähigkeit zu helfen beeinträchtigt würde.

An dieser Stelle kommt unser Mitgefühl ins Spiel. Es ist sozusagen der ausführende Arm der Empathie. Mitgefühl beruht auf dem Empfinden der Zusammengehörigkeit. Es bezieht seine Kraft aus einer Quelle, die ebenfalls durch Achtsamkeit erschlossen wird, und befähigt uns, anderen die Zuneigung und Unterstützung zu geben, die sie von uns brauchen.

ACHTSAME VERBUNDENHEIT

BEZIEHUNGEN ZU ANDEREN MENSCHEN PFLEGEN

Vielleicht verbringen Sie mit manchen Menschen nur Zeit, weil Sie es gewohnt sind oder weil es anscheinend von Ihnen erwartet wird. Achtsamkeit fördert die Auflösung von derartigen Mustern, doch das muss nicht heißen, dass Sie eine solche Verbindung abbrechen müssen. Nehmen Sie sie achtsam in den Blick und fragen Sie sich, was Sie dazu beitragen, dass die Beziehung so ist, wie sie ist.

Jede zwischenmenschliche Beziehung kann Ihr Leben bereichern. Manche Menschen lehnen Sie jedoch ab oder haben eine völlig andere Lebenseinstellung als Sie. In solchen Situationen ist es sinnvoll, sich ein paar Fragen zu stellen. Ist die Mauer, die Sie von dem anderen trennt, auch Ihr Werk? Könnten Meinungsunterschiede eine Beziehung nicht sogar anregender machen? Was sind die wahren Gründe dafür, dass Sie sich gegenüber einer Person unwohl fühlen? Achtsamkeit hält aufschlussreiche Antworten auf diese Fragen bereit.

Der erste Eindruck

Oft bilden Menschen sich blitzschnell ein Urteil über jemanden, das auf Anhaltspunkten wie Aussehen, Beruf und Freundeskreis beruht. Viele halten dann an diesem ersten Eindruck fest. Aus der Perspektive der Achtsamkeit erkennen wir aber, dass dies nicht ausreicht, um sich wirklich ein Bild von jemandem zu machen.

Verbundenheit kultivieren

Wenn Sie Ihr achtsames Gewahrsein auf andere und auf die Möglichkeit, mit ihnen verbunden zu sein, ausweiten, werden Sie offener und aufgeschlossener. Sie entdecken, wie viel ein Lächeln, ein Scherz oder ein freundlicher Gruß bewirken kann. Jeder Akt der Aufmerksamkeit oder Freundlichkeit trägt zur Vertiefung einer Beziehung bei. Durch Achtsamkeit werden Ihnen die Entscheidungen bewusster, die Sie treffen, und Sie ordnen andere Menschen nicht mehr so schnell in Schubladen ein. Sie lassen sich weniger von kulturabhängigen Klischeevorstellungen leiten und entwickeln Ihre eigenen Strategien, um Verbindungen zu anderen zu knüpfen, die Ihr Leben bereichern.

LIEBENDE GÜTE

Bei der Meditation über liebende Güte (siehe S. 138–141) denken wir mit Zuneigung und Mitgefühl an andere – auch an Menschen, die nicht zu unserem engeren Umfeld zählen. Beziehen Sie die Übung mindestens einmal pro Woche in Ihre Meditationspraxis ein.

NACHSICHT

Achten Sie bei sich auf Anzeichen von Ärger und Groll. Fragen Sie sich, was Sie davon abhält zu verzeihen. Hat Ihnen jemand Unrecht getan, fokussieren Sie auf die Gegenwart und geben Sie der Person die Chance, wieder einen Platz in Ihrem Leben einzunehmen.

Tiefe Verbundenheit mit anderen ist eine lebendige Erfahrung, die unser ganzes Sein durchströmt.

FÜNF-PUNKTE-PLAN FÜR DIE PFLEGE VON BEZIEHUNGEN

TÄTIGES MITGEFÜHL

Überlegen Sie, wie Sie Empathie in tätiges Mitgefühl umsetzen können. Begegnen Sie Ihren Arbeitskollegen, Nachbarn und den Menschen, die Ihnen näherstehen, mit bewusster Offenheit. Was brauchen sie und wie können Sie ihnen helfen?

ACHTSAM KOMMUNIZIEREN

Seien Sie in der Kommunikation mit anderen offen und flexibel. Wenn Sie merken, dass sich Muster einschleifen, schlagen Sie einen anderen Weg ein. Achten Sie nicht nur auf die Worte, sondern auch auf andere Signale und zeigen Sie Wohlwollen. Freundliche Worte und gegebenenfalls auch Berührungen können helfen, Barrieren abzubauen.

DEESKALIEREN

Wenn Sie merken, dass Sie während einer Meinungsverschiedenheit verärgert oder frustriert sind, halten Sie inne, um Ihre Emotionen achtsam zu betrachten. Indem Sie in einem Konflikt auf diese Weise Abstand nehmen, betreiben Sie vorbeugende Beziehungspflege. Lassen Sie sich nicht von der Gewissheit leiten, recht zu haben.

BEZIEHUNGSGEFLECHT

Zeichnen Sie ein Diagramm, in dem Abstände und Überschneidungen der Kreise ihre Verbundenheit mit den zehn wichtigsten Personen aus Familie und Freundeskreis symbolisieren.

Schreiben Sie Ihre Antworten auf und überlegen Sie ausgehend davon, was Sie für jede der Beziehungen tun und wie Sie die freundliche Geste umsetzen können.

- Was tue ich, um diese Beziehungen zu pflegen?
- Wie sollen sie sich verändern?
- Was kann ich tun, um diese Veränderungen anzustoßen?
- Fällt mir für jede Person eine freundliche Geste der Zusammengehörigkeit und Zuneigung ein?

»Du kannst den Pfad nicht beschreiten, solange du nicht selbst der Pfad geworden bist.«

Zen-Weisheit

ACHTSAMKEIT ZU ZWEIT

EINE PAARBEZIEHUNG AUF KURS HALTEN

In einer festen Beziehung können sich durch die Vertrautheit miteinander problematische Denk- und Reaktionsmuster einschleifen. Sobald diese greifen, werden die Partner angespannt und streitsüchtig. Um die Liebesbeziehung lebendig zu halten, sind Offenheit, Wahrhaftigkeit und Engagement notwendig.

In der Vertrautheit einer Paarbeziehung passiert es immer wieder, dass Emotionen aus uns hervorbrechen, so als hätte der Zensor, der uns sonst daran hindert, gewisse Regungen zu zeigen, plötzlich seinen Dienst eingestellt. Manchmal fühlt es sich an, als sei unsere engste Beziehung die schwierigste.

Liebesbeziehungen machen glücklich, sie stellen uns aber auch auf die Probe. Dies kann zum Teil daran liegen, dass wir uns von der Liebe, Freundlichkeit und Geduld des Partners abhängig machen oder von anderen Dingen, die wir von ihm erwarten oder erhoffen. Die Furcht vor Verletzungen lässt uns reizbar und empfindlich werden, sodass wir Gefahr laufen, genau das zu sabotieren, was uns lieb und teuer ist.

Achtsamkeit hilft uns, gelassen und zentriert zu sein, so können wir automatisierte Reaktionsmuster abbremsen, die nur allzu rasch in einen Streit münden. Sie hält uns zudem dazu an, voreilige

BEZIEHUNGS-CHARTA

Die folgenden Tipps helfen, eine Paarbeziehung auf Kurs zu halten. Einige Punkte beziehen sich auf mögliche Spannungen, andere auf eine Vertiefung der Bindung.

ENTWICKLUNGEN AKZEPTIEREN
Erwarten Sie nicht, dass Ihr Partner bleibt, wie er war, als Sie sich kennenlernten. Genauso wie Sie hat er sich verändert. Er ist noch derselbe, aber er ist nicht stehen geblieben.

ECHTHEIT
Achtsamkeit lehrt Sie, authentisch zu sein. Ihre Paarbeziehung muss, da sie auf liebender Güte beruht, nicht irgendwelchen Konventionen entsprechen. Lösen Sie sich von festgefügten Vorstellungen, wie ein Paar zu sein hat.

VERNUNFT MIT AUGENMASS
Wenn Ihr Partner emotional wird, versuchen Sie besser nicht, ihm nachzuweisen, dass er sich unvernünftig verhält. Fragen Sie einfühlsam nach und gehen Sie gemeinsam den Emotionen auf den Grund.

AUF AUGENHÖHE
Achtsamkeit macht Sie Ihrem Partner nicht moralisch überlegen – ebenso wenig wie irgendein anderes Attribut, das Sie auszeichnen mag. Fangen Sie keine Machtspielchen an, selbst wenn Sie damit beste Absichten verfolgen. Seien Sie Verbündeter, nicht Anführer.

Schlüsse zu hinterfragen, zu denen wir in unserer Verunsicherung gelangen.

Leben Menschen zusammen, neigen sie dazu, Kränkungen in sich hineinzufressen, ohne es zu merken. Wenn dann ein heikler Punkt zur Sprache kommt, heizen diese die Konfrontation an. Mit Achtsamkeit lassen sich solche unnötigen Reibungsverluste minimieren, etwa mit Übungen zum Blickkontakt (siehe rechts). Hilfreich ist auch, sich bewusst um achtsames Kommunikationsverhalten zu bemühen. Die Partner können dafür bestimmte Zeiten vereinbaren, aber auch mitten in einer Diskussion beschließen, dass sie ab sofort den Prinzipien der nicht wertenden Achtsamkeit folgen, ruhig und klar kommunizieren und aufmerksam zuhören.

Achtsamkeit schafft einen Rahmen, in dem ein liebevolles Miteinander möglich ist. Indem wir uns um Selbstgewahrsein bemühen, stärken wir auch die Bindung. Paarbeziehungen sind vor allem dann stabil, wenn die gemeinsame Stressbewältigung gut funktioniert.

AUS FEEDBACK LERNEN

Gehen Sie nicht in Abwehrhaltung, wenn Ihr Partner Ihnen aufrichtig sagt, was er denkt. Lassen Sie es auf sich wirken. Suchen Sie nach der positivsten und liebevollsten Form, in der Sie ihm antworten können. Danken Sie ihm für seine Aufrichtigkeit.

GEMEINSAM NEUES ERLEBEN

Nehmen Sie sich Zeit für Erfahrungen zu zweit. Sprechen Sie auch darüber, wenn einer von beiden für sich etwas Neues ausprobiert. Wenn es ihm Freude gemacht hat, können Sie ein gemeinsames nächstes Mal planen.

VON ANGESICHT ZU ANGESICHT

Einige Achtsamkeits-Lehrer, die mit Paaren arbeiten, setzen sogenannte dyadische Übungen ein, bei denen es um die Interaktion der Partner geht. Versuchen Sie die hier beschriebene Blick-Übung, die Nähe und gegenseitiges Akzeptieren fördert. Ein Wecker kann helfen, der hier vorgeschlagenen zeitlichen Struktur zu folgen.

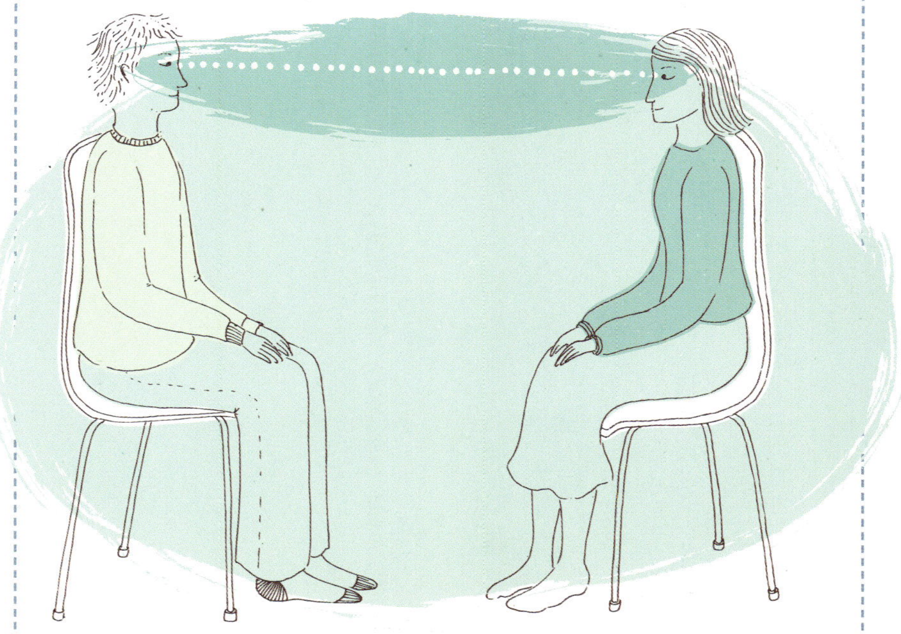

1 Sie sitzen beide aufrecht da und schauen sich an. Der Abstand zwischen den Gesichtern beträgt etwa einen Meter.

2 Betrachten Sie aufmerksam die Augen des anderen (schauen Sie ihm also nicht in die Augen). Akzeptieren Sie alle aufsteigenden Gefühle von Unbehagen oder Schutzlosigkeit, ohne auf sie zu reagieren. Bleiben Sie mit der Aufmerksamkeit beim eigenen Erleben: Es geht jetzt nur ums Beobachten. Nehmen Sie sich dafür etwa fünf Minuten Zeit.

3 Sehen Sie den anderen jetzt nicht nur an, sondern schauen Sie ihm in die Augen. Stellen Sie sich vor, dass die Augen das Tor zu ihm als Person sind. Sie schauen nicht nur, sondern nehmen Verbindung auf – etwa fünf Minuten lang.

4 Halten Sie Blickkontakt und denken Sie an das Gute in Ihrem Partner, die Eigenschaften, die Sie an ihm lieben. Zugleich denken Sie an das Gute in Ihnen selbst. Verbringen Sie fünf Minuten damit, die Liebe, die Sie verbindet, zu würdigen und liebevoll zu betrachten.

ACHTSAMKEIT ALS WERKZEUG

Achtsamkeit gibt wertvolle Unterstützung bei verschiedensten Aufgaben. Sie können sie im Beruf ebenso wie in der Freizeit und in Krisenzeiten anwenden.

WACHSEN UND LERNEN

ERFOLGSSTRATEGIEN

Wer sich Wissen und neue Fertigkeiten auf effizientere Weise aneignen möchte, sollte sich zunächst achtsam mit einer Reihe möglicher Hemmnisse wie Selbstzweifel und mangelnde Motivation befassen. Achtsamkeit lässt den Lernprozess zu einer erfreulicheren und effektiveren Erfahrung werden.

LEBENSLANGES LERNEN

Achtsamkeit hilft dabei, Einsichten zu gewinnen, die das Leben bereichern und zur eigenen Zufriedenheit und der Zufriedenheit anderer beitragen. Folgende Dinge lernen Sie klarer zu sehen:

- Wie Gedanken, Emotionen und Verhalten aufeinander einwirken
- Wie Unsicherheit und Skepsis durch Liebe zu überwinden sind
- Dass das Leben wunderbare Überraschungen bereithält
- Dass gewöhnliche Menschen zu Großem fähig sind
- Wie viel Weisheit in Kindern steckt
- Dass viele unserer Befürchtungen nur Hirngespinste sind

Um sich ein Wissensgebiet zu erschließen, sind mehr als Gewissenhaftigkeit und ein gutes Gedächtnis nötig. In Institutionen wie Schulen und Universitäten müssen wir auch mit bestimmten Vorgaben und einigen Stressfaktoren zurechtkommen. Konzentriertes Lernen wird auch erschwert, wenn wir daran zweifeln, ob wir überhaupt in der Lage sind, den Stoff zu bewältigen. Mit solchen Umständen müssen wir gelassen umgehen können, damit sie nicht zu schlechten Leistungen führen. Wenn uns das nicht gelingt, können wir nicht klar denken, die Motivation sinkt, und es fällt uns schwerer, im Konflikt miteinander stehende Ziele nach Priorität zu ordnen.

Unter Druck

Den besten Schutz davor, dass Sie sich beim Lernen überfordert fühlen, bietet eine achtsame Haltung. Sie hilft Ihnen, beim Lernen auf Kurs zu bleiben, ganz gleich, ob Ihre Probleme mit dem Selbstvertrauen zu tun haben, mit der richtigen Balance zwischen Studium und Familienleben oder mit der einschüchternden Fülle des Lernstoffs. Ablenkungen können von innen kommen (in Form ungelöster persönlicher Probleme) oder von außen (etwa als verlockende Freizeitangebote). Falls Ihr Umfeld nicht unter ähnlichem Zeitdruck steht, sind Sie vielleicht ständig versucht, sich Auszeiten zu gönnen. Wenn

PERSPEKTIVWECHSEL
Achtsamkeit bewahrt uns vor Überforderung durch umfangreichen Lernstoff.

Sie dem Stress auf diese Weise ausweichen, gehen Sie den Weg des geringsten Widerstands, der höchstwahrscheinlich in Enttäuschung und Gewissensbisse mündet. Achtsamkeit schafft einen Raum, in dem Sie Ihr Handeln an Ihren wahren Prioritäten ausrichten können, anstatt reflexhaften Regungen zu folgen.

Lernen im Flow

Im günstigen Fall treten Sie beim Lernen in einen »Flow-Zustand« ein, das heißt, Sie sind so in die Aufgabe vertieft, dass die Zeit wie im Flug vergeht und Sie alles um sich herum ausblenden. Vergessen Sie dabei aber nicht, auf die Bedürfnisse des Körpers ebenso zu achten wie auf die des Geistes. Machen Sie möglichst jede Stunde eine kurze Atemmeditation und registrieren Sie dabei aufmerksam Ihre Körperempfindungen. Bei Warnzeichen handeln Sie entsprechend. Achten Sie auf ausreichenden Schlaf und eine ausgewogene Ernährung.

WIE ACHTSAMKEIT BEIM LERNEN HILFT

Studien zeigen, dass Achtsamkeitsübungen den Umgang mit Stress verändern. Das könnte daran liegen, dass sie auf die Interaktion des präfrontalen Kortex mit älteren Hirnstrukturen wirken, die Furcht und andere Emotionen regulieren. Pädagogen nehmen an, dass Achtsamkeit die Lernbereitschaft steigert, indem sie die Leistungsfähigkeit in verschiedenen Bereichen fördert.

ARBEITSGEDÄCHTNIS
Befähigt Sie, viele Informationselemente gleichzeitig präsent zu haben und zu verarbeiten

KONZENTRATION
Befähigt Sie, sich der jeweiligen Aufgabe zu widmen und das Gelesene oder Gehörte aufzunehmen

PLANUNG
Befähigt Sie, Lernstoff in nacheinander zu bearbeitende Abschnitte zu gliedern

SCHLUSSFOLGERN
Erlaubt Ihnen, Informationen auf Stimmigkeit zu prüfen und logische Schlüsse zu ziehen

LÖSUNGSKOMPETENZ
Befähigt Sie, mit Widersprüchen im Lernstoff und mit Verständnisschwierigkeiten zurechtzukommen

MULTITASKING
Hilft, bei der Bewältigung von Lern- und anderen Aufgaben Prioritäten richtig zu setzen

SELBSTVERTRAUEN
Stärkt Ihren Glauben daran, dass Sie es schaffen können, sich ein Wissensgebiet zu erschließen

GEISTIGE KLARHEIT
Befähigt Sie, sich beim Lernen nicht von emotionalen Einflüssen ablenken zu lassen

GEISTIGE AUSDAUER
Befähigt Sie, längere Lernphasen durchzuhalten, ohne sich zu langweilen

ZEIGEN SIE, WAS SIE WISSEN

BEI PRÜFUNGEN GUT ABSCHNEIDEN

Achtsamkeit hilft uns, mit der Anspannung vor einer Prüfung, mit der Prüfungssituation an sich und mit der anschließenden Sorge, ob wir gut abgeschnitten haben, gelassener umzugehen. Es ist gut zu wissen, dass sich der Stress verringern lässt, auch wenn er vermutlich nicht ganz zu vermeiden ist.

Die Prüfung kommt rasant auf Sie zu wie ein Komet auf Kollisionskurs – das ist Ihre Chance, dringend benötigte Punkte zu sammeln. Sie werden nicht darum herumkommen, ganz gleich ob Sie schlecht vorbereitet oder an dem Tag außer Form und besonders nervös sind. Achtsamkeitstechniken können helfen, den Prüfungsstress abzumildern. Beginnen Sie, falls Sie nicht schon dabei sind, spätestens zwei Wochen vor der ersten Klausur mit Atem- sowie Körper-und-Atem-Meditationen (siehe S. 96–99 und S. 106–109) und setzen Sie dies während der Prüfungszeit fort. Eine Meditation vor dem Schlafengehen hilft Ihnen, den Kopf freizubekommen und Schlafstörungen vorzubeugen. Trinken Sie nie Alkohol, um besser einschlafen zu können, denn das stellt keine Lösung dar.

DIE 7-11-SCHNELLÜBUNG

Diese entspannende Atemübung können Sie überall machen, auch im Prüfungsraum. Das Verlängern des Ausatmens mobilisiert den natürlichen Entspannungsmechanismus des Körpers.

WANN?

- In regelmäßigen Abständen beim Durchgehen des Stoffs
- Wann immer Sie angespannt oder gestresst sind
- Bevor Sie zur nächsten Prüfungsfrage gehen
- Unmittelbar nach der Prüfung

1 Zählen Sie beim Einatmen durch die Nase still bis sieben.

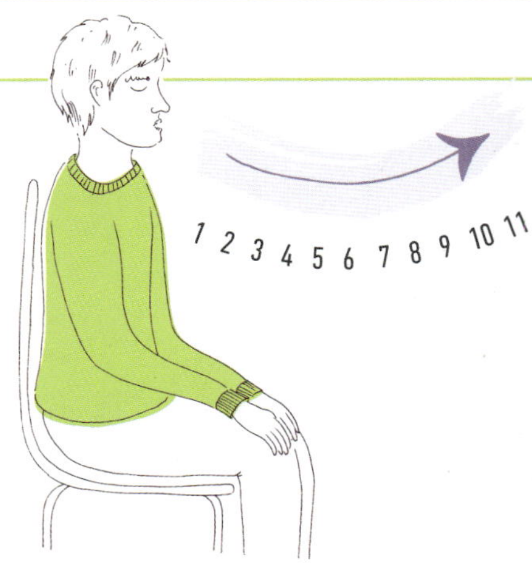

2 Atmen Sie durch den Mund aus, während Sie still bis elf zählen.

CHECKLISTE FÜR ACHTSAMKEITSMEDITATIONEN

Achten Sie bei der Atem- oder Körper-und-Atem-Meditation auf Folgendes:

- Anzeichen körperlicher Erschöpfung: Überlegen Sie nach der Meditation, ob eine geänderte Lebensweise, zum Beispiel früheres Schlafengehen, hilfreich wäre.
- Körperliche Anzeichen von Stress: Notieren Sie sie. Lassen sie nach, wenn Sie mehr meditieren?
- Abschweifende Gedanken zum Lernstoff: Lassen Sie sie vorüberziehen, um bei der nächsten Lerneinheit darauf zurückzukommen.
- Selbstzweifel: Registrieren Sie sie einfach, ohne sich auf sie einzulassen.

3 Bleiben Sie etwa fünf Minuten lang in diesem Atemrhythmus.

Sollten sich beim Lernen negative Gedanken einstellen, nehmen Sie diese einfach zur Kenntnis, ordnen sie ein und kehren behutsam zum aktuellen Thema zurück. Machen Sie etwa jede Stunde die 7-11-Atemübung und achten Sie auf Ihre Sitzposition (siehe S. 94). Das hilft Ihnen, aufmerksam zu bleiben.

Gehen Sie mit der Euphorie nach der Prüfung achtsam um, denn sie kann sich bei Menschen, die ansonsten nicht leicht aus sich herausgehen, ungünstig auswirken. Wenn Sie Ihre Antworten in der Prüfung immer wieder durchgehen und über Ihre Punktezahl spekulieren, kann darunter Ihr Selbstwertgefühl leiden – schließlich ist ja noch nicht klar, wie Sie abgeschnitten haben. Vielleicht geraten Sie auch in einen seltsamen Schwebezustand und wissen für eine Weile nicht so recht, was Sie mit sich anfangen sollen. Nehmen Sie sich Zeit, um sich wieder an den normalen Alltag zu gewöhnen.

DIE PRÜFUNGSZEIT GUT EINTEILEN

Eine gute Zeiteinteilung ist bei einer Klausur wesentlich, damit Sie Ihr Wissen so gut wie möglich zur Geltung bringen können.

- **Üben Sie mit alten Klausuren.** Stellen Sie einen Wecker und behalten Sie ihn im Blick. Geben Sie sich so viel Zeit, wie für die richtige Klausur vorgesehen ist, und strukturieren Sie den Ablauf, damit Sie die Fragen möglichst gut bearbeiten können.
- **Lassen Sie den Wecker nun weg.** Notieren Sie sich bei der nächsten Probeklausur die Anfangszeit. Schauen Sie erst auf eine Uhr, wenn Sie fertig sind. Üben Sie das so lange, bis Sie sich die Zeit instinktiv richtig einteilen.
- **Sagen Sie sich vor der Prüfung folgende Bekräftigungsformel:** »Ich werde mir die Zeit so einteilen, dass ich die Fragen so gut wie möglich beantworten kann.«
- **Verlieren Sie sich nicht in einer Aufgabe.** Es geht nicht darum, das Menschheitswissen zu erweitern – Sie schreiben nur eine Klausur.

DIESEN JOB KRIEGE ICH

IM BEWERBUNGSGESPRÄCH GLÄNZEN

Vermutlich werden Sie zu Ihren Eigenschaften und Fähigkeiten niemals sonst so gezielt und eingehend befragt wie bei einem Vorstellungsgespräch. Achtsamkeit eröffnet Ihnen Möglichkeiten, wie Sie selbstsicherer auftreten, das Richtige sagen und Nervosität abbauen können.

Sie haben Schweiß an den Händen, ein flaues Gefühl im Magen, einen hohen Puls – und hören sich selbst Dinge sagen, die Sie eigentlich gar nicht meinen. Ein Vorstellungsgespräch kann Ihnen wie ein eigenartiges Experiment vorkommen, bei dem alle Ihre negativen Gedanken über sich selbst an die Oberfläche kommen; zudem Ihre ganze Unsicherheit darüber, wer Sie sind, was Sie eigentlich wollen und was Sie zu bieten haben.

Sieht Ihr Bild von einem Bewerbungsgespräch so aus, könnte das Ganze zu einer sich selbst erfüllenden Prophezeiung werden. Nichts kann Ihr Auftreten so effektiv sabotieren wie die eigene Furcht vor der Situation.

HEIMSPIEL: SIE WERDEN MICH WOLLEN

Sobald Sie den Raum betreten, sind Sie vollkommen präsent. Sie haben sich über den Arbeitgeber gut informiert und können über Ihren Berufsweg und vieles andere, was nicht im Lebenslauf steht, präzise Auskunft geben. Thema des Gesprächs sind Sie selbst – auf diesem Gebiet kann Ihnen niemand das Wasser reichen. Das ist ein Heimspiel für Sie.

Ganz im Jetzt zu sein hilft Ihnen, entscheidende Signale mitzubekommen, die Ihnen zeigen, wie Sie sich möglichst gut präsentieren.

Was könnte schiefgehen?

Falls Sie die Stelle unbedingt wollen, wäre es ungünstig, wenn Sie im Bewerbungsgespräch verzweifelt wirken. Womöglich fangen Sie sogar an – weil Sie an Ihrem jetzigen Arbeitsplatz unglücklich sind –, über Ihren Arbeitgeber zu lamentieren, ohne dies wirklich zu wollen. Das passiert häufig und bringt Ihnen garantiert keine Pluspunkte ein. Nach Ihren Zielvorstellungen befragt, geben Sie vielleicht moralisierende Phrasen von sich, wie Sie die Welt verbessern wollen. Nach Ihren Schwächen befragt bekennen Sie sich vielleicht nur zu solchen, die sich selbstverständlich auch als Stärken sehen lassen, zum Beispiel, dass Sie »zu genau« sind. Kommt Ihnen etwas davon bekannt vor?

Achtsame Strategien

Viele Menschen fürchten sich vor einem Bewerbungsgespräch, weil sie in Muster wie die soeben geschilderten verfallen könnten. Achtsamkeitsmeditation hilft Ihnen, dem entgegenzuwirken, indem Sie Ihre Aufmerksamkeit klarer fokussieren, Ihr Selbstwertgefühl stärken sowie Stress und Anspannung in Schach halten.

Unter diesen Umständen sind Sie ganz auf das Gespräch konzentriert und sagen Dinge nicht nur deshalb, weil sie gut klingen. Sie fühlen sich wohler in Ihrer Haut und zeigen sich so, wie Sie sind; sie geben keine einstudierten Antworten, sondern sind fähig, in einen echten Dialog einzutreten.

Atemmeditationen

Falls Sie noch nicht regelmäßig meditieren, können Sie, sobald Sie sich auf Stellensuche begeben, mit einfachen Atem- sowie Atem-und-Körper-Meditationen beginnen (siehe S. 96–99 und S. 106–109). Ihr Ziel sollte sein, einige Wochen lang regelmäßig zu üben.

Während Sie darauf warten, zum Bewerbungsgespräch aufgerufen zu werden, machen Sie die 7-11-Kurzübung (siehe S. 192f.), um sich zu beruhigen. Im Gespräch selbst orientieren Sie sich an den in der Abbildung unten dargestellten Leitlinien. Damit stellen Sie sicher, dass Sie sich so natürlich wie möglich geben und all Ihre wesentlichen Qualitäten und Fertigkeiten gut zur Geltung bringen – hierzu zählt nicht zuletzt Gelassenheit.

ARBEITSANFORDERUNGEN

ACHTSAMKEIT IN DER BERUFSWELT

Für manchen Menschen ist die Arbeit mit sinnvollen Zielen, Anerkennung und Kontakt zu gleichgesinnten und unterstützenden Kollegen verbunden. Für viele hat sie dagegen eher mit Stress, Überlastung und Angst vor der Zukunft zu tun. Achtsamkeit wird zunehmend als Schlüssel zu einem zufriedeneren und kreativeren Arbeitsleben begriffen.

Immer mehr Menschen praktizieren Achtsamkeit am Arbeitsplatz, oft mit Unterstützung des Arbeitgebers. Viele bekannte Unternehmen bieten Meditationskurse an, bezahlen ihren Mitarbeitern Einkehrtage oder richten Meditationsräume ein. Studien zu solchen Initiativen zeigen, dass dies zu vielfältigen positiven Effekten führt: verbesserte Kommunikationsfähigkeit, besonneneres Reagieren auf Stresssituationen, harmonischere Teamarbeit, schnelleres Lösen von Konflikten und unkonventionelleres Denken. Den Unternehmen wiederum kommt all dies in Form von Produktivitätssteigerungen und Innovationskraft zugute.

Stress und Überlastung

In hoch industrialisierten Ländern ist Stress, nach Muskel-Skelett-Erkrankungen, die zweithäufigste Ursache für Krankheitstage. Dies betrifft vor allem Menschen zwischen 35 und 54 Jahren mit Vollzeitstellen, zum Beispiel im Gesundheits- und Bildungswesen sowie in Behörden. Der Wettbewerb zwischen Unternehmen hat oft zur Folge, dass Abteilungen unterbesetzt, Mitarbeiter überlastet und die Überlebensfähigkeit von Betrieben ungewiss sind. Stress kann auch durch die Komplexität einer Organisationsstruktur entstehen. Wenn Stress und Überforderung überhandnehmen, kommt es in der Belegschaft schnell zu Spannungen.

Oft reagieren wir auf den Arbeitsdruck, indem wir Abstriche im Privatleben machen und Freizeitaktivitäten aufgeben oder weniger Zeit mit Familie und Freunden verbringen. Wir geben damit etwas auf, woraus wir Energie schöpfen, sodass Stress und Erschöpfung noch weiter zunehmen. Mit Achtsamkeitsmeditationen können wir diese Abwärtsspirale stoppen, denn durch sie wird uns klarer, worauf es uns wirklich ankommt.

Diese Erkenntnis kann dann beispielsweise dazu führen, dass wir Überstunden ablehnen, weil wir dem Familienleben einen höheren Stellenwert einräumen. Wenn es uns gelingt, unseren Stress zu regulieren und nicht

GÜNSTIGE EFFEKTE

Die Teilnehmer eines Achtsamkeitskurses, den eine große britische Versicherungsgruppe 2010 anbot, machten zu dessen Wirkungen folgende Angaben:

88 % berichteten von »einer deutlich gesteigerten Fähigkeit zu anhaltender Konzentration«.

76 % berichteten von »wesentlich positiveren Beziehungen im Team«.

68 % gaben eine »starke Erhöhung der eigenen Effizienz und Produktivität« an.

60 % berichteten, sie seien »wesentlich besser in der Lage, Stress auszugleichen«.

WANDEL AN DER SPITZE

In den späten 1990er-Jahren sah man Wirtschaftsstudenten in den Cafés oft *Die Kunst des Krieges* lesen, einen 2500 Jahre alten Klassiker des chinesischen Militärstrategen Sun Tsu. Heutzutage zählen eher die Achtsamkeits-Bücher von Jon Kabat-Zinn, Mark Williams oder John Teasdale zur bevorzugten Lektüre. Das Thema Achtsamkeit in der Geschäftswelt war lange Zeit vor allem mit dem Namen Ellen J. Langer verknüpft. Die Harvard-Psychologieprofessorin definiert Achtsamkeit als den »Prozess, aktiv neue Dinge wahrzunehmen«. In Trainings für Führungskräfte greift man zunehmend auf die Ideen von Kabat-Zinn, Williams und Teasdale zurück. Ein zentrales Konzept ist dabei das der Erholung: Achtsamkeit dient dazu, negative Effekte von Stress in Führungspositionen auszugleichen.

reflexhaft, sondern sachlich und besonnen zu handeln sowie Mitgefühl gegenüber uns selbst und anderen Menschen zu zeigen, sind wir wesentlich zufriedener und produktiver. Mit Achtsamkeit können wir dieses Ziel und viele andere Vorstellungen umsetzen.

Achtsamkeit hilft uns zudem, uns selbst weniger wichtig zu nehmen, weniger ungeduldig zu sein, wenn wir uns von einer Aufgabe unterfordert fühlen, und auf »Überflieger« weniger neidisch zu sein. Wir sind weniger ichbezogen und behalten die Interessen anderer besser im Blick. Wir sind in der Lage, mehr Details zu registrieren und zu verarbeiten. Dies alles führt dazu, dass das Berufsleben eine neue Qualität gewinnt und damit zu mehr Zufriedenheit und Erfüllung beiträgt.

LISTE POSITIVER WIRKUNGEN

Die Liste zeigt nachgewiesene positive Effekte von Achtsamkeit in der Arbeitswelt. Sie können sie zur Selbstbeobachtung nutzen. Übertragen Sie sie dazu in Ihr Achtsamkeits-Tagebuch und protokollieren Sie, was Sie mit Achtsamkeitsmeditationen erreichen.

ACHTSAMKEITSEFFEKTE IM BERUFSLEBEN

- ✓ Mehr Freude an der Arbeit
- ✓ Flexibleres Vorgehen
- ✓ Mehr Faktoren im Blick, die für die Aufgabe wesentlich sind
- ✓ Besseres Verhältnis zu den Kollegen im Team
- ✓ Die eigene Rolle besser akzeptieren
- ✓ Sich realistischere Arbeitsziele setzen
- ✓ Probleme nicht als Bedrohung, sondern als Herausforderung sehen
- ✓ Mehr Rücksicht auf Kollegen nehmen
- ✓ Materielle Anerkennung ist unwichtiger.
- ✓ Die eigene Leistung besser einschätzen können
- ✓ Mehr Chancen für bereichernde Erfahrungen außerhalb des Berufs finden
- ✓ In Belastungssituationen ruhiger bleiben

OHNE ÄH UND ÄHM

SELBSTSICHER VOR PUBLIKUM SPRECHEN

Vor Publikum zu sprechen zählt für viele Menschen zu den Situationen, vor denen sie am meisten Angst haben, weil sie dabei prüfenden Blicken ausgesetzt sind. Achtsamkeit kann helfen, dies nicht als einschüchternde, sondern als beruhigende Vorstellung zu sehen.

Wenn Sie vor Menschen sprechen, treten Sie im Hier und Jetzt in Austausch mit ihnen. Das Publikum wird Ihnen aufmerksam zuhören, sofern Sie umgekehrt ihm Ihre ganze Aufmerksamkeit widmen. Diese Dynamik kommt aber nur allzu leicht ins Stocken. Wenn Sie an sich zweifeln und sich ständig fragen, wie Sie wohl rüberkommen, sind Sie mit sich selbst beschäftigt, also vom Publikum abgelenkt. Sie kommen womöglich ins Schlingern, weil Sie in den Gesichtern Anzeichen von Langeweile zu erkennen meinen, und sind nicht mehr ganz bei dem, was Sie sagen wollen. Weil Ihnen der eindeutige Fokus abhandenkommt, fehlt Ihren Worten die Überzeugungskraft.

Gelassen im Augenblick

Betrachten Sie das Sprechen vor Publikum im größeren Zusammenhang. Arbeiten Sie an Ihrer Redeangst, indem Sie sich im Hier und Jetzt verankern. Aus dieser Perspektive wirken Ängste wie flüchtige Erfahrungen, die nichts über Sie als Mensch aussagen. Entscheidend ist, dass Sie den Fokus darauf richten, was Sie den anderen zu geben haben, ohne sich darum zu sorgen, was diese sich davon tatsächlich nehmen werden.

Achtsamkeitsmeditation wird Ihre Nervosität wohl nicht ganz ausräumen, jedoch eine konstruktive Einstellung zu den verbleibenden Ängsten fördern. Eine kurze Atemübung kann Sie dabei unterstützen, vor Ihrem Publikum nicht zurückzuscheuen, sondern es im Hier und Jetzt sicher, spontan und lebendig anzusprechen.

Im Hier und Jetzt können Sie gelassen, lebendig und spontan sein.

ANGSTAUSLÖSER ERMITTELN

Auch wenn es ums freie Sprechen geht, ist es hilfreich, sich die Angstauslöser in der konkreten Situation genau anzusehen.

Dann können Sie einem Angstreiz, sobald er auftritt, einen Gedanken entgegensetzen, der Ihr Selbstvertrauen stärkt.

AUSLÖSER	GEGENIMPULS
Das ist unbekanntes Terrain für mich.	Der Ort macht das Abenteuer spannender.
Da werden viele Leute sein.	Ganz gleich, wie viele Menschen zuhören – mein Vortrag ist derselbe.
Im Publikum sind Leute mit Einfluss.	Die Leute werden mich so erleben, wie ich mich zeigen möchte.
Ich bin anders als die Zuhörer (etwa was Geschlecht, Bildung, Qualifikation angeht).	Über Vorurteile der Leute zu spekulieren hat wenig Sinn.
Ich verhaspel mich vielleicht.	Geht etwas daneben, macht das nichts.
Die Zuhörer könnten mich unsympathisch finden oder anderer Meinung sein.	Man hat mich gebeten, hier zu sprechen, weil ich dafür qualifiziert bin.

SECHS-PUNKTE-PLAN FÜR ACHTSAMES ÖFFENTLICHES SPRECHEN

Durch die Praxis der Achtsamkeit verstehen Sie mit der Zeit besser, was genau die Redeangst bei Ihnen auslöst. Es gibt viele Kurzzeitstrategien, um die Angst zu bekämpfen und ihre Folgen zu verringern. Manche Redner schwören auf Atemübungen oder einen achtsamen Spaziergang vor dem Auftritt. Hier einige Tipps für Ihren großen Tag:

1
PRÄSENTATIONSINHALTE UND -FORM GUT VORBEREITEN

Machen Sie Probedurchläufe, auch wenn Sie sie aus Nervosität am liebsten meiden würden. Planen Sie reichlich Zeit ein, um den Vortrag anhand Ihrer Notizen durchzuspielen.

2
KONTAKT AUFNEHMEN

Bevor Sie zu sprechen beginnen: Schauen Sie die Leute an, deren Rolle es jetzt ist, Ihnen zuzuhören. Danken Sie ihnen im Stillen mit einem Gruß der liebenden Güte – und erfüllen Sie dann Ihre Aufgabe.

3
KRAFTVOLL EINSTEIGEN

Beginnen Sie mit fester, klarer Stimme zu sprechen, damit unsichere Muster nicht einrasten können. Es ist nicht ratsam, tastend anzufangen und dann zu hoffen, dass Sie mit der Zeit an Sicherheit gewinnen.

4
NOTIZEN RICHTIG NUTZEN

Falls Sie anhand von Notizen improvisieren, muss Ihnen klar sein, worauf sie jeweils verweisen, damit Sie den Überblick behalten. Eine gute Methode: Notieren Sie sich Stichworte zu den einzelnen Punkten und lernen Sie Kernsätze auswendig.

5
»JA, UND«

Improvisationsschauspieler nutzen das Ja-und-Prinzip: das annehmen, was ist, und etwas hinzufügen. Statt das Geschehen zu unterbrechen, bleiben Sie im Fluss. Gelegentliches Improvisieren festigt die Verbindung zum Publikum.

6
DEN ATEM ALS ANKER NUTZEN

Bauen Sie viele kurze Pausen ein, in denen Sie die Aufmerksamkeit auf Ihre Empfindungen beim Atmen richten und in der Vorstellung Verbindung zum Boden aufnehmen. Beim Einatmen nehmen Sie von dort Energie in sich auf.

»Wenn du einsiehst, dass nichts dir fehlt, gehört dir die ganze Welt.«

Lao-Tse (um 694–531 v. Chr.)

SPORT UND BEWEGUNG MIT ACHTSAMKEIT

KÖRPERPLICH FIT IM HIER UND JETZT

Die Praxis der Achtsamkeit ist für sportliche und andere körperliche Aktivitäten nicht weniger wichtig als das Fitnesstraining. Sie hilft, fokussiert und motiviert zu bleiben, auf Signale des Körpers zu achten und zum Beispiel rechtzeitig zu pausieren sowie mit Ängsten und Enttäuschungen gut umzugehen.

Auf die Signale des Körpers zu achten ist bei jeder Art von Bewegung vorteilhaft. Indem Sie auf Ihren Körper hören, lernen Sie, den eigenen Empfindungen zu vertrauen, und praktizieren Selbstmitgefühl – eine heilsame Freundlichkeit sich selbst gegenüber. Beides trägt zu mehr Gesundheit und Lebenszufriedenheit bei. Überprüfen Sie vor dem Laufen oder Trainieren oder nachdem Sie sich aufgewärmt haben, für welches Anstrengungsniveau Ihr Körper bereit ist. Wenn er Ihnen Müdigkeit oder Muskelkater signalisiert, so stellen Sie Ihr Bewegungsprogramm entsprechend um. Verkürzen Sie die Laufstrecke, machen Sie einen achtsamen Spaziergang oder erlauben Sie sich einfach die erforderliche Erholung.

Achtsam dehnen

Mit Achtsamkeit beim Dehnen können Sie Problempunkte aufspüren, gelenkiger werden und Bewegungseinschränkungen mindern. Richten Sie die Aufmerksamkeit auf die betroffene Körperregion. Schließen Sie die Augen und machen Sie zehn langsame Atemzüge, die Sie zu den Muskeln hinlenken.

Sportpsychologen betonen, dass das Trainieren uns strapaziöser erscheint, je mehr wir darüber nachdenken. Auch hier ist Achtsamkeit hilfreich, weil sie Körper und Geist in Einklang bringt. In achtsamer Haltung sind wir zum Beispiel nicht auf das Übungsende fokussiert – im buddhistischen Sinn ein »Verlangen« –, stattdessen überlassen wir uns dem Strom bewusst ausgeführter Bewegungen.

MENTAL UND KÖRPERLICH FIT

Verbinden Sie beim Trainieren die mentale und die körperliche Ebene, indem Sie im Jetzt bleiben und Ihre Sinnesempfindungen im Blick behalten. Fokussieren Sie auf Atem und Bewegungsrhythmus. Lenken Sie sich nicht mit Musik oder Fernsehen ab. Die Effekte des achtsamen Trainings:

- Die Wirkung verstärkt sich.
- Das Verletzungsrisiko sinkt.
- Die Freude an Bewegung wächst.
- Eine gute, einfühlsame Beziehung zum eigenen Körper entsteht.

Achtsamkeit steigert die körperliche Leistungsfähigkeit, umgekehrt sorgt körperliche Aktivität für mehr Achtsamkeit. Deutsche Sportwissenschaftler stellten fest, dass bei Joggern während eines zwölfwöchigen Trainingsprogramms der subjektive Grad an Achtsamkeit stark anstieg. Das lag zum einen daran, dass die Sportler Atem, Puls und Temperatur bewusster wahrnahmen, zum anderen daran, dass das Training Veränderungen im Gehirn bewirkte, durch die sie besser fokussieren konnten.

JOGGEN MIT WENIGER BELASTUNG

Schwierigkeiten beim Joggen sind oft mentaler Art – Sie sind zum Beispiel frustriert, weil Sie nicht fitter sind, oder ungeduldig, weil Sie noch eine weite Strecke vor sich haben. Fokussieren Sie auf Ihren Atem und Ihre Schritte, lassen Sie Gedanken wie »Ich kann nicht mehr« los. Was sagt Ihnen Ihr Körper? Machen Sie einen Bodyscan (siehe S. 120–125) und fragen Sie sich, was gut funktioniert und wo kleine Justierungen nötg sind. Passen Sie vielleicht das Tempo an. Bei Warnsignalen des Körpers hören Sie auf. Seien Sie aber skeptischer, wenn der Geist solche Signale sendet. Probieren Sie die folgenden Tipps aus, um unnötige Belastungen beim Laufen zu vermeiden.

Stellen Sie sich vor, wie der Kopf an einer Schnur nach oben gezogen wird. Machen Sie keinen Buckel und schieben Sie den Kopf nicht nach vorn. Bleiben die Schultern senkrecht über den Hüften, wird der Körper weniger belastet.

Beobachten Sie Ihre Schritte und versuchen Sie sie kürzer und leiser werden zu lassen. Auf diese Weise laufen Sie mit weniger Aufwand. Die Gelenke werden geschont, weil die Füße weniger hart aufkommen.

Führen Sie die Arme nach oben, anstatt sie von einer Seite zur anderen schwingen zu lassen – so kommen die Füße sanfter auf. Je weniger Sie seitwärts schwingen, desto lockerer bleiben Knie, Hüften und Rücken.

IM GEWINNERMODUS

WETTKAMPF UND ACHTSAMKEIT

Sportarten stellen unterschiedliche Anforderungen an Körper und Geist, zum Beispiel was Koordination, Kraft und Ausdauer angeht. Gemeinsam ist allen erfolgreichen Sportlern hingegen das Merkmal Achtsamkeit, auch wenn es oft anders bezeichnet wird, etwa als »fokussiert sein«, »im Flow sein« oder »eine erfolgstaugliche Einstellung haben«.

Beim Sport bieten sich viele Gelegenheiten, negative Selbstgespräche zu führen und uns über vergebene Chancen, unsere Ungeschicklichkeit, unser Pech oder schlechte Rahmenbedingungen zu ärgern. Achtsamkeitsmeditation hilft, der Stimme im Kopf etwas entgegenzusetzen, die »Niete!« oder »Gib auf!« ruft. Wenn wir unsere Gedanken achtsam registrieren, fällt es uns eher auf, dass wir in Grübeleien verfallen oder abgelenkt oder frustriert sind. Wir können die Aufmerksamkeit dann wieder auf den Moment richten.

Regelmäßiges Meditieren wirkt auch der Tendenz entgegen, sich die eigenen Fehler immer wieder wie Videoclips vor Augen zu führen. Wer nicht meditiert, sieht zudem eine Niederlage beim Sport womöglich als Strafe für schwache Leistungen an. Achtsamkeit bedeutet dagegen, die Niederlage zu akzeptieren und sich der nächsten Trainingseinheit zuzuwenden.

Kreatives Visualisieren

Sportpsychologen halten Athleten dazu an, sich Erfolgsszenen bildhaft vorzustellen, zum Beispiel wie sie bei einem Spiel das Siegtor erzielen oder aufs Treppchen steigen und die Goldmedaille umgehängt bekommen. Diese

WAS MACHT EINEN GUTEN SPORTLER AUS?

Die Praxis der Achtsamkeit wirkt sich positiv auf vielzählige Einstellungen und Fertigkeiten von Sportlern aus. Die Tabelle zeigt, in welchen Bereichen Achtsamkeit die sportliche Leistungsfähigkeit verbessern kann.

AUF BEWEGUNG BEZOGENE ASPEKTE	EFFEKTE DER ACHTSAMKEIT
Aufmerksamkeit	Hilft, in den Flow zu gehen
Fokussiertheit	Weniger Ablenkung durch Schmerzen, Durst oder Zwischenfälle im Spielverlauf
Entschlusskraft	Hilft, taktisch geschickt vorzugehen
Geist-Körper-Koordination	Erhöht Reaktionsschnelligkeit und -genauigkeit

ALLGEMEINE MENTALE ASPEKTE	EFFEKTE DER ACHTSAMKEIT
Gelassenheit	Hilft, sich von Ängsten zu lösen
Selbstmitgefühl	Loslassen von Scham und Schuldgefühlen
Selbstvertrauen	Stärkt die Erfolgsausrichtung
Akzeptanz	Hilft, mit Niederlagen besser klarzukommen

OPTIMALES ANSPANNUNGSNIVEAU

Sportpsychologen stellen den mentalen Zustand eines Sportlers oft in einem Diagramm mit den Achsen Engagement (Grad, in dem er sich auf die Aufgabe einlässt) und Arousal (körperlich-geistiges Aktivierungsniveau) dar. Niedrige Werte auf beiden Achsen bedeuten Langeweile, hohe Werte, dass der Sportler ganz bei der Sache ist und unter Hochspannung steht. Arousal ohne Engagement führt zu Angst, Engagement ohne Arousal zu Erschlaffung. Für Wettkämpfe sollten Arousal und Engagement optimal ausbalanciert sein.

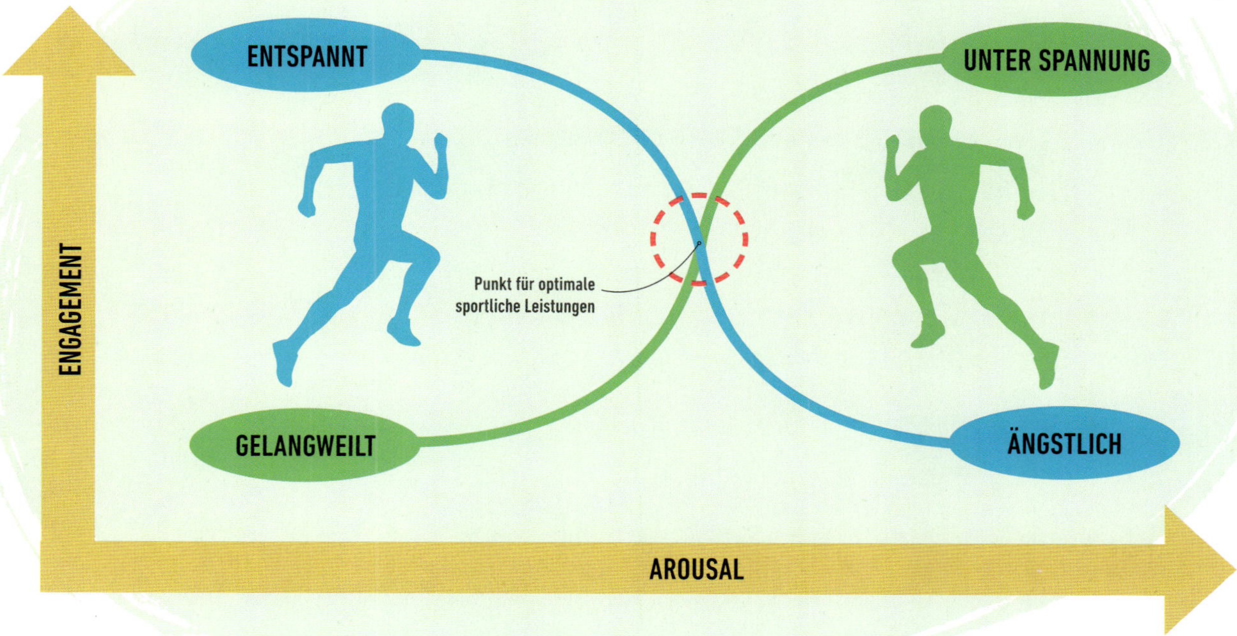

Art der Visualisierung eignet sich dazu, vor einem Wettkampf die Motivation zu erhöhen. Auf dem Spielfeld oder der Laufbahn hat sie aber nichts zu suchen, denn dort können wir optimale Leistungen nur erbringen, wenn wir klar fokussiert sind, möglichst wenig an uns herumkritisieren und die Aufmerksamkeit so wenig wie möglich auf das Endergebnis richten. Eine achtsame Spitzenleistung kommt nicht zustande, wenn wir mitten im Wettkampf an den Pokal denken, denn das hält uns davon ab, in den Flow einzutreten.

Achtsamkeit heißt, Niederlagen zu akzeptieren und das nächste Training anzugehen.

Achtsamkeit einplanen

Integrieren Sie Achtsamkeitselemente in Ihr Training, um Ihre Leistung zu steigern, zum Beispiel so: Absolvieren Sie während einer Trainingsphase täglich Atem- und Bodyscan-Meditationen und direkt vor dem Wettkampf eine Atemmeditation. Führen Sie zudem die zu Ihrer Sportart passenden Dehnübungen achtsam durch und registrieren Sie die Empfindungen in jedem Muskel. Gehen Sie auch beim Aufwärmen achtsam vor, indem Sie die Aufmerksamkeit darauf richten, was im Körper passiert, und Ihr Energie- und Arousalniveau im Blick behalten (siehe Abbildung oben).

Führen Sie Bewegungen achtsam aus, vor allem die für Ihre Sportart zentralen Abläufe wie etwa den Aufschlag beim Tennis oder die Wende beim Schwimmen. Weiten Sie die Achtsamkeit auf einen ganzen Wettkampf aus. Halten Sie hinterher Rückschau auf Fortschritte, die Sie bei sich erkennen können.

ABMACHUNGEN TREFFEN

KLUG VERHANDELN

In der Geschäftswelt werden heutzutage Verhandlungsstile bevorzugt, bei denen der Schwerpunkt auf der Beziehung zwischen den Verhandlungspartnern, auf kreativen Lösungen und auf künftigen Kooperationen liegt. Achtsamkeit kann einen großen Beitrag dazu leisten, Verhandlungen effektiver zu gestalten.

Es gibt viele verschiedene Formen von Verhandlungen. Sie können zum Beispiel zwischen dafür ausgebildeten Profis ablaufen, die sich in Gremiensitzungen auf einen Fusionsvertrag oder ein internationales Abkommen verständigen, oder in einer improvisierten Absprache zwischen Freunden über einen Autoverkauf bestehen.

Generell gilt: In eine Verhandlung können Sie mit einem von zwei Zielen gehen: Sie wollen das Maximale für sich selbst herausholen oder ein optimales Ergebnis erzielen. Der erste Ansatz wird manchmal als positionsbezogenes Verhandeln bezeichnet und ist meist nur eine etwas raffiniertere Form des Feilschens wie auf dem Basar. Beide Seiten bewegen sich von ihren Extrempositionen auf einen Kompromiss zu. Das Ganze läuft in etwa so ab wie beim Kartenspiel, bei dem Erfolg auf Taktiken wie dem Verbergen der eigenen Stärke und Bluffen beruht. Jede Seite setzt sich

Im Sitzungszimmer greifen wir auf ganz ähnliche Verhandlungstaktiken zurück wie zu Hause am Küchentisch.

VERHANDLUNGSSTILE

Wie sieht Ihr Verhandlungsstil aus? Falls Sie sich der zweiten Kategorie zuordnen, können Sie beim nächsten Mal versuchen, achtsamer zu sein.

1. ACHTSAME VERHANDLER MIT EINEM WEITEREN HORIZONT

- **Der anpassungsfähige Verhandler** hat Freude am gemeinsamen Problemlösen. Er nimmt intuitiv die feinen Signale des Gegenübers wahr.
- **Der kooperative Verhandler** geht gern schwierige Probleme an und sucht kreative Lösungen. Er verfügt über eine gute soziale Wahrnehmung und gute Kommunikationsfähigkeiten und eignet sich zu allen wesentlichen Faktoren detailliertes Wissen an.

2. UNACHTSAME VERHANDLER MIT EINEM ENGEREN HORIZONT

- **Der vermeidende Verhandler** mag Konflikte nicht und kommuniziert lieber per E-Mail als von Angesicht zu Angesicht. Es fällt ihm oft schwer, seine Ängste zu verbergen und seine Ziele zu definieren.
- **Der kompromissorientierte Verhandler** will rasch zum Ergebnis kommen. Er ist oft allzu bereit zu Zugeständnissen und nimmt sich nicht die Zeit dafür, die größeren Zusammenhänge zu betrachten.
- **Der wetteifernde Verhandler** ist auf Sieg aus und geht sehr strategisch vor. Win-win-Lösungen sieht er oft nicht.

DEN KUCHEN GRÖSSER MACHEN: DIE KUNST DES WERTORIENTIERTEN VERHANDELNS

Achtsamkeit gibt Ihnen eine ganze Reihe von Instrumenten an die Hand, die für eine wertorientierte Verhandlung von Nutzen sind: Die Beteiligten streben danach, den »Kuchen« nicht nur aufzuteilen, sondern ihn auch größer zu machen, das heißt, mehr Vorteile für alle herauszuholen. Die Abbildung zeigt den Beitrag, den Achtsamkeit dazu leisten kann.

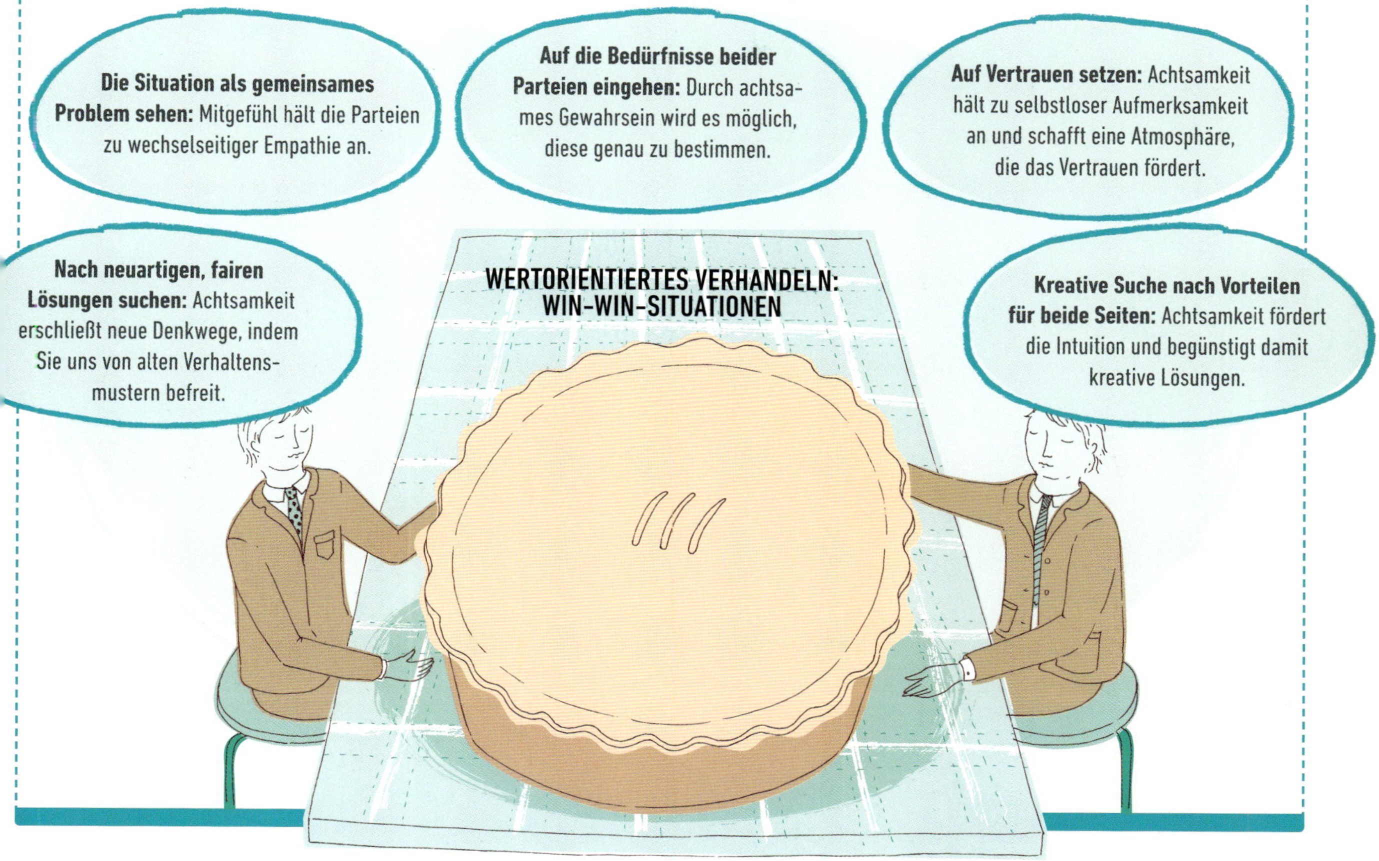

zum Ziel, so wenig Zugeständnisse zu machen wie möglich.

Heutzutage denken aber viele Verhandler – mit Blick auf die Beziehung zum Gegenüber – langfristiger und streben ein Win-win-Ergebnis an, das den wichtigsten Interessen beider Seiten so weit wie möglich entgegenkommt. Das sogenannte wertorientierte Verhandeln endet im Idealfall damit, dass die Beteiligten einander am Ende Respekt und Vertrauen entgegenbringen und alle das Gefühl haben, dass die Verhandlungen für sie selbst gut gelaufen sind, sodass sie in Zukunft gern kooperieren werden.

Achtsam und flexibel

Am wirkungsvollsten in Verhandlungen ist aber das achtsame Gewahrsein im Moment, das hellwache Fokussieren auf alles, was im Raum gesagt wird und geschieht. Wenn Sie bei Ihrem Gegenüber Anzeichen für verdeckte Emotionen erkennen (nervöses Lachen, Abwenden des Blicks, ein Stift, der ihm herunterfällt), ist das Gesagte vielleicht nur mit Vorsicht zu genießen. Auch Ihre eigenen Emotionen sind aufschlussreich und verweisen eventuell auf unbewusste Prioritäten. Diese können Sie entweder ignorieren oder Sie lassen sich in Ihrem Handeln von ihnen leiten, während Sie zu den Emotionen selbst Abstand halten. Wenn Sie bei einer Verhandlung Ihre Gedanken, Emotionen und Körperempfindungen im Auge behalten, sich aber die Freiheit bewahren, Ihr Handeln nicht daran auszurichten, können Sie flexibel und geschickt agieren.

AUFRICHTIG SEIN

WIE SIE HEIKLE DINGE MITTEILEN

Bedeutet Achtsamkeit im Umgang mit anderen, immer die Wahrheit zu sagen? Zur Achtsamkeit gehört doch auch Mitgefühl. Wie bekommen wir es hin, beim Aussprechen einer unangenehmen Wahrheit dennoch freundlich und zugewandt zu sein?

Im Augenblick zu leben, wenn Sie das mit sich alleine tun wollen, gestaltet sich ganz anders, als wenn Sie mit anderen Menschen zusammen sind. In der Interaktion mit anderen vollkommen präsent zu sein bedeutet, dass Sie die volle Aufmerksamkeit auf das richten, was die anderen und was Sie selbst sagen, sowie auf alle Konsequenzen, die sich daraus ergeben. Es bedeutet darüber hinaus, dass Sie Gesten, Mimik und andere Signale erfassen, ob es sich in diesem Moment um bewusste Handlungen Ihres Gegenübers handelt oder nicht.

Auszudrücken, was Sie meinen, ist nicht immer leicht, besonders wenn es um Gefühle geht. Doch Sie haben bereits erfahren, dass Achtsamkeit Ihre Kommunikationsfertigkeiten steigern kann. Wenn Sie achtsam leben, wird es Ihnen oftmals gelingen, sich klar und offen zu äußern.

Besser nicht reden?

Wir alle behalten Informationen oder Meinungen für uns, wenn wir das für angemessen halten. Auch sind wir im Allgemeinen sehr vorsichtig damit, etwas von uns selbst preiszugeben. Wie riskant Offenherzigkeit sein kann, zeigt sich heutzutage im Internet, wo Shitstorms und Mobbing an der Tagesordnung sind.

Manchmal wollen wir sogar vor Menschen, die wir sehr gut kennen und die uns vertraut sind, etwas verborgen halten. Ein häufiger Grund dafür ist der sehr verständliche Wunsch, ihnen oder uns selbst Unannehmlichkeiten oder Verletzungen zu ersparen.

Doch eine heikle Wahrheit für sich zu behalten zieht zwei problematische Konsequenzen nach sich. Erstens

Auszudrücken, was Sie meinen, ist nicht immer leicht, besonders wenn es um Gefühle geht.

HEILSAME WAHRHEITEN
Die Wahrheit zu sagen kann ein Akt der Güte gegenüber uns selbst und anderen sein, sollte aber mitfühlend geschehen.

kommt dadurch eine negative Dynamik in Ihre Beziehung zu sich selbst sowie in die Beziehung zu der Person, mit der Sie über das betreffende Thema nicht sprechen wollen. Im achtsamen Gewahrsein sind Ihnen diese inneren Spannungen klar bewusst. Zweitens sind die Folgen oftmals unabsehbar, falls Sie irgendwann dann doch mit der Wahrheit herausrücken. Vor allem können Sie nicht wissen, wie stark die zu befürchtende emotionale Reaktion der Person ausfallen oder welche Form sie annehmen wird. Vielleicht ist die Wahrheit so schmerzlich, dass Sie die Aufdeckung aus Freundlichkeit – vielleicht auch aus Bequemlichkeit – so lange wie möglich hinausschieben möchten, beispielsweise wenn es um einen Seitensprung des Partners oder einen Todesfall geht.

Momente der Wahrheit

Einen geeigneten Zeitpunkt abzuwarten, um eine unangenehme Wahrheit auszusprechen, zeugt von Mitgefühl; aber nur wenn Ihr Motiv tatsächlich darauf beruht und nicht etwa auf Verzagtheit. Ihre Erfahrung mit der Achtsamkeitsmeditation wird Ihnen helfen, nicht in Panik zu geraten, wenn der Zeitpunkt gekommen ist. Außerdem werden Sie sich nicht anmaßen, im Voraus einschätzen zu können, wie Ihr Gegenüber auf das reagieren wird, was Sie zu sagen haben.

Wenn wir in Gegenwart anderer Menschen, die nicht zu unserem engsten Kreis gehören, verstörende Neuigkeiten erfahren, neigen wir dazu, unsere Emotionen möglichst für uns zu behalten. Selbst unter Freundinnen und insbesondere unter Freunden gibt es diese Art der Zurückhaltung; wir möchten den anderen lieber nicht zeigen, wie aufgewühlt wir sind. Achtsamkeit drückt sich in einer solchen Situation so aus, dass wir für diese Reserviertheit Verständnis und Respekt zeigen, aber uns dennoch auf eine Weise mitfühlend verhalten, die das Gegenüber nicht in Verlegenheit bringt. Eine leichte Berührung sagt manchmal mehr als tausend Worte und kann unterstützend wirken.

ACHTSAM UM VERZEIHUNG BITTEN

Eine wichtige Situation, in der Aufrichtigkeit gegenüber uns selbst und anderen gefragt ist, tritt ein, wenn wir um Vergebung bitten, weil wir jemanden verletzt oder enttäuscht haben. Hier einige Hinweise für ein achtsames Vorgehen:

- Lassen Sie bei Ihren Eingeständnissen nichts aus, sonst sind sie nicht echt.
- Bringen Sie keine Rechtfertigungen vor, selbst wenn sie stichhaltig sind, dadurch wirkt Ihr Bedauern weniger aufrichtig.
- Gehen Sie nicht in Abwehrhaltung, verbergen Sie Ihre Schwächen nicht.
- Eine Bitte um Vergebung ist ein Geschenk für beide Seiten: Sie geben sich preis und legen Ihre Unzulänglichkeiten offen. Dadurch kann der andere zu Ihnen, wie Sie sind, in Beziehung treten und Ihnen vergeben.

QUELLE DER STÄRKE
Um Verzeihung zu bitten ist kein Zeichen von Schwäche und kann die Verbundenheit miteinander stärken.

REGELN DER OFFENHEIT

Jemandem etwas Schwieriges oder Unangenehmes sagen zu müssen kann eine heikle Angelegenheit sein. Dies sollte Sie aber nicht davon abhalten, Signale des Gegenübers aufmerksam zu registrieren. Nehmen Sie achtsam Ihre eigenen Emotionen wahr und halten Sie Abstand zu ihnen. Bedenken Sie folgende Punkte, ehe Sie entscheiden, wie Sie dem anderen etwas offen beibringen wollen.

- Wie ist Ihr Verhältnis zur betroffenen Person?
- Inwieweit ist es moralisch geboten, das Gespräch zu führen?
- Wie wichtig ist es für das Wohlbefinden des anderen, das Unausgesprochene zu wissen?
- Wie bald sollte er es erfahren?
- Wie wichtig ist es, den richtigen Zeitpunkt zu wählen?

Entscheiden Sie nun, was Sie tun werden. Gehen Sie flexibel und einfühlsam auf die Reaktionen des Gegenübers ein. Bleiben Sie mitfühlend und geduldig, selbst wenn die Wahrheit nicht gut ankommt.

FÜR DIE KLEINEN

ACHTSAMKEIT BEI KINDERN FÖRDERN

Wenn Eltern und Lehrer mit Kindern Achtsamkeitsspiele machen und ihnen einfache Meditationen vorführen, können sie sich daran erfreuen zu sehen, wie sich bei den Kindern das Selbstgewahrsein entwickelt. Die hier beschriebenen achtsamen Aktivitäten zeigen Kindern, was es bedeutet, Gedanken oder Gefühle vorüberziehen zu lassen und auf das Jetzt zu fokussieren.

Die beste Zeit, Kinder mit dem Konzept der Achtsamkeit vertraut zu machen, ist das Grundschulalter. Dann sind sie noch offen für neue Denkweisen und begierig darauf, die Welt zu erkunden. Durch Achtsamkeit lernen sie sich selbst besser kennen und können sich stärker konzentrieren. Sie eignen sich zudem an, wie sie mit ihren Emotionen und den vielen Ängsten umgehen können, die für die Kindheit typisch sind und zum Beispiel mit Hausaufgaben, dem Selbstbild und Freundschaften zu tun haben.

Spielerische Achtsamkeit

Ein Kind ist ohnehin schon einen großen Teil der Zeit ganz im Hier und Jetzt – nämlich beim Spielen. Wenn es etwas in die Hand nimmt, das es noch nie gesehen hat, es befühlt und von allen Seiten betrachtet, ist es achtsam.

Als Erwachsene entscheiden wir uns bewusst für Meditationsübungen, weil wir uns von der Achtsamkeit eine Bereicherung unseres Lebens erwarten. Um Kinder für dieses Thema zu interessieren, brauchen Sie Fantasie und einen Sinn fürs Spielerische. Zu Beginn können Sie dem Kind vorschlagen, sich ein Lieblingsspielzeug oder einen

GEDANKENKÖRNER

Mit einem kleinen Experiment können Sie Kindern erklären, was es mit den Gedanken und Emotionen auf sich hat – und sie bei Kummer trösten. Sie brauchen ein Glas mit Schraubdeckel und kleine Samen oder Körner, die im Wasser absinken. Trockene Samen sollten Sie vorher einweichen, damit sie nicht oben schwimmen.

1 Füllen Sie das Glas mit Wasser und streuen Sie die Samen hinein. Schrauben Sie den Deckel fest zu, schütteln Sie das Glas und stellen Sie es vor das Kind hin.

2 Bitten Sie das Kind, sich auf seinen Atem zu konzentrieren, während es zusieht, wie die Samen im Wasser umherwirbeln und sich langsam am Boden absetzen.

3 Erklären Sie dem Kind, dass sich seine Gefühle und Gedanken, während es an den Atem denkt, beruhigen – so wie die Samen nach unten sinken. Dies kann es erreichen, indem es die Aufmerksamkeit einfach auf etwas anderes richtet.

anderen Gegenstand auszusuchen und ihn zu malen. Dann bitten Sie das Kind, noch einmal genauer hinzusehen und weitere Einzelheiten wahrzunehmen. Wenn es den Gegenstand dann noch einmal malt, wird es vermutlich weitere Details einbeziehen. Fragen Sie das Kind, wie es das genaue Hinschauen erlebt hat – war das zum Beispiel so, als würde es den Gegenstand wie das Auge einer Kamera erfassen?

Auch mit dem achtsamen Atmen können viele Kinder etwas anfangen. Häufig sind sie überrascht – und amüsiert –, wie schwer es ihnen fällt, fokussiert zu bleiben. Falls sie Mühe damit haben, die Aufmerksamkeit auf den eigenen Atem zu richten, können sie sich ein Schmusetier auf den Bauch legen und darauf achten, wie es sich auf und ab bewegt.

Achtsamkeit erkunden

Als nächster Schritt bietet sich der Bodyscan an (siehe S. 120–125). Bitten Sie das Kind, Ihnen zu beschreiben, wie es sich in der Vorstellung durch einen Raum oder durch den Garten bewegt. Fordern Sie es auf, sich ganz langsam vorwärtszubewegen, weil es auf zerbrechlichen Fliesen geht. Es soll sich bei jeder vorgestellten Bewegung darauf konzentrieren, was in seinem Körper vor sich geht, und Ihnen davon erzählen. Wenn Sie ihm sagen, dass es Superseh- oder Superhörkräfte hat, wird es noch mehr Spaß an der Übung haben und in der Vorstellung besser auf die Umgebung fokussieren können.

Wenn das Kind an den beschriebenen Achtsamkeitsübungen kein Interesse zeigt, überlegen Sie sich eine andere Herangehensweise. Seien Sie selbst achtsam, indem Sie Erfolge und Misserfolge gleichmütig annehmen.

> **Kinder sind oft überrascht – und amüsiert –, wie schwer es ist, fokussiert zu bleiben.**

DU BIST EINE KATZE

Diese einfache Meditation, die Sie dem Kind vorsprechen, zeigt ihm etwas sehr Wichtiges: Wir können vorbeiziehenden Gedanken zuschauen, als gehörten sie zu jemand anderem.

1 Mach die Augen zu. Du bist eine Katze und behältst ein Loch in der Fußleiste im Blick. Du willst alle Mäuse fangen, die dort herauskommen.

2 Du denkst daran, dass du die Katze bist und das Loch beobachtest. Jeder andere Gedanke, der dir in den Sinn kommt, ist eine Maus. Sobald er sich zeigt, stürzt du dich darauf.

3 Bist du ganz darauf konzentriert, dass du die Katze bist und auf das Loch starrst, und hast keine anderen Gedanken? Es dauert bestimmt nicht lang, und du erwischst wieder einen!

IN KRISENZEITEN

SCHWIERIGE LEBENSPHASEN BEWÄLTIGEN

Jeder hat sein Päckchen zu tragen, doch im Allgemeinen sind wir Menschen sehr belastbar. Durch Achtsamkeit lernen wir, Schwierigkeiten anzunehmen, statt gegen sie anzukämpfen. So haben wir beste Chancen, Turbulenzen sogar für uns selbst zu nutzen und unser Leben auf Kurs zu halten.

Ist unser Geist sich selbst überlassen, neigt er dazu, vor Schwierigkeiten wegzulaufen. Manche Probleme sind jedoch so massiv und bedrängend, dass wir ihnen nicht entkommen. Auf lange Sicht tun wir uns selbst etwas Gutes, wenn wir Schwierigkeiten nicht umgehen, sondern uns ihnen stellen. Aus einer Falle befreien wir uns am besten, indem wir herausfinden, wie sie funktioniert, und sie Stück für Stück auseinandernehmen – ist sie in ihre Einzelteile zerlegt, kann sie uns nichts mehr anhaben.

Taktiken für Krisenzeiten

Schwierigkeiten weisen meistens zwei Ebenen auf. Auf der ersten besteht das eigentliche Problem, zum Beispiel eine Krankheit, ein Verlust, ein schlimmes Missgeschick oder eine Enttäuschung. Das sind die unumkehrbaren Fakten, mit denen Sie sich auseinandersetzen

JENSEITS DES SCHMERZES

Eine wirkungsvolle Strategie bei körperlichen Schmerzen oder emotionalen Nöten besteht darin, sie aus der Perspektive des Jetzt in einzelne Empfindungen aufzugliedern, die sich über die Zeit hinweg verändern.

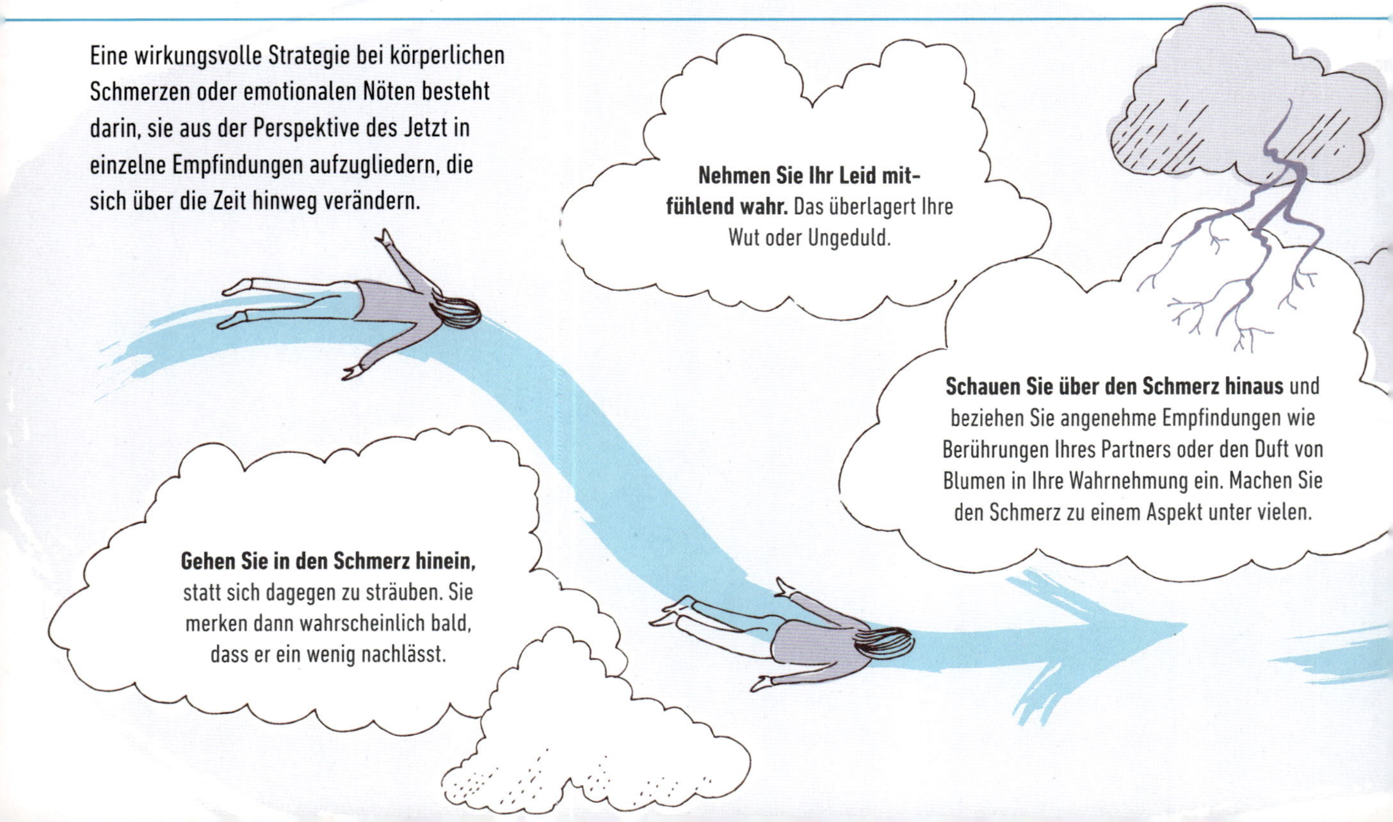

und irgendwann Frieden schließen müssen. Die zweite Ebene ist das Leiden, das dadurch entsteht, wie Sie auf das eigentliche Problem reagieren. Am Anfang steht oft ein Urteil – »Das darf doch nicht sein!« –, das wiederum eine Emotion wie Wut, Furcht, Enttäuschung oder Verzweiflung auslöst. Die Emotion selbst lässt sich nicht steuern oder einfach wegwünschen. Sie können aber die Einladung zum Leiden ausschlagen und eine achtsame Haltung einnehmen. Manchmal können wir dem Schmerz in unserem Leben nicht entrinnen, doch inwieweit wir leiden, liegt auch in unserer Hand: Wehren wir uns gegen den Schmerz oder nehmen wir ihn an?

Nehmen wir als Beispiel körperliche Schmerzen. Versuchen Sie beim nächsten Mal, wenn Sie zum Beispiel Kopfschmerzen oder Rückenschmerzen haben, diese achtsam zu erkunden. Wenn Sie die Aufmerksamkeit auf die reinen Körperempfindungen richten, nehmen Sie auch wahr, wie Sie gegen diese ankämpfen. Der Widerstand äußert sich zum Teil körperlich als Anspannung der Muskeln um die schmerzende Stelle herum. Wenn es Ihnen gelingt, einen Muskel nach dem anderen zu lockern, spüren Sie, wie die Beschwerden ein wenig nachlassen.

Heilsame innere Bewegung

So wie sich bei Schmerzen Muskeln anspannen, kann sich auch der Geist verkrampfen. Diese Anspannung lässt sich ebenfalls lösen – durch geistige Bewegung. Anstatt sich vom Schmerz fernzuhalten, bewegen Sie sich auf ihn zu, behutsam und mitfühlend. Sie nehmen ihn als ungefilterte Sinnesempfindung wahr – und lösen sich damit von dem Gedanken, wie unglücklich der Schmerz Sie macht.

Erfahrungen und Gedanken

Sie können sich jeder Krisensituation in Ihrem Leben auf die gleiche achtsame Weise nähern. Das bedeutet nicht, sich selbst Emotionen oder Tränen zu verbieten, sondern nur, dass Sie dem Kummer die Erlaubnis verweigern, sich auf Dauer in Ihrem Leben einzunisten und Ihnen Optionen zu verbauen. Was Ihr Wohlbefinden bedroht, sind häufig nicht Ihre konkreten Erfahrungen, sondern Ihre Gedanken darüber – zum Beispiel darüber, was geschehen ist oder noch geschehen könnte. Wenn Sie ganz im Augenblick sind, treten Gedanken wie diese in den Hintergrund und verlieren ihre zerstörerische Macht.

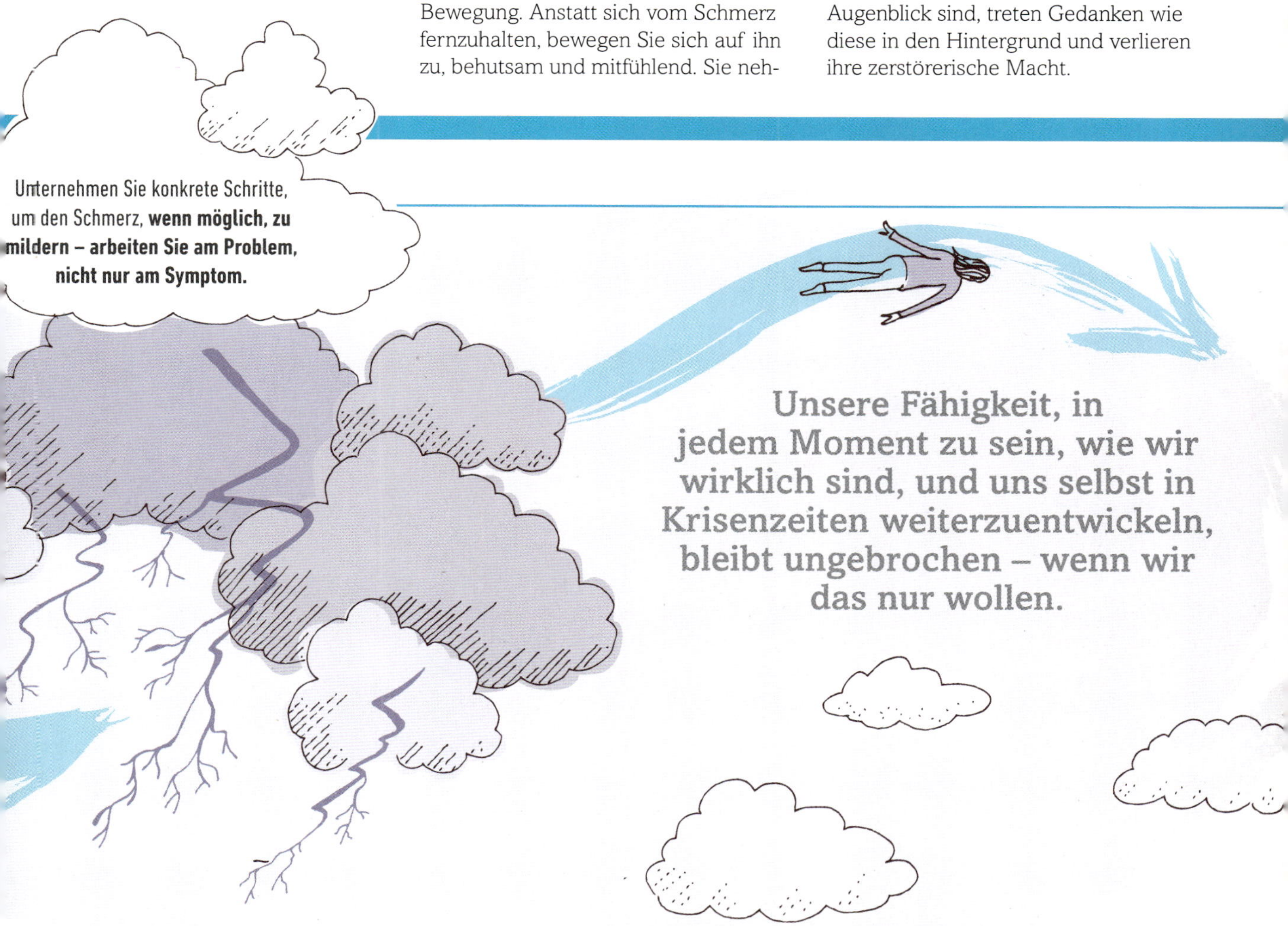

Unsere Fähigkeit, in jedem Moment zu sein, wie wir wirklich sind, und uns selbst in Krisenzeiten weiterzuentwickeln, bleibt ungebrochen – wenn wir das nur wollen.

ACHTSAME FÜRSORGE

TÄTIGES MITGEFÜHL ZEIGEN

»Sei ein Regenbogen in der Wolke eines anderen« schrieb die Dichterin Maya Angelou. Wenn Sie einen geliebten Menschen pflegen oder betreuen, verlangt Ihnen das viel ab, es kann sich aber auch eine neue, positive Art von Nähe einstellen. Entscheidend ist, genau auf die Bedürfnisse beider Seiten zu achten und gemeinsam auf das Jetzt fokussiert zu sein.

Einen Menschen zu pflegen oder zu betreuen kann am eigenen körperlichen und geistigen Wohlbefinden zehren. Wenn Stress, Anspannung und negative Regungen Ihr Bewusstsein zu bestimmen beginnen, kommt es vor, dass Ihr Mitgefühl mit der Zeit erlahmt. Wenig hilfreich ist, dass pflegende Angehörige in unserer Gesellschaft wenig Anerkennung erfahren. Das gilt vor allem, wenn Sie sich um jemanden kümmern, der an einer chronischen Krankheit mit wenig oder keiner Aussicht auf Besserung leidet. Unter diesen Umständen kann das Gefühl aufkommen, dass Sie isoliert und nicht länger Sie selbst sind und Ihre persönlichen Ziele auf der Strecke bleiben.

In einer derartigen Situation kann Achtsamkeit helfen, das Empfinden zu bewahren, dass Ihr Leben, während Sie

EMPFEHLUNGEN FÜR BETREUENDE

Was die Anforderungen angeht, die Pflege und Betreuung an uns stellen, bringt jeder von uns andere Voraussetzungen mit. Wesentlich für eine gute Beziehung ist der Respekt vor Ihrer eigenen Würde und vor der Würde der betreuten Person. Eine erste Orientierung können die folgenden Tipps geben.

Sehen Sie Ihre Betreuungsarbeit als dankbare Antwort auf all das, was Sie von diesem Menschen bekommen haben.

Lassen Sie zu, dass Sie etwas zurückbekommen, zum Beispiel in Form von freundlichen Gesten oder aufmerksamen Kommentaren.

Geben Sie der betreuten Person Mitspracherecht – beziehen Sie sie in so viele Entscheidungen wie möglich ein.

> **Bewahren Sie sich das Empfinden, dass Ihr Leben trotz der Betreuungsarbeit Ihr eigenes bleibt.**

auf die Bedürfnisse der anderen Person eingehen, dennoch Ihr eigenes bleibt: Sie können den Wert Ihrer Erfahrungen im Hier und Jetzt würdigen, sich ganz auf die Beziehung einlassen und so auf Aspekte fokussieren, die sich nicht allein in den praktischen Anforderungen der Pflege erschöpfen.

Der Gedanke »So wird mein Leben also aussehen, bis ich einfach nicht mehr kann und professionelle Hilfe in Anspruch nehmen muss« hilft nicht weiter, weil er zum einen defensiv und spekulativ ist und zum anderen unterstellt, dass in Ihrem Leben kein Potenzial mehr steckt. Wenn Sie die Stärke aufbringen, aus dem Schatten des Leids zu treten, werden auch schöne Momente möglich sein, in denen Sie und Ihre Pflegeperson Verbindung zueinander aufnehmen, miteinander lachen und spontan etwas Neues ausprobieren.

Mit wachen Augen

Hüten Sie sich vor Rollenklischees wie dem, dass der Pflegende nur der Aktive und der Betreute nur der Passive ist. Eine achtsame Haltung zeigt sich darin, dass Sie Ihr Gegenüber als ganzen Menschen in den Blick nehmen, offen für seine Anliegen und Interessen sind und Kanäle finden und pflegen, über die Sie Ihre Verbundenheit miteinander stärken können. Lassen Sie alte Meinungsverschiedenheiten ruhen. Wenn Spannungen aufkommen, seien Sie nachsichtig und bitten Sie um Verzeihung – selbst wenn Ihnen das nicht unbedingt notwendig erscheint.

Die Pflege eines betagten Menschen kann an den eigenen Kräften zehren. Als Betreuer sollten Sie darauf achten, was Ihr Körper Ihnen zu den Belastungen sagt, denen er ausgesetzt ist. Ein achtsamer Bodyscan (siehe S. 120–125) ist hierfür gut geeignet.

Zusammen zu meditieren kann für beide Beteiligte eine wohltuende Erfahrung sein. Dabei ist die Betonung des Hier und Jetzt für jemanden in der Frühphase einer Demenz vielleicht sogar sehr tröstlich, weil die Sorgen um Gedächtnisschwäche und Zukunft in den Hintergrund treten.

VERMISCHUNGEN

Wenn Sie jemanden lange Zeit pflegen, kann das Mitgefühl von Emotionen überlagert werden. Versuchen Sie zu registrieren, inwieweit diese negativ gefärbt sind. Erkennen Sie eine der folgenden Regungen wieder? Falls ja, seien Sie nachsichtig mit sich und entscheiden Sie sich bewusst dafür, diese nach außen hin nicht zu zeigen.

- Frustration, weil die Umstände Sie in die Rolle des Betreuers gezwungen haben
- Das eigene Leben eintönig finden
- Gefühl, dass der Betreute Sie nicht zu schätzen weiß
- Der Wunsch, öfter weggehen und Ihren Freundeskreis pflegen zu können
- Keine positive Entwicklung absehbar
- Gücklicheren Zeiten nachtrauern

Ziehen Sie andere Menschen hinzu, laden Sie zum Beispiel Freunde ein. Sorgen Sie für Anregungen und Überraschungen.

Nehmen Sie sich Zeit für Ihre eigenen Interessen und Freunde. Sorgen Sie gut für sich mit gesunder Ernährung und genug Bewegung.

Zeigen Sie Ihre Zuneigung mit Berührungen und Blicken sowie mit Worten. Ein liebevoller Blick ist Balsam für die Seele.

Prüfen Sie, ob hinter einer ruhigeren Phase ein innerer Rückzug oder eine beginnende Depression der betreuten Person stecken könnte.

MIT ACHTSAMKEIT INS MORGEN

FÜR DIE ZUKUNFT GERÜSTET

Dieses Buch hat Ihnen hoffentlich helfen können, die Praxis der Achtsamkeit in Ihr Leben einzubeziehen. Sie können immer wieder darauf zurückgreifen, sich aber auch weiterführende Texte suchen. Am wichtigsten ist, dass Sie immer wieder auf Ihre Erfahrung im Hier und Jetzt zurückgehen. Hier liegt Ihr wahres Glück.

Der Schritt hin zur Achtsamkeit hat in Ihrem Leben vielleicht wesentliche Veränderungen angestoßen. Möglicherweise steckten Sie in einer Sackgasse, haben aber mittlerweile eine Reise angetreten, auf der Sie Ihre Erfahrungen achtsam auskosten und hin und wieder Glücksmomente aufblitzen sehen. Oder es ging Ihnen so, dass Sie immer wieder hinter Ihren Zielen zurückblieben oder dass diese sich, sobald sie erreicht waren, als enttäuschend erwiesen – und nun sind Sie froh, dass diese hektische Suche vorüber ist. Sie brauchen endlich nicht mehr ständig nach vorn auf ein Ziel zu starren, sondern können sich umschauen, was um Sie herum ist.

Seien Sie unbesorgt, wenn keines der beiden Szenarios auf Sie zutrifft. Achtsamkeit heißt, auf die unmittelbare Erfahrung zu fokussieren – und die sieht für jeden Menschen anders aus. Im Lauf des Tages reiht sich ein Augenblick der Erfahrung an den nächsten. Wenn wir präsent bleiben und dieses Geschehen immer wieder bewusst wahrnehmen, passiert es uns nicht so leicht, dass uns das Glück durch die Lappen geht, weil wir unaufmerksam sind.

Haben Sie die Erfahrung gemacht, dass Meditation bei Ihnen etwas verändert, werden Sie dies gern fortsetzen wollen. Mittlerweile wissen Sie genug, um intuitiv den für Sie besten Weg zu finden. Sie könnten beispielsweise, um Ihren Horizont zu erweitern, buddhistische Texte wie das Dhammapada oder das Herz-Sutra lesen. Oder Sie steigen mit Yoga, Tai Chi oder Pilates in die achtsame Körperarbeit ein. Sie können auch fortfahren, Kraft aus regelmäßigen Achtsamkeitsmeditationen zu schöpfen.

Viele Menschen ziehen großen Nutzen aus der Teilnahme an Achtsamkeits-Retreats, deren Dauer von einem Tag bis zu einer Woche reicht. Schauen Sie sich die Angebote sorgfältig an, ehe Sie sich für eines entscheiden. Viele Retreats sind zugleich eine erholsame Pause vom Alltag.

Neujustierung

Haben Sie bislang keine nennenswerten positiven Effekte durch die Achtsamkeitspraxis bei sich feststellen können? Woran könnte das liegen? Hat Skepsis Sie davon abgehalten, sich wirklich auf die Sache einzulassen? Haben Sie nur ein wenig herumprobiert und die Meditationen abgekürzt, sie oft sausen lassen oder nur gemacht, wenn Sie mal eine halbe Stunde erübrigen konnten? Spricht etwas dagegen, noch einmal einen ernsthafteren Anlauf zu nehmen?

Die drei Kanäle, über die wir uns mit der Welt verbinden, sind Körper, Sprache und Denken. Lassen Sie sich ganz auf das achtsame Erleben von Verbundenheit und Offenheit im Hier und Jetzt ein.

RETREAT ZU HAUSE

Ein Retreat bietet Ihnen die Möglichkeit, die Praxis der Achtsamkeit zu vertiefen. Wenn es für Sie nicht das Richtige ist, zusammen mit anderen an einem ruhigen Ort zu üben, können Sie auch einen halben oder ganzen Tag für eine lange Phase des Gewahrseins zu Hause einplanen. Schalten Sie Fernseher, Rechner und Telefon aus (Letzteres aber dann nicht, falls Sie sich wegen einer möglichen Notsituation Sorgen machen) und probieren Sie einige der folgenden Tipps aus.

Machen Sie eine Reihe von Achtsamkeitsübungen, darunter mindestens zwei lange Meditationen.

Machen Sie einen Spaziergang oder einige sanfte Bewegungs- oder Dehnübungen – nichts Anstrengendes.

Essen Sie einfach, gesund und achtsam. Lassen Sie Snacks und Alkohol weg.

Verbringen Sie Zeit mit Lesen und anderen ruhigen Aktivitäten, zum Beispiel mit Gartenarbeit.

Nehmen Sie sich eine kleine Aufgabe vor, zum Beispiel ein Schubfach aufzuräumen. Führen Sie sie achtsam aus.

Wenn Sie eine kreative Ader haben, arbeiten Sie ein oder zwei Stunden an einem Ihrer Projekte.

REGISTER

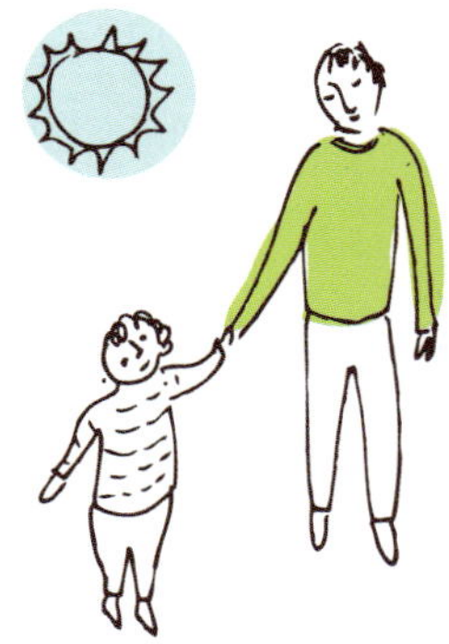

O

P

R

S

DANK

Ich möchte mich bei allen Lehrern bedanken, die mit mir die tiefe und lebensverändernde Weisheit dieser Methode geteilt haben. Außerdem danke ich allen Schülern in meinen Achtsamkeitskursen. Ich bin tief bewegt von ihrem Mut, ihrer Entschlossenheit und der Großzügigkeit, mit der sie ihre Erfahrungen mit mir teilen. Mögen alle fühlenden Wesen frei von Leid und mögen ihre Herzen offen sein – für sich selbst und andere.

Ken A. Verni, Fachberater

Dr. Ken A. Verni arbeitet als klinischer Psychologe und MBSR-Lehrer in eigener Praxis in New Jersey (USA). Er bildete sich bei Jon Kabat Zinn in Achtsamkeitsbasierter Stressreduktion (MBSR) fort und praktiziert seit über 20 Jahren Achtsamkeit. Er ist Gründungsdirektor des New Jersey Center for Mindful Awareness.

Ich danke Peggy Vance dafür, dass sie mir vorschlug, dieses Buch zu schreiben, und für ihre vielfältigen Anregungen.

Mike Annesley